KB153657

나만 알고 싶은
교정영어 회화
WORKBOOK

Reshape your English **habit** for Better **English**
Re-habit English

나만 알고 싶은 교정영어 회화
8주 홈트 워크북

—

2023년 12월 1일 초판 1쇄 발행

—

지은이　　한숙종 스텔라
펴낸이　　한숙종
펴낸곳　　URBooks
주소　　서울 서초구 강남대로 365, 1006호 유알라운지
전화　　02-6082-3262
팩스　　0502-156-4210
이메일　　urlounge1409@naver.com
홈페이지　　www.urlounge.net
출판등록　　2020년 8월 4일 (제 2020-000206호)

—

©한숙종 2023
ISBN. 979-11-971823-7-2 (03740)

—

—

이 도서의 국립중앙도서관 출판예정도서목록(CIP)은 서지정보유통지원시스템 홈페이지(http://seoji.nl.go.kr)와
국가자료종합목록 구축시스템(http://kolis-net.nl.go.kr)에서 이용하실 수 있습니다.

나만 알고 싶은

교정 영어 회화 WORKBOOK

UR 교정 영어 **8**주 홈트레이닝

한숙종 스텔라 지음

UR
Books

<나만 알고 싶은 교정영어 회화 워크북>은 이런 당신에게 필요합니다!

만약 누군가 여러분에게 20년짜리 프로젝트를 제안한다면 어떻게 하시겠어요? '얼마나 대단한 프로젝트길래?'하는 호기심이 들 수도 있습니다. 하지만 대부분은 20년이라는 어마어마한 시간에 압도당해 손사래부터 칠 겁니다. 물론 애초에 20년 짜리 프로젝트인줄 모른다면 이야기가 달라지겠지만요. 제게 있어 <나만 알고 싶은 교정영어 회화 8주 홈트 워크북>은 바로 그런 프로젝트였습니다. 언젠가 끝이 있으리라는 건 알고 있었지만, 그것이 20년의 끝자락에 있을 줄은 상상도 하지 못했습니다.

한 번은 비즈니스로 만난 업체 대표님이 제게 이런 질문을 하시더군요. '어떻게 한 가지 일을 20년 동안이나 하실 수 있었나요?' 한 번도 생각해 보지 않은 질문이었기에 순간 망설일 법도 한데, 이상하리만치 술술 대답이 나오더군요. '제가 해야 하는 일이었기 때문에 20년의 세월을 보내온 것 같습니다.' 네! 저는 확신합니다. '영어로 듣고 말하기가 즐거워지는, 구체적이고 논리적으로 말하게 하는' 교정영어 습관을 만들어 드릴 수 있는 사람은 저 스텔라뿐이고, 그러기에 교정영어가 20년의 노하우를 쌓아올 수 있었다고 말이지요.

우리는 한국인이기 때문에 한국어 없이 영어를 듣고 말하기 어렵습니다. 영어를 들으면 한국어로 해석하기 때문에, 들을 때는 이해해도 다시 영어로 말하기는 어려워 합니다. 이것은 너무 당연합니다. 영어를 듣고서 우리 머릿속에는 한국어로 입력했기에 다시 꺼내 쓸 영어가 없는 탓이지요. 영어로 말할 때도 마찬가지입니다. 우리는 흔히 내가 하고 싶은 말을 한국어로 정리한 다음 영어로 번역하여 말합니다. 하지만 전체적이며 포괄적으로 설명하는 한국식 메시지를 구체적이며 논리적으로 상황을 전하는 방식의 영어로 말하기란 여간 어려운 일이 아닙니다.

사실 한국식 사고의 한국어를 영어식 사고가 담긴 영어로 정확하게 담아내는 것은 불가능에 가깝습니다. 그래서 우리는 종종 '한국식 영어'를 활용하곤 합니다. 다음의 대화를 확인해 보세요.

John "How are you today?"

소연 "I'm fine. Actually, I like a fine sunny day. It is very good today, so I feel great."

아마 이 말을 들은 외국인 John은 소연이에게 다시 물을지도 모릅니다.

"You mean, a bright day under the sun is enough for you to fully enjoy the day?"

그럼 소연이는 생각해 보겠죠. '태양 아래 밝은 날은 내가 하루를 만끽할 만하다고...? 아... 맞네!' 그러면서 이렇게 대답할 겁니다.

"Yes, yes! That's what I want to say." 내가 하고 싶었던 말이 바로 그거라고 말이지요.

사실 이는 한국어를 활용하는 영어권 외국인에게도 동일하게 적용됩니다. 그들 역시 한국어를 영어스럽게 말합니다. 다음의 대화를 확인해 보세요.

소연 "아까 내가 한 말 어땠어?"

John "너의 미소를 머금은 그 말이 나의 마음을 많이 건드렸어."

이 말은 들은 소연이는 곰곰이 생각해 보겠지요. "The words with your smile이 touche me a lot이라고? 너의 말이... 나의 마음을 많이 건드렸다...? 아...!"

소연 "아! 너는 내가 웃으면서 말하니깐 감동을 많이 받았다는 거지?"

이 말을 들은 외국인은 생각할 겁니다. '왜 '너의 말'을 '너'로, '내 마음'을 '내가'라고 포괄적으로 이해하는 거지?'라고 말이지요.

사실 위에 나온 한국식 영어나, 영어식 한국어 모두 의사소통하는 데는 아무런 지장이 없습니다. 그러나 한국어 메시지를 영어로 정확하게 전달하려면 반드시 그 언어에 담긴 사고를 이해해야 합니다. 이것이 바로 스텔라가 지난 20년간 많은 학생과 현장에서 호흡하며 '한국 사람이 영어식으로 생각할 수 있는 공식', '한국어 해석 없이 영어를 영어로 들을 수 있는 스텝'을 완성한 이유입니다.

몇 개의 공식을 적용했을 뿐인데 나의 영어가 원어민이 이해하기 쉬운 방식으로 변하고, 제시된 스텝대로 들었을 뿐인데 한국어 해석없이 영어를 영어로 듣고 이해하게 됩니다. 이것이 바로 여러분이 〈교정영어 회화 8주 홈트〉 과정을 통해 경험하시게 될 부분입니다.

한국 사람이 영어식 사고를 이해하고 그 방식대로 듣고 말하는 과정을 구체적인 가이드로 담아내는 것은 어려운 과정이었습니다. 하지만 지금까지 많은 수강생들이 '영어로 듣고 말하는 즐거움'을 경험해 주셨기에 여기까지 올 수 있었습니다. 또한 그 즐거움이 영어로 듣고 말하는 매일의 습관이 되고, 그 습관덕에 영어 회화가 성장하는 기쁨을 만끽해 주셨기에 지금껏 제가 교정영어와 함께 20년 외길을 묵묵히 걸어올 수 있었습니다.

교정영어로 영어 회화에 날개를 다는 순간 원하는 곳으로 진학, 취업, 이직, 승진하는 모습에서 '꼭 이 교정영어를 체계적이며 구체적인 가이드로 완성해야 겠구나. 그리고 더 많은 사람이 영어로 듣고 말하는 즐거움을 경험하게 해야 겠구나.'라고 다짐하곤 했습니다. 여러분이 영어를 즐겁게 듣고 말할 수 있게 하는 것! 그것이 스텔라가 드릴 수 있는 것! 또 제가 해야만 하는 일이기에 저는 오늘도 제 자리를 지키고 있습니다.

'영어 공부를 꽤 했는데 왜 외국인이 말하는 영어와 내가 말하는 영어가 다른 걸까?'라는 답답함을 느낀다면! '영어로 말을 못하는 것은 아닌데 왜 구체적이며 논리적으로는 말하지 못하는 걸까?'라는 갈증을 느낀다면! '영어는 공부가 아닌 언어인데, 한국어 배우듯 영어를 언어로 즐겁게 배울 수는 없나?'라는 궁극적인 방법을 찾고 있다면! 망설임 없이 〈나만 알고 싶은 교정영어 회화 8주 홈트 워크북〉과 함께 교정영어의 개미지옥으로 풍덩 빠지면 됩니다. 저는 여러분의 마지막 영어 선생님이 될 준비가 되어있습니다.

〈나만 알고 싶은 교정영어 회화 8주 홈트 워크북〉는 8주 동안 나의 습관과 생각을 교정하는 8개의 조각으로 이루어져 있습니다. 영어를 활용해서 구체적이며 논리적으로 그리고 직관적으로 말하는 방법을 안내하고자 제 1, 제2 공식과 영어식 기본 4동사를 준비했습니다. 영어를 한국어 해석 없이 영어로 듣는 방법과 영어 말하기 실력까지 향상시키는 방법을 안내하고자 한번 듣고 네번 말하는 구체적인 듣기 가이드를 준비했습니다.

물론 기존에 영어를 공부했던 방식과 너무 다르고, 영어를 영어로 습득하기 위해 단어 단위부터 다시 시작해야 한다는 답답함에 어렵고 힘들다고 느낄 수 있습니다. 하지만 아주 간단합니다. 기존의 방식을 모두 내려놓고 아이가 한발 한발 걸음마 하듯 시작하면 됩니다. 걸음마 하는 아이는 조심조심 걸을 뿐, 뛰려 하지 않습니다. 우리도 조급함을 내려놓고 과정마다 영어와 한국어의 다름을 즐기기만 하면 됩니다.

그러면 8주 과정을 마친 그 순간에는 영어식 생각 근육과 듣기 습관 근육이 단단해져 있는 모습을 발견하게 될 것입니다. 이렇게 교정영어 습관을 즐기며 시간을 보냈을 뿐인데, 나의 영어 회화 실력이 나날이 향상하는 것까지 경험하시게 될 겁니다. 천릿길도 한 걸음부터입니다. 20년의 노하우와 코칭 스킬로 무장하고 있는 스텔라만 믿고, 마음껏 교정영어의 바다에서 헤엄쳐 보세요. 순간순간에 필요한 방향 제시도, 구명조끼도, 손 내미는 것도 잊지 않고 준비하고 있겠습니다. 자, 다 같이 외쳐볼까요?

"나의 영어 공부 습관을 Re-habit해서! 이제 즐겁게 영어로 듣고 말하자!"

차례

프롤로그

<나만 알고 싶은 교정영어 회화 워크북>은 이런 당신에게 필요합니다!　　　004

교정영어
8주 홈트를 시작하며...

교정영어란 무엇인가?　　　018

어떻게 영어로 말해야 하나요?　　　021

교정영어 생각교정 가이드　　　023

교정영어 생각교정 적용 영어식 사고 vs. 한국식 사고　　　025

어떻게 영어로 들어야 하나요?　　　027

교정영어 습관교정 가이드　　　029

교정영어 습관교정 적용 영어를 영어로 듣기 vs. 한국식 듣기　　　033

교정영어 <생각교정 습관교정>을 마치게 되면?　　　040

1 주차

영어식 생각교정

영어 제1 공식

명사를 구체화한 명사구	044
연습 문제 ❶ HOUSE	050
연습 문제 ❷ PARK	053
연습 문제 ❸ MUSIC	056
연습 문제 ❹ MOVIE	059
연습 문제 ❺ VACATION	062
연습 문제 ❻ YOGA	065
연습 문제 ❼ TRANSPORT	068
연습 문제 ❽ OVERSEA TRIP	071
연습 문제 ❾ MEETING	074
연습 문제 ❿ COFFEE SHOP	077
1주 차 홈트와 함께하는 **미션 가이드**	080

2 주차

듣기 습관교정

공감하여 듣기

내가 자주 활용하는 단어 듣기	084
연습 문제 ❶ HOUSE	092
연습 문제 ❷ PARK	094
연습 문제 ❸ MUSIC	096
연습 문제 ❹ MOVIE	098
연습 문제 ❺ BEACH	100
연습 문제 ❻ YOGA	102
연습 문제 ❼ TRANSPORT	104
연습 문제 ❽ OVERSEA TRIP	106
연습 문제 ❾ INTERNET	108
연습 문제 ❿ COFFEE SHOP	110

3 주차

영어식 생각교정

영어식 기본 4동사 MHGT

영어식 문장 이해하기   114

연습 문제 ❶ HOUSE   122

연습 문제 ❷ PARK   124

연습 문제 ❸ MUSIC   126

연습 문제 ❹ MOVIE   128

연습 문제 ❺ BEACH   130

연습 문제 ❻ YOGA   132

연습 문제 ❼ TRANSPORT   134

연습 문제 ❽ OVERSEA TRIP   136

연습 문제 ❾ INTERNET   138

연습 문제 ❿ COFFEE SHOP   140

3주 차 홈트와 함께하는 **미션 가이드**   142

4 주차

듣기 습관교정

요약하여 말하기

단어와 구문 빌려서 말하기   146

연습 문제 ❶ COOKING   152

연습 문제 ❷ HOLIDAY   154

연습 문제 ❸ NEWS   156

연습 문제 ❹ FASHION   158

연습 문제 ❺ SCHOOL DAYS   160

연습 문제 ❻ SEASONS   162

연습 문제 ❼ TECHNOLOGY   164

연습 문제 ❽ FINANCING   166

연습 문제 ❾ CARRER   168

연습 문제 ❿ GOVERNMENT   170

5 주차 영어식 생각교정
영어 제2 공식

대명사로 문장 연결하기	**174**
연습 문제 ❶ COOKING	180
연습 문제 ❷ HOLIDAY	184
연습 문제 ❸ TV	188
연습 문제 ❹ FORMAL SUIT	192
연습 문제 ❺ SMALL SCHOOL	196
연습 문제 ❻ WINTER	200
연습 문제 ❼ FACHION INDUSTRY	204
연습 문제 ❽ INTERNET SHOPPING	208
연습 문제 ❾ A SENSE OF HUMOUR	212
연습 문제 ❿ GOVERNMENT	216

6 주차 듣기 습관교정
비교/필사하며 듣기

듣지 못한 부분 눈과 손으로 채우기	**222**
연습 문제 ❶ HOUSE	229
연습 문제 ❷ PARK	232
연습 문제 ❸ MUSIC	235
연습 문제 ❹ MOVIE	238
연습 문제 ❺ BEACH	241
연습 문제 ❻ YOGA	244
연습 문제 ❼ TRANSPORT	247
연습 문제 ❽ OVERSEA TRIP	250
연습 문제 ❾ INTERNET	253
연습 문제 ❿ COFFEE SHOP	256

7 주차

영어식 생각교정

메시지의 이미지화

메시지를 이미지로 구체화하기   260

연습 문제 ❶ HOUSE & COOKING   268

연습 문제 ❷ PARK & HOLIDAY   274

연습 문제 ❸ MUSIC & NEWS   279

연습 문제 ❹ MOVIE & FASHION   285

연습 문제 ❺ BEACH & SCHOOL DAYS   290

연습 문제 ❻ YOGA & SEASONS   296

연습 문제 ❼ TRANSPORT & TECHNOLOGY   301

연습 문제 ❽ OVERSEA TRIP & FINANCING   307

연습 문제 ❾ INTERNET & CARRER   312

연습 문제 ❿ COFFEE SHOP & ENVIRONMENT   318

8 주차

듣기 습관교정

쉐도우 스피킹

익숙한 구문 들으면서 말하기   326

연습 문제 ❶ DEPARTMENT STORE   334

보너스 연습 문제 ❶ HOUSE   336

연습 문제 ❷ TEXT MESSAGE   338

보너스 연습 문제 ❷ PARK   340

연습 문제 ❸ SWEETS   342

보너스 연습 문제 ❸ MUSIC   344

연습 문제 ❹ PHOTO   346

보너스 연습 문제 ❹ MOVIE   348

연습 문제 ❺ ONLINE BOOKSTORE   350

보너스 연습 문제 ❺ BEACH   352

연습 문제 ❻ PERFUME   354

보너스 연습 문제 ❻ YOGA   356

연습 문제 ❼ MEETING   358

보너스 연습 문제 ❼ TRANSPORT   360

연습 문제 ❽ JOB   362

보너스 연습 문제 ❽ OVERSEA TRIP   364

연습 문제 ❾ BOOKS IN SCHOOL DAYS   366

보너스 연습 문제 ❾ INTERNET   368

연습 문제 ❿ STORTS IN SCHOOL DAYS   370

보너스 연습 문제 ❿ COFFEE SHOP   372

Try. Again

메시지의 이미지화 & 쉐도우 스피킹

메시지의 이미지화 연습 문제 ❶ A SKILFUL PERSON   376

쉐도우 스피킹 연습 문제 ❶ A SKILFUL PERSON   378

메시지의 이미지화 연습 문제 ❷ VACATION REWARD   380

쉐도우 스피킹 연습 문제 ❷ VACATION REWARD   382

메시지의 이미지화 연습 문제 ❸ DIRECT COMPLAINT   384

쉐도우 스피킹 연습 문제 ❸ DIRECT COMPLAINT   386

메시지의 이미지화 연습 문제 ❹ INTEREST IN HEALTH   388

쉐도우 스피킹 연습 문제 ❹ INTEREST IN HEALTH   390

메시지의 이미지화 연습 문제 ❺ COMMUNICATION SKILL   392

쉐도우 스피킹 연습 문제 ❺ COMMUNICATION SKILL   394

메시지의 이미지화 연습 문제 ❻ SALES JOB   396

쉐도우 스피킹 연습 문제 ❻ SALES JOB   398

메시지의 이미지화 연습 문제 ❼ REGULAR CUSTOMERS   400

쉐도우 스피킹 연습 문제 ❼ REGULAR CUSTOMERS   402

메시지의 이미지화 연습 문제 ❽ E-BOOK   404

쉐도우 스피킹 연습 문제 ❽ E-BOOK   406

메시지의 이미지화 연습 문제 ❾ QUALIFICATION   408

쉐도우 스피킹 연습 문제 ❾ QUALIFICATION   410

메시지의 이미지화 연습 문제 ❿ ENVIRONMENT   412

쉐도우 스피킹 연습 문제 ❿ ENVIRONMENT   414

부록1

8주 홈트 마무리 후 확인하기

매일 매일 쉐도우 스피킹 20~30분 습관을 만들기 위해 확인할 것들!   418

쉐도우 스피킹이 끝이 아니다!! 매일 누적해서 반복하여 듣기 습관을 만들자!   420

매일 매일 영어식 사고 습관 만들기 5단계 확인하기!   422

매일 교정영어 습관 지키기 활동 노트   426

듣기 습관 근육 & 영어식 생각 근육 확인하기   428

부록2

교정영어 보강 코스별 활동 가이드

영어식 회로 장착 후 영어를 언어 습득으로 즐기고 있다면!   432

코스 ❶ 영어식 문장 다지며 말하기 속도 올리기   436

코스 ❷ 전치사 활용의 정확도 올리기   440

코스 ❸ 초중급 문법과 구문력 키우기   444

코스 ❹ 한 주 한개 레벨별 뉴스 듣기
            레벨1. 기억력의 단위 늘리기
            레벨2. 영어식 구문력 키우기
            레벨3. 영어식 동가와 문법 늘리기   449

코스 ❺ 영어식 구문과 문장 듣고 말하기   454

코스 ❻ 중급 어휘와 구문력 키우기   458

코스 ❼ 중고급 문법 채워서 점프업 대비하기   460

코스 ❽ 비즈니스 어휘와 구문력 키우기   461

코스 ❾ 고급 문장의 긴 호흡까지 늘리기   464

코스 ❿ 영어 숙어 및 이디엄 등 고급 표현력 키우기   466

교정영어

8주 홈트를
시작하며...

오리엔테이션에 필요한 음원 모음

교정영어란 무엇인가?

* 클래스유 인강 오리엔테이션 참고

"교정영어? 뭘 교정하는 거지? 발음을 교정하나?"

교정영어를 처음 접하는 사람들 대부분은 교정영어가 뭔지 모르기 때문에 발음을 교정해 주는 것으로 생각하곤 합니다. 하지만 교정영어는 발음을 교정하는 정도가 아니라, 내가 지금까지 알고 있던 영어 자체를 교정합니다. 정확히는 내겐 너무 어렵고, 두렵고, 극복해야 하는 대상인 영어를 즐거움의 대상으로 완전히 교정합니다.

"영어가 즐거워진다고요? 그게 가능한가요?"

"물론 가능합니다."

중학교 때 처음 접한 영어를 30년 가까이, 지금껏 즐기기만 했던 스텔라와 함께라면 가능합니다. 제가 '저는 지금까지 영어가 두려운 적이 한 번도 없었고, 즐겁기만 했어요.'라고 하면 다들 이렇게 물어봅니다.

"에이, 선생님은 어렸을 때 외국에서 살다 오신 거겠죠!"

"설마요! 절대로 아닙니다!"

"그럼, 어렸을 때 영어 유치원이라도 다니신 거 아니에요?"

"제가 연식이 좀 있는데, 제가 어렸을 때는 영어 유치원이란 게 있었나 모르겠네요. 하하하."

"그럼 학교 다닐 때 원어민 선생님께 일대일 코칭이라도 받으신 거 아니에요!"

"아니요, 일대일 코칭은요 무슨! 한국에서 영어를 공부하는 대부분의 사람처럼 저 역시 영어는 중학교 때 처음 접하고 배운게 다! 랍니다. 하하하."라며 멋쩍은 웃음을 지으면, 다들 저를 향해 알쏭달쏭한 표정으로 고개를 갸우뚱하곤 한답니다.

아! 그런데 돌이켜 보면 저는 영어를 처음 만난 그 순간부터 영어가 너무 즐거웠던 것 같습니다.

영어의 그 동글동글한 소리랑 리드미컬한 리듬이 너무 예쁘다고 느껴졌고, 그래서 그 통통 튀는 영어를 듣는 게 너무 즐거웠어요. 아마 통통 튀는 부분들은 소위 말하는 강세 단어이지 않았나 싶어요. 심지어 저는 영어 단어를 외울 때도 쓰지 않고 소리로 외웠을 정도라니까요? 이렇게 듣고 말하는 것을 즐겼을 뿐인데, 영어로 나의 의사를 전달하는 게 망설여지거나 어렵지 않았답니다.

물론, 영어 회화를 정석으로 배운 게 아니었으니 회화 실력이야 뭐 중학생의 고만고만한 수준이었습니다. 하지만 영어로 듣고 말하는 것을 즐겼던 저는 원어민 영어 수업 시간을 너무 즐겼고 영어로 발표도 자주 했습니다. 심지어 동아리 활동도 중학교 3년 내내 '원어민 영어 회화'로 활동했어서, 원어민 선생님의 개인 통역관이라고 할 정도였답니다. 이렇게 영어를 즐긴 덕분인지 영어 성적은 항상 상위권이었고, 영어 수업 시간에 교과 선생님께 칭찬도 참 많이 받곤 했습니다.

하지만!!
영어 강사로 20년을 살아오며 만난 대부분의 학생에게 영어란!? 제가 경험한 것과 너무 다른 대상이었습니다. 영어가 즐겁다? 에이 무슨 말씀을요? 그들에게 영어는 들리지 않아서 식은땀 나는 대상이었습니다. 영어는 말로 할라치면 하고 싶은 말의 어휘가 생각나지 않아서 어려운 대상이었고, 영문법도 중고등학교 때나 토익 공부할 때 배우긴 했지만 알고 있는 문법대로 말을 못해서 상처만 주는 괴로움의 대상이었지요.

저는 이런 분들에게 **영어가 얼마나 즐거운지 그리고 어떻게 들어야 말을 잘할 수 있는지** 그 방법을 알려드리기 시작했습니다. 사실 영어는 한국어처럼 '언어'이기 때문에, 우리가 모국어로 말하는 데 힘들지 않은 것처럼 힘을 빼고 배울 수 있거든요. 하지만 교정영어 코칭을 찾아오시는 대부분의 학생은 언어 습득 방식으로 영어를 배운 분들이 아니었어요. 영어를 들으면 한국어로 해석하고, 하고 싶은 한국어를 영작하거나 어휘와 문법을 암기하는 방식에만 익숙한 분들이라 '영어를 습득한다'는 개념 자체를 생소해하셨지요. 그래서 저는 지금까지 공부했던 영어를 습득의 과정으로 바꿔줄 '교정영어'를 만들기 시작했습니다.

첫 기업체 출강에서 만난 50~60대의 나이 지긋하신 분들부터 강남 YBM의 20~30대 취준생들, 국내외 기업의 임직원들과, 다양한 분야의 CEO와 전문가들과 호흡하며 그들이 가지지 못한 언어 습득의 기재를 가이드로 만들기 시작했습니다. 우선 현장에서 쌓인 실제적인 데이터를 위주로 영문학사 논문과 국내 석사 논문을 거쳐 윤곽을 잡았고, 이후 학회 논문 출판까지 제안받았던 영국 유학 석사 논문을 통해 개념들을 만들었습니다. 그리고 드디어 2019년, 이 연구들을 기반으로 교정영어의 개념과 용어를 정리하여 〈생각이 바뀌다 습관이 바뀌다〉를 출판하였습니다.

하지만 학생들이 이 책을 읽고 개념과 용어를 이해하는 것만으로는 그들의 영어 학습 과정이 저절로 언어 습득 과정으로 교정되는 것은 아니었습니다. 책을 읽고 나면 '이해는 다 되는데, 이걸 어떻게 적용 해야할지 모르겠다'는 반응이었기 때문입니다. 그래서 저는 이번에는 읽고 이해되는 책이 아닌, 가이드대로 연습을 했을 뿐인데 힘들고 어렵기만 했던 영어 공부가 즐거운 영어 말하기가 되는 그런 홈트레이닝 과정을 만들기 시작했습니다.

저는 여러분이 더이상 영어 암기와 영작으로 힘겨워하지 않고 즐겁게 듣고 말했으면 좋겠습니다. 영어로 듣고 말하는 것이 너무 즐거워서 매일 즐기고, 즐기는 것이 습관이 되고 또 나의 취미가 되어, 영어 말하기가 매일 매일 성장하길 바랍니다. 그리고 나의 영어 성장과 함께 소망하시는 모든 것들을 이루시길 바랍니다. 이 바람을 가득 담아 완성한 교정영어 홈트레이닝과 딱 8주만 함께 해주시면 됩니다. 지금까지 내게 익숙한 영어 공부 습관은 내려 놓고, 조금은 어색할 수 있는 언어 습득 습관으로 Re-habit! 이 과정을 이제 즐겨주세요.

지난 20년간 무수히 많은 학생이 영어의 즐거움을 경험했으며, 시키지 않아도 영어로 듣고 말하는 습관을 지켜 나갔고, 시간이 쌓이는 만큼 영어가 매일 매일 성장하고 있습니다! 현장 강의와 연구 그리고 수많은 학생과의 호흡을 통해 완성된 유알 교정영어 8주 홈트가 체계적이고 과학적으로 가이드 해 드리겠습니다. 이제 괴롭고 힘들었던 영어에게는 안녕을 고하고, 30년간 영어를 사랑하며 즐겨온 저와 영어로 즐겁게 듣고 말하면 됩니다.

어떻게 영어로 말해야 하나요?

*클래스유 인강 1강 참고

영어로 말하기 위해서는 내가 전하려는 메시지가 있어야 합니다. 그리고 그 메시지를 담아내는 어휘 또는 구문이 필요합니다. 이런 맥락에서 우리는 다음과 같이 영어로 말을 합니다.

첫째, 하고 싶은 말을 한국어로 정리합니다.

둘째, 그 한국어에 맞는 어휘를 찾고 문법을 활용하여 영어 문장을 완성합니다.

하지만 적합한 어휘와 문법이 생각나지 않아 영어로 말하는 데 어려움을 느끼게 됩니다. 적합한 어휘와 문법을 찾아 말하더라도 메시지 자체가 명확하지 않은 경우도 있습니다.

그런데 잠깐, 위 방식은 지금까지 수년간 해왔지만 영어 말하기 실력이 제자리인 그 방식 아닌가요? 특히 영어로 말할 때마다 어휘나 문법의 부족함을 맞닥뜨려서 두려움만 더해지는 방식 아닌가요? 이제 이런 두려운 방식이 아닌, 영어로 말하기가 쉽고 즐거워지는 방식으로 바꿔야 합니다.

30여 년 동안 영어로 듣고 말하는 것을 즐기기만 했을 뿐, 머리를 쥐어뜯으며 좌절하거나 한숨 한 번 쉬어본 적 없는 스텔라 쌤의 방식! 영어를 모국어로 하는 원어민이 사고하는 방식! 20여 년간의 현장 강의로 검증하고 논문과 연구를 통해 완성한 교정영어 가이드와 함께라면 이제 나도 원어민의 방식으로 영어로 즐겁게 듣고 말할 수 있습니다.

사실 원어민들은 다음과 같이 자신의 메시지를 영어로 전합니다.

첫째, 전하려는 메시지를 대략적인 **이미지**로 그립니다.

둘째, **어휘와 구문을 활용**하여 그 이미지의 대상과 상황을 구체화합니다.

셋째, 대상과 상황을 구체화하는 동시에 전하려는 **메시지도 구체화**합니다.

이는 아이가 그림을 정교하게 그려가며 메시지를 구체화하는 것처럼, 그림 속 대상과 상황을 구체화하면서 자신의 메시지도 구체화하는 방식입니다. 그런데 생각해 보면 대상과 상황을 묘사하는 단어는 복잡한 개념을 설명하는 단어보다 훨씬 쉽기 때문에 이 방식이 가뿐할 수 있습니다. 그래서 우리가 원어민의 영어를 들으면 "어쩜 어려운 표현 하나도 없이 저렇게 말을 쉽게 잘하지?"라고 느끼게 되는 겁니다.

반면 우리는 내가 무슨 말을 하고 싶은지 전체적이며 포괄적인 개념을 풀어냅니다. 그 개념들은 모두 한국어로 되어 있기 때문에, 하고 싶은 말을 찾았더라도 이를 또 많은 단어와 문법을 활용해서 영어로 말 해야 합니다. 그렇기에 상황별 표현과 패턴을 암기해서 활용하려 하지만 실제 상황에서는 잘 활용되지 않아 힘이 듭니다. 단어와 문법, 패턴과 암기의 굴레를 벗어나기 위해 우리는 이미지를 통해 메시지를 구체화하는 법을 배워야 합니다.

'메시지의 이미지화'라는 영어식 사고를 만들고, 원어민처럼 가뿐하게 쉬운 영어를 활용하기 위해, 교정영어 8주 홈트를 통해 다양한 영어식 사고 근육을 키워 보겠습니다. 처음엔 자전거를 처음 배우는 것처럼 넘어질 것 같아 무섭고, 익숙하지 않은 근육을 쓰느라 불편할 수는 있습니다. 하지만 차근차근 가이드에 맞춰 영어식 사고를 내 몸에 익숙하게 만들면 언제 그랬냐는 듯 익숙하게 패달을 굴리며 자전거 타듯 영어 말하기도 즐겁게 될 겁니다.

교정영어 생각교정 가이드

생각교정의 목적. 나의 메시지를 이미지로 구체화한 후, 영어식 문장을 활용하여 정확하고 논리적으로 전달한다.

생각교정 가이드 단어→구문→문장→문단 즉, 언어 습득의 순서대로 활동합니다.

1. **단어 단위** 명사 한 단어로 대략적인 대상과 상황을 언급하세요.
   1) **what** 무엇, 어떤 대상이 보이는지 확인하세요.
   2) **where** 그 대상이 있는 곳은 어디인지 장소적 상황을 확인하세요.
   3) **who/what** 그 주변 대상은 누구 또는 무엇인지 확인하세요.
   4) **when** 시간, 기간, 기점, 시점 등 시간적 상황은 어떻게 되는지 확인하세요.

2. **구문 단위** 명사구로 대상과 상황을 구체화하고, 동사구로 메시지도 구체화하세요.
   이때 명사구는 '**영어 제1 공식 = 형용사 + 명사 + 전치사**'를 대입하세요.
   1) **what** 무엇이 정확히 어떤 대상인지 명사구로 언급하세요.
   2) **where** 그 대상이 있는 장소적 상황을 명사구로 구체화하세요.
   3) **who/what** 그 주변 대상은 정확히 누구 또는 무엇인지 명사구로 언급하세요.
   4) **when** 시간적으로 어떤 상황인지 명사구로 구체화하세요.
      이렇게 이미지 안의 대상과 상황이 정확하게 정해지면 메시지도 함께 구체화할 수 있습니다.
   5) **why** 목적, 결론, 결과, 주장 등 넓은 영역의 '왜' 메시지를 동사구로 언급하세요.
   6) **how** 방법, 과정, 원인, 근거 등 넓은 영역의 '어떻게'를 동사구로 언급하세요.

3. **문장 단위** 구체화한 이미지와 그 안에 담긴 메시지를 영어 문장으로 전달하세요.

   구문을 문장으로 완성하기 어렵다면 **영어식 기본 4동사인 Make, Have, Give, or Take**를 활용하세요. 영어식 기본 4동사는 사물 주어를 활용하여 영어식 문장을 완성할 수 있도록 돕습니다.

4. **문단 단위** 영어로 나의 메시지를 구체적이고 논리적으로 전개하기 위해 다음의 요소를 활용하세요.

   요소 1 메시지와 관련된 대상과 상황이 담긴 이미지 속의 단어와 구문

   요소 2 내가 하고 싶은 말 즉, 메시지가 담긴 단어와 구문

   요소 3 앞 문장의 명사를 이어지는 문장의 대명사로 연결하는 '영어 제2 공식'

   이렇게 이미지를 활용하여 나의 메시지를 구체화하고, 앞 문장의 명사를 이어지는 문장에서 대명사로 활용하면 구체적이고 논리적인 영어 말하기가 가능해집니다.

하지만 교정영어 생각교정을 처음 시작하는 우리에게 이미지는 생소한 요소입니다. 그렇기에 교정영어에서는 메시지의 이미지화에 더욱 집중하기 위해, 나의 메시지를 의도적으로 소거합니다. 특히 나의 메시지는 한국어로 되어 있기 때문에 메시지를 소거하면 영어식 사고를 좀 더 빠르게 체화하는 데 도움이 됩니다.

교정영어 생각교정 적용
영어식 사고 vs. 한국식 사고

'건강을 유지하는 방법'을 주제로 영어식 사고와 한국식 사고를 비교해 보세요.

한국식 포괄적인 개념 설명

주소를 큰 단위부터 말하는 한국식 빙식처럼 전체적인 개념을 **설명**하기 위해 **동사**에 집중합니다. 또한 한국어로 정리된 메시지를 영어로 말하기 위해서 적합한 영어 단어, 구문, 문법을 활용합니다.

1. 한국어로 메시지를 정리합니다.

   저는 건강을 유지하기 위해 좋은 습관을 만들려고 노력합니다. 그래서 식사를 규칙적으로 하고, 운동도 규칙적으로 합니다. 이렇게 좋은 습관을 만들면 제 몸이 건강해질 겁니다.

2. 적합한 영어 단어, 구문, 문법을 활용해서 영어로 말합니다.

   To keep my health, I try to make a good habit, so, I have meal and do exercise regularly. If I have this good habit, I can be very healthy.

영어식 이미지를 구체화하며 메시지를 논리적으로 전개

주소를 작은 단위부터 말하는 영어식 방식처럼, 작은 한 점의 대상과 상황을 찾아 대략적인 이미지를 그립니다. 이후 그 이미지를 구체화하며 나의 메시지도 구체화합니다. 구체화한 이미지와 메시지를 영어식 문장으로 완성하고, 이 문장들은 대명사를 활용하여 연결합니다.

1. 명사 한 단어로 대상과 상황을 확인합니다.

   1) **what** my coach

   2) **where** a gym

   3) **who/what** programmes

   4) **when** over an hour

2. 명사를 명사구의 구문으로 구체화합니다.

   1) **what** my professional coach in a gym

   2) **where** a gym (위의 what으로 이동)

   3) **who/what** many programmes with simple and easy directions

   4) **when** over an hour with regular routines

   5) **why** my healthy body

   6) **how** systematically train me

3. 구체화한 구문과 교정영어 법칙을 활용하여 문장을 완성하고 이 문장을 논리적으로 전개합니다.

이미지 + 영어식 기본 4동사 I **have** professional coach in a gym for my health.

이미지 + 영어 제2 공식 He has many <u>programmes</u> with simple and easy directions.

이미지 + 영어 제2 공식 <u>They</u> take me to regular routines over an hour.

메시지 + 영어 제2 공식 As he trains me systematically, I can have my healthy body.

이때 미처 생각하지 못한 디테일들이 추가될 수도 있지만, 하나의 이미지 및 주제를 벗어나지 않습니다.

결과! 한 점에서 시작한 이미지를 구체화하여 논리적으로 메시지를 전달합니다.

어떻게 영어로 들어야 하나요?

* 클래스유 인강 2강 참고

모든 언어는 들을 수 있다면 말할 수도 있어야 합니다. 하지만 영어는 들을 때야 무슨 말인지 알겠지만, 다시 말해보라고 하면 어려움을 겪곤 합니다. 왜 이런 증상이 나타나는 걸까요? 그건 우리가 영어를 들으면서 그 메시지를 이해하기 위해 한국어로 해석해서 듣기 때문입니다. 즉 영어를 들었지만 실제로 우리 머릿속에는 한국어가 저장되었기 때문에, 다시 꺼내서 활용할 영어가 없는 것입니다. 이 방식은 지금까지 수년간 내가 영어를 들어왔지만 영어 말하기 실력이 늘지 않았던 방식입니다. 그럼 나의 듣기 방식을 어떻게 교정해야 할까요?

첫째, 영어를 영어로 들어야 합니다.

영어를 한국어로 해석하지 말고, 영어의 단어와 구문을 입력한 후에 그 메시지를 이해해야 합니다. 보통 우리는 영어를 들으면 한국어로 해석해서 이해하고 싶어 합니다. 내가 아는 단어나 구문 그리고 문법을 활용한 영어 문장의 경우에는 해석해서 듣는 것이 문제 되지 않습니다. 하지만 중간중간 모르는 단어, 익숙하지 않은 구문, 어려운 문법이 들리면 '어? 이게 무슨 뜻이지?'라고 생각하느라 뒷부분은 들을 수도 없고, 듣더라도 어떤 내용인지 이해할 수조차 없게 됩니다.

영어를 영어로 듣기 위한 방법은 간단합니다. 우리는 영어를 영어로 듣는 것이 처음이기 때문에, 언어 습득의 제일 첫 단위부터 차근차근 듣는 연습을 하면 됩니다. 아무리 내가 아는 단어와 구문, 그리고 문법을 활용한 영어 문장이라서 한국어로 해석되고 이해되더라도 '단어' 단위부터 영어 소리에 집중해서 들어야 합니다. 아장아장 첫걸음을 떼 듯! 언어 습득의 가장 기본 단위부터 듣는 연습을 하면 되는 겁니다.

둘째, 화자가 강조하여 말하는 중요한 메시지인 강세 단어, 곧 구문 속의 강세 단어를 들어야 합니다.

앞서 원어민의 영어 말하기 방식에서 확인한 것처럼 원어민은 핵심 메시지를 중요한 단어, 특히 명사에 담은 뒤 명사구로 구체화하여 전달합니다. 그렇기 때문에 우리는 핵심 메시지가 담긴 '단어'를 중심으로 들어야 합니다. 하지만 우리는 기존의 학습 습관 때문에 전체 문장을 채우기 위해 문장의 앞, 주어 동사부터 들으려고 합니다. 우리가 한국어를 들을 때에도 모든 단어를 집중해서 듣지 않는다는 점을 꼭 기억하세요.

그러면 나는 몇 개의 단어를 듣고 기억할 수 있을까요? 내 기억력의 한계만큼입니다. 들을 수 있으면 말할 수 있는 원리대로, 말하기 호흡과 듣기의 호흡은 동일합니다. 일반적으로 우리는 '3~4개'의 호흡으로 말을 합니다. 그래서 우리가 기억할 수 있는 단위 역시 3~4개이므로 문장을 앞에서부터 모두 듣고 기억하려 하지 말아야 합니다. 듣기 습관을 교정하는 단계에서는 강세가 들어간 영어 단어를 3~4개만 들어주세요.

하지만 영어 단어 3~4개만으로는 화자의 메시지가 이해되지 않을 수 있습니다. 그러면 음원을 다시 듣고 그 단어의 앞뒤를 채워 구문으로 완성해 보세요. 완성된 구문 3~4개면 화자의 메시지를 80% 정도 이해할 수 있게 됩니다. 처음 들을 때 완벽하게 이해하려 하지 말고, 해석 없이 강세가 들어가는 단어의 소리에 집중하세요. 이렇게 하면 **영어를 들을수록 나의 어휘력**과 **구문력은 향상되고, 그만큼 영어가 더 잘 들리게** 됩니다. 결국 **들리는 영어가 많아질수록 나의 영어 말하기 실력도 자연스럽게 향상**됩니다. 들을 수 있으면 말할 수 있다는 원칙대로 영어를 영어로 즐겁게 듣고! 즐겁게 영어로 말하면 됩니다.

교정영어 습관교정 가이드

습관교정의 목적. 내가 들을 수 있어서 회화로 활용할 수 있는 단어부터 듣고, 보면서 말해보고, 쓰면서 말해보는 과정을 통해 원래 들을 수 없었던 구문까지 듣고 회화로 활용한다.

습관교정 가이드 역시 단어→구문→문장→문단 즉, 언어 습득의 순서대로 듣습니다.

1. 공감하여 듣기

내가 들을 수 있어서 활용할 수 있는 단어/구문을 공감하여 들으세요. 원어민의 말을 들었을 때 '어! 이거 나도 자주 활용하는 표현인데!'하고 느껴지는 표현 위주로 들립니다.

1) 첫 번째 듣기 : 뼈대 단어 세우기

음원을 모두 들은 후, 강세가 들어가는 메시지 **단어** 3~4개를 기억해서 검은색으로 적으세요. 이때 음원을 들으며 한국어로 해석하거나, 전체 내용을 궁금해하지 않습니다. 우리 기억력의 평균은 4단위입니다. 너무 많은 단어를 듣게 되면 아무것도 기억나지 않습니다. 너무 많은 단어가 들린 경우, 나에게 더 익숙한 명사 3~4개만 기억하고 다른 단어는 버려도 좋습니다. 단어 1~2개만 기억나는 경우엔 음원을 한 번 더 듣고 단어를 3~4개까지 채우세요.

2) 두 번째 듣기 : 뼈대 단어 살 붙이기

뼈대 단어를 보면서 음원을 모두 들은 후, 단어 3~4개를 기억해서 뼈대 단어 앞뒤에 파란색으로 적으세요. 이때도 음원을 들으며 한국어로 해석하거나, 전체 내용을 궁금해하지 않습니다. 단어 1~2개만 기억나는 경우엔 음원을 한 번 더 듣고 단어를 3~4개까지 채우세요.

3) 세 번째 듣기 : 단어로 **구문 완성**하기

적어둔 단어를 보면서 음원을 모두 들은 후, 단어 3~4개를 기억해서 빨간색으로 적고 구문을 완성하세요. 이때는 새로운 뼈대 단어가 추가로 들릴 수 있습니다. 이렇게 완성된 구문을 보면서 전체 내용을 유추하고, 구문을 이미지로 기억하는 시도를 해 보세요.

2. **요약하여 말하기** (별칭. 아무 말 대잔치)

원음에서 들은 단어와 구문을 빌려서 내가 활용할 수 있는 **문장**으로 말하세요.

내가 들은 원문의 단어와 구문을 활용하여 내가 자주 활용하는 문장으로 말해보는 것이 주된 목적이기 때문에 원문과 똑같은 문장으로 말할 필요는 없습니다. 그래서 요약하여 말하기를 일명 '아무 말 대잔치'라고도 부릅니다. 내가 자주 활용하는 구문과 문장으로 말해보면, 이후 내가 어떤 부분을 원어민과 다르게 활용하는지 비교할 수 있게 됩니다.

요약하여 말할 때, 아래 내용에 유의하세요.

1) 아무 말 대잔치입니다. 절대로 디테일이 채워질 때까지 반복해서 듣거나 원문과 똑같이 말하지 않습니다.

2) 나의 문장을 이후 과정에서 원문과 비교할 것이기 때문에 단어와 구문은 그 순서와 품사를 최대한 변형 없이 활용하세요.

3) 처음엔 단어와 구문을 보면서 말하고, 익숙해지면 단어와 구문을 이미지로 떠올리며 말하세요.

4) 문장을 완성하기 어렵다면 영어식 기본 4동사(MHGT)를 활용하세요.

3. **비교하며 말하기**

들을 수 없어서 회화로 활용할 수 없었던 단어와 구문은 원문을 보면서 채우고, 반복하여 말하세요. 이는 원어민의 말을 들을 때 '아~ 원어민은 이런 식으로 말하는구나'라고 느껴지는 표현으로, 눈으로 보면 이해되지만 그 소리를 몰랐던 표현이기 때문에 눈으로 보면서 채워야 합니다. 또한 내 입과 귀가 이 소리에 익숙해지도록 구간을 반복하여 듣고 허공에서 반복해서 말해봐야 합니다.

1) 내가 듣지 못해서 회화로 활용할 수 없었던 단어와 구문을 눈으로 확인하면서 밑줄 치세요. 특히 내가 회화로 활용하고 싶어 '욕심나는 구문'은 동그라미(또는 볼드 처리)로 추

가 표시하세요.

2) '욕심나는 구문'은 내 귀와 입에 익숙해지도록 10번 이상 구간 반복하여 '대본 연습'을 하듯 허공에서 말하세요. 이 과정은 그간 들을 수 없어서 회화로 활용할 수 없었던 단어와 구문이 들리게 만들어 줍니다.

비교하며 말할 때, 아래 내용에 유의하세요.

1) 내가 회화로 활용할 수 있는 호흡의 단위로 끊어서 대본을 연습하세요. 절대로 문장 단위로 읽으며 해석하지 않습니다.

2) 대본 연습에 연기는 필수입니다. 문장을 대사로 생각하고 이 대사를 어떤 상황에서 누구에게 말하는지 명확하게 하세요. 대상이 명확해지면 강조하여 전하려는 메시지에 강세가 들어가게 됩니다. 이 강세 단어를 표시해도 좋습니다.

3) 회화로 활용하고 싶어 '욕심나는 구문'은 감정을 넣어 연기하면서 허공에서 꼭꼭 씹어 먹으세요. 단어와 구문이 내 귀와 입에 익숙해집니다. 특히 구문이 입에 엉키지 않을 때까지! 입에 단내가 나도록 구간을 반복하세요.

4. 필사하며 말하기

들을 수 없어서 회화로 활용할 수 없었고, 눈으로 봐도 채워지지 않는 부분을 손으로 채우면서 말하세요. 이는 원어민의 말을 들을 때 '어? 이건 무슨 표현이지?'라고 느껴지는 표현으로, 내가 몰랐던 표현이거나 강세가 들어가지 않아 들리지 않는 부분이기 때문에 써보면서 채워야 합니다. 아는 만큼 들린다고 하지요? 이런 디테일까지 채워서 듣고 말할 수 있어야 합니다.

1) 귀와 눈으로 채우지 못했던 문장의 디테일(관사, 시제, 수 일치 등)은 체크 표시하세요.

2) 눈으로 봐도 이해되지 않는 부분은 몰랐던 어휘와 문법입니다. 따로 정리한 후 공부하세요.

이때 정리한 부분은 들을 수 없어서 회화로 활용하지 못했을 뿐만 아니라, 눈으로 보면서도 채우지 못했던 부분입니다. 이런 부분은 앞으로 5번 이상 반복해서 확인한 후에나 들을 수 있고 회화로 활용할 수 있게 됩니다.

5. 쉐도우 스피킹

원어민의 단어와 강세, 메시지가 담긴 구문과 문법을 모두 들으면서 똑같이 말하세요. 원음이 선창하면 그림자 따라가듯, 그러나 나의 속도를 유지하며 호흡의 단위(청크)로 원음과 똑같이 말합니다.

다음의 쉐도우 스피킹 체크리스트를 통해 정확하게 들으면서 말할 수 있습니다.

1) 내가 회화에서 자주 사용하는 단어와 구문을 들으면서 말하는 것이 올바른 방법입니다.

2) 내가 듣지 못해서 자주 사용하지 못했던 단어와 구문 그리고 문법까지도 들으면서 말할 수 있다면 올바른 방법입니다.

3) 음원이 너무 빨라서 쉐도우 스피킹하기 어렵다면, 비교하며 말하기가 부족한 겁니다. 엉키는 구문을 눈으로 보면서 15번 이상 구간 반복하여 말한 후 쉐도우 스피킹하세요.

4) 강세가 들어가지 않는 부분을 놓친다면, 필사하며 말하기가 부족한 것입니다. 관사, 수일치, 전치사 등을 꼼꼼하게 '쓰면서 말하기' 한 후 쉐도우 스피킹하세요.

지금은 우리가 어떻게 영어를 영어로 들어야 하는지 모르기 때문에 이렇게 단어부터 구문을 채우는 방식으로 듣고 말하지만, 이후 영어를 영어로 듣는 회로가 생기면 이 스텝 중 상당 부분은 생략됩니다. 그러기 위해서라도 지금은 스텝별 가이드를 더욱 꼼꼼하게 확인하고 활동해 주세요.

교정영어 습관교정 적용
영어를 영어로 듣기 vs. 한국식 듣기

음원 '파일명 0-0'을 영어로 들어 보세요. (17페이지 QR 코드를 참고하세요.)

Suppose now you have a day of free time, please pick one thing that you want to do. Then please tell me what that is with some specific reasons?

한국식 영어 문장을 듣고 한국어로 해석해서 이해한 뒤, 한국어를 다시 영어로 말합니다.

1. **영어 문장 전체**를 듣습니다.

   문장 앞의 주어, 동사부터 시작해서 모든 단어를 듣습니다. 듣다가 중간에 모르는 단어나 구문이 들리면 그 단어가 무엇인지 생각하느라 이후의 영어 문장을 듣지 못합니다.

2. 영어를 해석해서 **메시지를 한국어로** 기억합니다.

   내가 알고 있는 단어와 익숙한 구문을 듣고 자동으로 한국어로 해석해 이해합니다. 그 결과 전체적인 내용은 이해할 수 있지만 **기억나는 영어 단어나 구문, 특히 단어의 강세는 없습니다.**

   * 단, 익숙한 구문은 메시지를 이해해서 그 소리를 기억하기 때문에 한국어로 이해하고도 그 영어 구문을 기억해 냅니다.

   하지만 이렇게 하면 익숙한 구문이 약간만 바뀌어도 듣지 못하므로 내용을 이해할 수 없는 상황이 반복됩니다.

3. 영어 문장을 종합적으로 이해해서 한국어로 정리합니다.

   영어 단어나 구문이 아닌 내용을 종합적으로 이해해서 한국어로 정리했기 때문에 구체적인 대상과 상황, 즉 이미지로 구체적인 메시지를 전달하는 영어식 접근을 이해하지 못합니다. 그뿐만 아니라, 한국어로 이해한 개념을 영어로 말하기 위해서는 다시 한국어로 그 개념으로 정리해서 영작해야 합니다. 결국 한국어를 표현할 수 있는 적합한 영어 단어와 문법이 필요하게 됩니다.

한국어로 이해한 개념 여가 시간이 있다면 무엇을 왜 할 거니?

한국어로 이해한 개념 영어로 말하기 여가 시간이 있다면, 무엇을 할 거니? 그리고 왜 할 거니?

If you have a free time, what will you do? And tell me why you want to do it.

우리는 if you have, what will you do, why you want to do처럼 익숙하고 자주 쓰는 구문을 활용할 뿐 원어민이 들려준 suppose now, please pick one thing, what that is, with specific reasons과 같은 표현은 활용하지 못합니다.

영어식 영어 단어를 듣고 구문화한 뒤, 그 구문을 활용한 메시지를 영어 문장으로 말합니다.

1. 내가 들을 수 있어서 회화로 활용할 수 있는 단어를 공감하여 듣고, 구문으로 완성합니다.

    1) Suppose, free time, one thing, reason

    2) Suppose, a day of free time, pick one thing, want to do, specific reason

    3) Suppose, a day of free time, pick one thing, you want to do, tell me what, some reason

    * 이렇게 내가 들은 일부 단어와 구문을 원어민에게 말하면 상대방은 내가 듣지 못한 부분을 다시 말해줍니다. 혹은 내가 들은 단어나 구문의 수준을 파악하여 그 수준에 맞는 난이도와 속도의 문장으로 말해줍니다.

2. 내가 원음에서 들은 단어와 구문을 빌려서 나의 문장으로 요약하여 말합니다.

    Suppose you have a day of free time.

    Pick one thing, you want to do.

    And tell me what and some reason.

    * 내가 들은 단어와 구문을 활용해서 말하게 되면 상대방 없이도 혼자 말하기 연습이 가능합니다.

3. 들을 수 없어서 회화로 활용할 수 없었던 단어와 구문은 보면서 비교하며 말합니다.

    1) 내가 듣지 못했던 단어와 구문, 내가 다르게 활용한 부분은 밑줄로 구분합니다.

       Suppose <u>now</u> you have a day of free time, <u>please</u> pick one thing <u>that you want to do</u>. Then please tell me <u>what that is with specific reasons</u>.

'아, 나는 now 같은 표현을 들을 수 없어서 말할 수 없구나~', '아, 그 쉬운 please도 듣지를 못하니까 활용을 못하는 구나~' 등등 들을 수 없어서 회화로 활용할 수 없던 구문들을 눈으로 채우게 됩니다.

2) 내가 들었던 단어의 <u>강세</u>까지 확인합니다.

Suppo'se no'w you ha've a da'y of free' ti'me, plea'se pi'ck o'ne thi'ng that you wa'nt to do'. Then plea'se te'll me wha't tha't is with spe'cific rea'sons.

해석하느라 전혀 신경 쓰지 못했던 단어의 강세가 귀로 들리고 인지가 됩니다.

3) 들을 수 없어서 회화로 활용할 수 없었지만! 이제는 꼭! 회화로 활용하고 싶어 '욕심나는 단어나 구문'을 내 귀와 입에 익숙해질 때까지 구간 반복하여 말해봅니다.

Suppose <u>now</u>(구간 반복) you have a day of free time, <u>please pick one thing</u>(구간 반복) <u>that you want to do</u>(구간 반복). Then <u>please</u>(구간 반복) tell me <u>what that is</u>(구간 반복) with specific reasons.(구간 반복)

특히 허공에서 구문을 구간 반복하여 말할 때, 이 구문을 활용할 수 있는 상황과 대상을 명확하게 정해 연기하듯 말하면 강세 단어를 강조하여 말하게 되기 때문에 들었던 강세까지 활용할 수 있게 됩니다.

4. 내가 몰라서 들을 수 없었고, 눈으로 봐도 정확하게 이해할 수 없었던 부분은 쓰고 채우면서 말합니다.

Suppose now you have a day of free time, please pick one thing that you want to do. Then please tell me what that is with specific reasons.

- 몰랐던 단어나 어려운 구문, 또는 문법에서도 주로 디테일(관사, 수 일치, 시제 등)이 채워집니다. 그래서 채워서 쓰고 말한 뒤에 음원을 다시 들으면 이런 디테일까지 들리게 됩니다. 들을 수 있으면 말할 수 있기 때문에 그 결과 이런 부분도 회화로 활용할 수 있게 됩니다.
- 몰랐던 단어나 구문, 또는 문법의 예 : <u>thing that</u> you want to do, <u>with</u> specific reasons
- 눈으로도 쉽게 채워지지 않아 손으로 쓰는 부분의 예 : specific reasons

5. 원어민의 단어와 강세, 메시지가 담긴 구문과 문법을 모두 들으면서 똑같이 쉐도우 스피킹합니다.

원래 들렸던 단어와 구문, 눈으로 채워 익숙하게 만든 단어와 구문, 손으로 채운 부분들까지 모두 들으면서 말할 수 있습니다. 이때 원음이 선창하면 그림자 따라가듯, 그러나 나의 속도를 유지하며 호흡의 단위(청크)로 원음과 똑같이 말합니다.

Suppose now you have a day of free time, please pick one thing that you want to do. Then please tell me what that is with specific reasons.

해석 ▶ 만약 지금 당신이 하루 동안 자유 시간이 있다면, 하고 싶은 것 하나를 선택해 주세요. 그리고 그것에 대한 구체적인 이유를 함께 말해주세요.

유알 교정영어 8주 홈트 진도표 한눈에 보기

- 생각과 습관을 정확하게 교정하기 위해 진도표에 맞춰 하루 한 강만 음미하듯 활동합니다.
- 매일 활동이 어렵다면, 최소 주 3회 활동으로 규칙적이고 꾸준히 교정영어 습관을 만들어 주세요.

진도 구분	인강	내용			미션
시작 전	OT	교정영어란 무엇인가? & 입장 전 체크리스트			
시작 전	1	영어를 원어민처럼 쉽게 말할 수 있는 영어식 생각교정 전체 메뉴얼			
시작 전	2	영어를 영어로 들을 수 있는 듣기 습관교정 전체 메뉴얼			
영어식 생각교정 - 1주 차. 영어 제1 공식 : 명사를 구체화한 명사구					
1주 차 1일	3	가이드 & 예시 문제 Market _ 활동 전 7주 차 가이드 40강 보기			명사를 명사구로 구체화하기
1주 차 2일	4	연습 문제 1, 2	House	Park	공원의 사람(사물) 활용
1주 차 3일	5	연습 문제 3, 4	Music	Movie	거리의 사람(사물) 활용
1주 차 4일	6	연습 문제 5, 6	Vacation	Yoga	휴가지의 사람(사물) 활용
1주 차 5일	7	연습 문제 7, 8	Transport	Oversea trip	대중교통의 사람(사물) 활용
1주 차 6일	8	연습 문제 9, 10	Meeting	Coffee shop	식당의 사람(사물) 활용
보너스트랙	9	영어의 리듬 요소(강세, 억양, 호흡)			
듣기 습관교정 - 2주 차. 공감하여 듣기 : 내가 자주 활용하는 단어 듣기(초급 음원)					
2주 차 1일	10	가이드 & 예시 문제 Commute 활동 전 6주 차 연습 문제 1 35강 보기			명사를 명사구로 구체화하기
2주 차 2일	11	연습 문제 1, 2	House	Park	거실에 있는 사람(사물) 활용
2주 차 3일	12	연습 문제 3, 4	Music	Movie	영화관 안의 사람(사물) 활용
2주 차 4일	13	연습 문제 5, 6	Beach	Yoga	운동 장소의 사람(사물) 활용
2주 차 5일	14	연습 문제 7, 8	Transport	Oversea trip	책상 주변의 사람(사물) 활용
2주 차 6일	15	연습 문제 9, 10	Internet	Coffee shop	커피숍의 사람(사물) 활용
영어식 생각교정 - 3주 차. 영어식 기본 4동사 : 영어식 문장 이해하기					
3주 차 1일	16	가이드 & 예시 문제 Hard study & 15-minute late			영어식 문장 이해하기
3주 차 2일	17	연습 문제 1, 2	House	Park	공원의 사람(사물) 활용
3주 차 3일	18	연습 문제 3, 4	Music	Movie	거리의 사람(사물) 활용
3주 차 4일	19	연습 문제 5, 6	Beach	Yoga	휴가지의 사람(사물) 활용
3주 차 5일	20	연습 문제 7, 8	Transport	Oversea trip	대중교통의 사람(사물) 활용
3주 차 6일	21	연습 문제 9, 10	Internet	Coffee shop	식당의 사람(사물) 활용

듣기 습관교정 - 4주 차. 요약하여 말하기 : 단어와 구문 빌려서 말하기(중급 음원)				
4주 차 1일	22	가이드 & 예시 문제 Weekend		영어식 문장 이해하기
4주 차 2일	23	연습 문제 1, 2	Cooking	Holiday	거실에 있는 사람(사물) 활용
4주 차 3일	24	연습 문제 3, 4	News	Fashion	영화관 안의 사람(사물) 활용
4주 차 4일	25	연습 문제 5, 6	School days	Seasons	운동장소의 사람(사물) 활용
4주 차 5일	26	연습 문제 7, 8	Technology	Financing	책상 주변의 사람(사물) 활용
4주 차 6일	27	연습 문제 9, 10	Career	Government	커피숍의 사람(사물) 활용
영어식 생각교정 - 5주 차. 영어 제2 공식 : 대명사로 문장 연결하기				
5주 차 1일	28	가이드	가이드 & 예시문제 A day of free time	대명사로 문장 연결하기
5주 차 2일	29	연습 문제 1, 2	Cooking	Holiday	주제별 오픽/토스 문제 활용
5주 차 3일	30	연습 문제 3, 4	TV	Formal suit	주제별 오픽/토스 문제 활용
5주 차 4일	31	연습 문제 5, 6	Small school	Winter	주제별 오픽/토스 문제 활용
5주 차 5일	32	연습 문제 7, 8	Fashion industry	Internet shopping	주제별 오픽/토스 문제 활용
5주 차 6일	33	연습 문제 9, 10	A sense of humour	Government	주제별 오픽/토스 문제 활용
듣기 습관교정 - 6주 차. 비교/필사하며 말하기 : 듣지 못한 부분 눈과 손으로 채우기(중급 음원)				
6주 차 1일	34	가이드	가이드 & 예시 문제 Neighbor	비교/필사하며 말해요
6주 차 2일	35	연습 문제 1, 2	House		Park 활용
6주 차 3일	36	연습 문제 3, 4	Music		Movie 활용
6주 차 4일	37	연습 문제 5, 6	Beach		Yoga 활용
6주 차 5일	38	연습 문제 7, 8	Transport		Oversea trip 활용
6주 차 6일	39	연습 문제 9, 10	Internet		Coffee shop 활용
영어식 생각교정 - 7주 차. 메시지의 이미지화 : 메시지를 이미지로 구체화하기				
7주 차 1일	40	가이드	가이드 & 예시 문제 Successful conversation	메시지 이미지로 구체화하기
7주 차 2일	41	연습 문제 1, 2	House/Cooking		Park/Holiday 중 택1
7주 차 3일	42	연습 문제 3, 4	Music/News		Movie/Fashion중 택1
7주 차 4일	43	연습 문제 5, 6	Beach/School days		Yoga/Seasons 중 택1
7주 차 5일	44	연습 문제 7, 8	Transport/Technology		Oversea trip/Financing 중 택1
7주 차 6일	45	연습 문제 9, 10	Internet/Career		Coffee shop/Environment 중 택1

듣기 습관교정 - 8주 차. 쉐도우 스피킹 : 익숙한 구문 들으면서 말하기(중급 음원 + 보너스 고급 음원)					
8주 차 1일	46	가이드	가이드 & 예시 문제 What I realized		익숙한 구문 들으면서 말하기
8주 차 2일	47	연습 문제 1, 2	Department store	House/Park	Text message 활용
8주 차 3일	48	연습 문제 3, 4	Sweets	Music/Movie	Photo 활용
8주 차 4일	49	연습 문제 5, 6	Online bookstore	Beach/Yoga	Perfume 활용
8주 차 5일	50	연습 문제 7, 8	Meeting	Transport/Oversea trip	Job 활용
8주 차 6일	51	연습 문제 9, 10	Books in school days	Interent/Coffee shop	Sports in school days 활용

Try again. 7주 차 메시지의 이미지화 & 쉐도우 스피킹(고급 음원)

진도 구분	인강	문제 구분	메시지의 이미지화	쉐도우 스피킹	미션
1일	52	연습 문제 1, 2	Skillful person/Vacation reward		연습 문제 1, 2 메시지의 이미지화
2일	53	연습 문제 1		Skillful person	연습 문제 6 쉐도우 스피킹
3일	54	연습 문제 2		Vacation reward	연습 문제 7 쉐도우 스피킹
4일	55	연습 문제 3, 4	Direct complaint/Interest in health		연습 문제 3, 4 메시지의 이미지화
5일	56	연습 문제 3		Direct complaint	연습 문제 8 쉐도우 스피킹
6일	57	연습 문제 4		More interest	연습 문제 9 쉐도우 스피킹
7일	58	연습 문제 5, 6	Communication skill/Sales job		연습 문제 5, 6 메시지의 이미지화
8일	59	연습 문제 5		Communication skill	연습 문제 10 쉐도우 스피킹
9일	60	연습 문제 7, 8	Regular customers/E-book		연습 문제 7, 8 메시지의 이미지화
10일	61	연습 문제 9, 10	Qualification/Environment		연습 문제 9, 10 메시지의 이미지화

교정영어 〈생각교정 습관교정〉을 마치게 되면?

1. **영어를 들을 때 더 이상 한국어로 해석하면서 이해하지 않고, 영어를 영어 자체로 듣게 됩니다.**
   - 영어를 단어와 구문으로 듣습니다.
     그 결과 한국어 해석은 사라지고 영어 **어휘력과 구문력이 향상**됩니다.
   - 특히 한 단어를 중심으로 구체화한 구문 단위로 메시지를 이해합니다.
     그러면 메시지가 종합적으로 이해되는 것이 아니라, **구체화하여 이해**하게 됩니다.
   - 구체화한 영어 구문은 구체적인 상황, 정확한 대상이 담긴 이미지와 함께 기억됩니다.
     그 결과 비슷한 상황과 대상을 마주하게 되면 **이미지가 자연스럽게 연결되어 기억하고 있는 영어 구문을 활용**할 수 있게 되고, 더 이상 기억나지 않는 단어와 구문으로 씨름하지 않게 됩니다.

2. **영어를 영어로 들을 수 있기 때문에, 들은 방식 그대로! 즉 원어민의 방식 그대로 말하게 됩니다.**
   - 영어로 메시지를 전달하기 위해 상황과 대상을 떠올리며 이미지를 구체화합니다.
     복잡하고 어려운 개념을 풀어내는 대신, 이미지 속 대상과 상황을 구체화하는 과정을 통해서 **나의 메시지도 구체적으로 전달**할 수 있게 됩니다.
   - 영어로 말하기 위해 귀로 듣고 이미지에 담아둔 다양한 단어와 구문을 활용합니다.
     이미지를 구체화하는 과정에서 이미지 안에 담긴 단어와 구문을 활용하게 됩니다. 이 단어와 구문은 개념이 담긴 단어와 구문에 비해 난이도가 쉽기 때문에 **쉬운 영어로 나의 메시지를 전달** 할 수 있게 됩니다.
   - 하고 싶은 한국어를 영어로 표현하는 다양한 방법을 활용합니다.
     귀로 들은 다양한 단어와 구문, 이미지 안에 담긴 단어와 구문 그리고 명사구로 구체화된 대상과 상황을 활용하여 **나의 메시지를 다양한 영어 표현으로 전달**하게 됩니다. 덕분에 익숙한 표현만 반복적으로 활용하여 말하는 방식에서 벗어나게 됩니다.

3. **더 이상 영어 학습이 아닌, 영어를 영어로 즐겁게 듣고 말하는 언어 습득의 기재를 체화하게 됩니다.**
   - 내가 들을 수 있는 단어와 구문을 들으며 언어 감각을 유지합니다.
   - 들리는 단어와 구문을 활용해서 영어로 말할 기회를 가집니다.
   - 내가 활용하는 문장과 원어민의 문장을 비교하며 원어민의 피드백을 받습니다.
   - 원어민의 문장에서, 내가 회화로 꼭 활용하고 싶은 단어와 구문의 소리를 익숙하게 만듭니다.
   - 듣고 봐도 채울 수 없었던 디테일을 쓰면서 채우게 되는데, 특히 이때 학습한 문법은 나의 영어 실력 향상에 도움이 됩니다.
   - 이렇게 습득한 단어와 구문을 반복해서 듣고 말해봄으로써 영어 회화 실력이 향상됩니다. 즉 **영어를 들으면 들을수록 영어 말하기가 늘 수밖에 없는 언어 습득의 즐거움을 경험**하게 됩니다.

이것이 바로 지난 30년간 스텔라가 암기 없이, 영작 없이 즐겁게 영어로 듣고 말했던 습관이며, 지난 20년간 현장에서 만난 많은 분들의 즐거운 평생 습관이자 취미가 되어버린! 영어로 말을 잘하게 되는 비법이기도 합니다. 앞으로 딱 8주! 8달도 아니고 8년도 아닌 딱!! 8주만 교정영어 가이드와 공식대로 영어와 친해져 보세요. 영어라는 언어 습득의 가뿐하고 즐겁고 정확한 길로 안내해 드리겠습니다.

영어식
생각교정

1
주차

영어
제1 공식

1주 차 활동에 필요한 음원 모음

영어 제1 공식

1 주차

명사를 구체화한 명사구

🔊 증상

Q 저는 영어 제1 공식이 필요할까요?

A 다음의 증상을 가진 당신이라면 영어 제1 공식이 필요합니다.

> **증상①** 나는 영어로 말할 때 길고 장황하게 말한다.
>
> **증상②** 나의 메시지를 구체적으로 전달하기 어렵다.
>
> **증상③** 영어로 말하려고 하면 머리가 하얘지고 적합한 단어가 생각나지 않는다.

🔊 원인

Q 저는 왜 이런 증상을 가지고 있는 걸까요?

A 왜 영어로 말할 때 길고 장황하게 말하는 걸까요? 사실 이는 내가 하고 싶은 말이 없는 경우가 대부분입니다. 어떤 주제나 질문에 대해서 하고 싶은 말이 정확하지 않기 때문에, 전하려는 메시지를 돌리고 돌려서 설명하려다 보니 말이 길고 장황해지는 경우가 많습니다. 내가 전하려는 메시지가 정확하지 않으면 그것을 구체화하기도 어렵고, 계속 생각해도 머리만 하얘지고 영어로 활용할 적합한 단어는 생각나지 않는 것입니다.

🔊 교정 방법

Q 어떻게 교정해야 저의 이런 증상들이 좋아질까요?

A 하고 싶은 말이 없는 이 증상을 교정하기 위해서는 '한국어로 정리된 메시지'를 소거하고 이미지만을 활용하여 메시지를 구체화해야 합니다. 이미지로 메시지를 구체화하는 방법은 영어식 사고방식일 뿐 아니라, 언어를 배우기 전, 어린 시절에 그림 편지로 내가 하려는 말을 전달했던 방식과 같습니다.

한국어로 정리된 메시지가 없기 때문에, 이를 영어로 정확하게 담아낼 영어 문법과 어휘가 필요하지 않게됩니다. 이미지에 담긴 대상과 상황 또한, 비교적 쉬운 단어를 활용하기 때문에 쉬운 영어로 내 의도를 전달할 수 있습니다. 정말로 이미지 속 대상과 상황을 비교적 쉬운 영어 단어를 활용해서 메시지로 전달할 수 있는지 확인해 볼까요?

a very hot summer day(상황)와 cool ice-water(대상) 이 상황과 대상으로 '세상 행복하다.'라는 메시지가 전달되나요? 다음은 어떤가요? busy subways in the morning(상황)과 my small mobile phone with lots of apps(대상)로 '그나마 덜 힘들다. 또는 지루하지 않다.'라는 메시지가 전달되죠? 바로 이 방식입니다. 메시지가 정리된 한국어를 소거하고, 동심으로 돌아가 내가 전하려는 말을 이미지 속 대상과 상황으로 전해 보세요.

* 관련 이야기는 〈생각이 바뀌다 습관이 바뀌다〉 챕터 4의 '드로잉 기법과 영어 단어로 생각정리'에서 확인할 수 있습니다.

🔊 교정 가이드

하고 싶은 한국어를 소거하기 위해서 교정영어는 영어 제1 공식을 제시합니다. 이미지 속 대상과 상황을 찾아, 이를 구체화함으로써 나의 메시지를 전하도록 다음의 가이드를 적용해 보세요.

> **영어 제1 공식 = 형용사 + 명사 + 전치사**

1. 메시지 전달을 위한 그림을 그리기 위해 먼저 주제와 직접적으로 관련된 대상을 찾습니다. 주제와 관련된 직관적인 대상을 '명사'로 찾으세요.
   이때 명사 대신 동명사를 쓰면 안 됩니다.

2. 이 명사가 한 개인지 여러 개인지, 누구의 것인지를 구분합니다.

   찾은 명사의 단수/복수와 소유격을 확인한 후, 그에 맞게 활용하세요.

3. 그 대상이 어디에 있는 것인지, 무엇을 위한 것인지 전치사로 그 상황을 구체화합니다.

   명사를 전치사로 수식하여 '상황'을 구체화하세요.

   이때 전치사 대신 to 부정사를 쓰면 안 됩니다.

4. 형용사를 활용해서 그 상황에 놓은 대상을 수식합니다.

   구체화한 상황을 바탕으로 적절한 '형용사'를 활용하세요.

   이때 형용사 대신 분사를 쓰면 안 됩니다.

물론 경우에 따라서는 전치사가 아닌 형용사가 명사를 우선 수식할 수 있고, 구체화하는 과정에서 이미 언급한 표현들이 바뀌기도 합니다. 명사의 위치 역시 전치사 앞에 있다가, 전치사 뒤로 이동할 수도 있습니다. 영어 제1 공식에 따라 명사를 구체화하면 내게 익숙하지 않은 다양한 명사구를 활용할 수 있게 됩니다.

영어 제1 공식 활용 시 꼭 지켜야 할 사항!

· 동사 활용하지 않기! 하고 싶은 한국어는 동사에 담기므로, 한국어를 소거하기 위해 동사는 활용 금지!
· 천천히 고민하며 명사구 완성하기! 빠르게 말하면, 메시지를 고민하기도 전에 익숙한 구문을 활용 함!

하지만 아직 영어 제1 공식이 익숙하지 않은 우리가 메시지를 명사구로 전달하기는 어렵습니다. 그렇기 때문에 홈트 1주 차에서는 제시된 이미지 속 대상을 명사로 찾고, 여기에 제1 공식을 활용해서 명사구로 구체화하는 활동에 집중할 예정입니다.

 예시 문제 **MARKET** <small>* 클래스유 인강 3강 참고</small>

그림 아래에 제시된 세 개의 대상마다 영어 제1 공식을 적용하여 명사구로 구체화하세요.

아래의 영어 제1 공식 가이드를 각각의 대상에 적용하며 말하세요.

1. 그림 속 대상을 '명사'로 찾으세요.

이때 명사 대신 동명사를 쓰면 안 됩니다.

2. 찾은 명사의 단수/복수와 소유격을 확인한 후, 그에 맞게 활용하세요.

3. 명사를 전치사로 수식하여 '상황'을 구체화하세요.

이때 전치사 대신 to 부정사를 쓰면 안 됩니다.

4. 구체화한 상황을 바탕으로 적절한 '형용사'를 활용하세요.

이때 형용사 대신 분사를 쓰면 안 됩니다.

  * 명사가 전치사 앞 또는 뒤로 이동할 수 있고 명사구 뒤에 전치사가 추가될 수 있습니다.

  * 특히 명사구 구체화 과정에서 나에게 익숙한 단어를 다른 품사로 활용해 볼 수 있습니다.

  * 가이드를 적용하는 과정에서는 글로 쓰지 말고, 명사구로 먼저 말해 보세요.

🔊 대상 1: 여자

| 구체화 활동 예시 |

1. Lady

2. A lady

3. A middle-aged lady

   * 경우에 따라 3번과 4번 활동 순서가 바뀔 수 있습니다.

4. A mid-aged lady with many vegetables for her family's meal

   * 경우에 따라 명사구 뒤에 전치사가 추가될 수 있습니다.
   구체화한 명사구의 메시지. 가족 식사를 위해 많은 야채를 가지고 있는 중년의 여자

🔊 대상 2: 여자의 표정

| 구체화 활동 예시 |

1. Look

2. A look

3. A serious look

   * 경우에 따라 3번과 4번 활동 순서가 바뀔 수 있습니다.

4. A serious facial look with several options of vegetables

   구체화한 명사구의 메시지. 선택할 수 있는 야채가 많은 상황에서 심각한 표정

🔊 대상 3: 시장

| 구체화 활동 예시 |

1. Market

2. A market

3. An early morning market

   * 경우에 따라 3번과 4번 활동 순서가 바뀔 수 있습니다.

4. An early morning market with a few shoppers with many fresh vegetables

* 경우에 따라 명사구 뒤에 전치사가 추가 될 수 있습니다.

구체화된 명사구의 메시지. 사람도 적고 신선한 야채들이 많은 이른 아침의 마켓

지금까지 우리는 예시 문제 대상 1, 2, 3을 활용하여 영어 제1 공식을 연습했습니다. 그림 속 대상을 찾아 명사로 표현하고, 이를 상황과 함께 명사구로 확장하여 구체적인 메시지를 전달할 수 있음을 확인했습니다. 사실, 이 과정은 언어습득 과정과 매우 유사합니다. 모든 언어는 단어와 그 단어를 조합하여 구문으로 발전하며, 이를 통해 문장으로 의사를 전달할 수 있게 됩니다.

영어 제1 공식은 말하고자 하는 내용이 명확하지 않아도 쉬운 단어와 구문을 활용하여 명사와 명사구를 통해 메시지를 전달하는 방법입니다. 이를 통해 우리는 명사구로 명확하고 구체적인 메시지를 전달하는 능력을 향상시킬 수 있습니다. 다음에 이어지는 예시 문제와 추가 연습 문제를 활용해서 명사를 명사구로 구체화할 수 있는 힘을 길러 보세요.

* 연습 문제와 함께 진행하는 미션 가이드를 80페이지에서 먼저 확인해도 좋습니다.

HOUSE

* 클래스유 인강 4강 참고

그림 아래에 제시된 세 개의 대상마다 영어 제1 공식을 적용하여 명사구로 구체화하세요.

아래의 영어 제1 공식 가이드를 각각의 대상에 적용하며 말하세요.

1. 그림 속 대상을 '명사'로 찾으세요.

   이때 명사 대신 동명사를 쓰면 안 됩니다.

2. 찾은 명사의 단수/복수와 소유격을 확인한 후, 그에 맞게 활용하세요.

3. 명사를 전치사로 수식하여 '상황'을 구체화하세요.

   이때 전치사 대신 to 부정사를 쓰면 안 됩니다.

4. 구체화한 상황을 바탕으로 적절한 '형용사'를 활용하세요.

   이때 형용사 대신 분사를 쓰면 안 됩니다.

   * 경우에 따라 3번과 4번 활동 순서가 바뀔 수 있고 그 과정에서 명사나 형용사가 바뀔 수 있습니다.
   * 명사가 전치사 앞 또는 뒤로 이동할 수 있고 명사구 뒤에 전치사가 추가될 수 있습니다.
   * 특히 명사구 구체화 과정에서 나에게 익숙한 단어의 품사를 변형하여 활용해 볼 수 있습니다.
   * 가이드를 적용하는 과정에서는 글로 쓰지 말고, 명사구로 먼저 말해 보세요.

🔊 대상 1: 여자

| 구체화 활동 예시 |

1. Lady

2. Two ladies

3. Two ladies with their granddaughters

4. Two old grandmothers with their granddaughters

   * 가이드 적용 과정 중 명사나 형용사가 바뀔 수 있습니다.
   구체화한 명사구의 메시지. 손녀들과 함께 있는 두 명의 나이 든 할머니들

🔊 대상 2: 음식

| 구체화 활동 예시 |

1. Food

2. Several kinds of foods

3. Several kinds of foods with drinks

4. Several kinds of light snacks with drinks

   * 가이드 적용 과정 중 명사나 형용사가 바뀔 수 있습니다.
   구체화한 명사구의 메시지. 여러 종류의 가벼운 스낵과 음료들

🔊 대상 3: 대화

| 구체화 활동 예시 |

1. Conversation

2. Conversation

3. Conversation with a big smile

4. (Endless) casual conversation with a big smile (on their face)

   구체화한 명사구의 메시지. 즐겁게 미소를 띠면서 나누는 일상의 가벼운 대화

◀)) 추가 선택 활동

1. 내가 만든 명사구를 구글 번역기 또는 ChatGPT에 넣고 전치사의 활용을 확인하세요.

2. 구체화한 명사구 전체 또는 전치사를 제외한 명사를 주어로 활용하여 문장으로 말해 보세요. 이때 한 문장에는 하나의 명사구만 활용해야 하며 글로 쓰지 말고, 문장으로 먼저 말해야 합니다.

   * 이렇게 사물 주어를 활용하는 활동은 이후 3주 차의 영어식 기본 4동사 활동에 도움이 됩니다.

Two old grandmothers with their granddaughters have a restful time.

Several kinds of light snacks with drinks bring them a happy mood.

Endless casual conversations with a big smile on their face tell their good feelings.

해석 ▶ 두 명의 할머니들이 손녀와 함께 편안한 시간을 보내고 있습니다.

여러 종류의 가벼운 간식과 음료수가 그들에게 행복한 분위기를 가져옵니다.

끊임없는 일상의 대화와 함께하는 그들 얼굴의 큰 미소는 그들의 좋은 감정을 전해줍니다.

PARK

* 클래스유 인강 4강 참고

그림 아래 제시된 세 개의 대상마다 영어 제1 공식을 적용하여 명사구로 구체화하세요.

아래의 영어 제1 공식 가이드를 각각의 대상에 적용하며 말하세요.

1. 그림 속 대상을 '명사'로 찾으세요.

   이때 명사 대신 동명사를 쓰면 안 됩니다.

2. 찾은 명사의 단수/복수와 소유격을 확인한 후, 그에 맞게 활용하세요.

3. 명사를 전치사로 수식하여 '상황'을 구체화하세요.

   이때 전치사 대신 to 부정사를 쓰면 안 됩니다.

4. 구체화한 상황을 바탕으로 적절한 '형용사'를 활용하세요.

   이때 형용사 대신 분사를 쓰면 안 됩니다.

   * 경우에 따라 3번과 4번 활동 순서가 바뀔 수 있고 그 과정에서 명사나 형용사가 바뀔 수 있습니다.

   * 명사가 전치사 앞 또는 뒤로 이동할 수 있고 명사구 뒤에 전치사가 추가될 수 있습니다.

   * 특히 명사구 구체화 과정에서 나에게 익숙한 단어의 품사를 변형하여 활용해 볼 수 있습니다.

   * 가이드를 적용하는 과정에서는 글로 쓰지 말고, 명사구로 먼저 말해 보세요.

🔊 대상 1. 여자

| 구체화 활동 예시 |

1. Student

2. A student

3. A university student

> * 경우에 따라 3번과 4번 활동 순서가 바뀔 수 있습니다.

4. A university student after the exam

> 구체화한 명사구의 메시지. 시험이 끝난 후의 한 대학생

🔊 대상 2. 공원

| 구체화 활동 예시 |

1. Park

2. A park

3. A park with many trees

4. A spacious and fresh park with a lot of trees and grass

> * 가이드 적용 과정 중 명사나 형용사가 바뀔 수 있습니다.
> 구체화한 명사구의 메시지. 나무와 잔디가 많은 넓고 신선한 공원

🔊 대상 3. 여자 상태

| 구체화 활동 예시 |

1. Clothes

2. Her clothes

3. Her clothes with a light and simple bag

4. Her casual and light clothes with simple belongings

> * 가이드 적용 과정 중 명사나 형용사가 바뀔 수 있습니다.
> 구체화한 명사구의 메시지. 가뿐한 소지품과 함께하는 편안한 복장

🔊 추가 선택 활동

1. 내가 만든 명사구를 구글 번역기 또는 ChatGPT에 넣고 전치사의 활용을 확인하세요.

2. 구체화한 명사구 전체 또는 전치사를 제외한 명사를 주어로 활용하여 문장으로 말해 보세요. 이때 한 문장에는 하나의 명사구만 활용해야 하며 글로 쓰지 말고, 문장으로 먼저 말해야 합니다.

   * 이렇게 사물 주어를 활용하는 활동은 이후 3주 차의 영어식 기본 4동사 활동에 도움이 됩니다.

A university student after the exam is taking a rest in the park.

A spacious and fresh park with a lot of trees and grass helps her to relax.

Her casual and light clothes with simple belongings give her a comfortable feeling.

해석 ▶ 시험을 마친 대학생이 공원에서 휴식을 취하고 있습니다.

　　　수많은 나무와 풀이 있는 넓고 상쾌한 공원은 그녀가 편안하게 쉴 수 있도록 도와줍니다.

　　　그녀의 캐주얼하고 가벼운 옷과 간단한 소지품은 편안한 느낌을 줍니다.

미션 ▶ 공원에 있는 사람 또는 사물을 생활 속에서 마주하게 되면, 영어 제1 공식을 대입하여 명사구를 구체화하세요. 이때 글로 쓰지 말고, 명사구를 구체화하는 과정을 먼저 말해 보세요. 가능한 실제 생활 속에서 대상을 찾고, 어려울 때만 인터넷에서 사진을 검색하세요.

MUSIC

* 클래스유 인강 5강 참고

아래에 제시된 세 개의 대상마다 영어 제1 공식을 적용하여 명사구로 구체화하세요.

아래의 영어 제1 공식 가이드를 각각의 대상에 적용하며 말하세요.

1. 그림 속 대상을 '명사'로 찾으세요.

   이때 명사 대신 동명사를 쓰면 안 됩니다.

2. 찾은 명사의 단수/복수와 소유격을 확인한 후, 그에 맞게 활용하세요.

3. 명사를 전치사로 수식하여 '상황'을 구체화하세요.

   이때 전치사 대신 to 부정사를 쓰면 안 됩니다.

4. 구체화한 상황을 바탕으로 적절한 '형용사'를 활용하세요.

   이때 형용사 대신 분사를 쓰면 안 됩니다.

   * 경우에 따라 3번과 4번 활동 순서가 바뀔 수 있고 그 과정에서 명사나 형용사가 바뀔 수 있습니다.

   * 명사가 전치사 앞 또는 뒤로 이동할 수 있고 명사구 뒤에 전치사가 추가될 수 있습니다.

   * 특히 명사구 구체화 과정에서 나에게 익숙한 단어의 품사를 변형하여 활용해 볼 수 있습니다.

   * 가이드를 적용하는 과정에서는 글로 쓰지 말고, 명사구로 먼저 말해 보세요.

🔊 대상 1. 여자

| 구체화 활동 예시 |

1. Musician

2. A musician

3. A musician with a big smile

4. An amateur musician with a big smile on the street

   * 가이드 적용 과정 중 명사나 형용사가 바뀌고 명사구 뒤에 전치사가 추가될 수 있습니다.
   구체화한 명사구의 메시지. 거리에서 미소를 띠고 있는 아마추어인 음악가

🔊 대상 2. 기타

| 구체화 활동 예시 |

1. Guitar

2. A guitar

3. A very old guitar

   * 경우에 따라 3번과 4번 활동 순서가 바뀔 수 있습니다.

4. A very old guitar from her grandfather

   구체화한 명사구의 메시지. 할아버지에게 물려받은 오래된 기타

🔊 대상 3. 기타 박스

| 구체화 활동 예시 |

1. Guitar case

2. A guitar case

3. A guitar case for small money

4. An empty guitar case for tips from passersby

   * 가이드 적용 과정 중 명사나 형용사가 바뀌고 명사구 뒤에 전치사가 추가될 수 있습니다.
   구체화한 명사구의 메시지. 지나다니는 사람들에게 받을 팁을 위한 빈 기타 케이스

1. 내가 만든 명사구를 구글 번역기 또는 ChatGPT에 넣고 전치사의 활용을 확인하세요.
2. 구체화한 명사구 전체 또는 전치사를 제외한 명사를 주어로 활용하여 문장으로 말해 보세요. 이때 한 문장에는 하나의 명사구만 활용해야 하며 글로 쓰지 말고, 문장으로 먼저 말해야 합니다.

   * 이렇게 사물 주어를 활용하는 활동은 이후 3주 차의 영어식 기본 4동사 활동에 도움이 됩니다.

An amateur musician is singing a song with a big smile on the street.

The very old guitar from her grandfather might be a valuable possession for her.

I think, an empty guitar case for tips from passersby doesn't matter to her now.

해석 ▶ 어떤 아마추어 음악가가 길거리에서 큰 미소를 짓고 노래를 부르고 있습니다.

그녀의 할아버지가 남긴 아주 오래된 기타는 그녀에게 매우 값진 소유물일 수 있습니다.

제 생각에 지나가는 사람들이 팁을 주는 빈 기타 케이스는 그녀에게 지금 중요하지 않습니다.

MOVIE

* 클래스유 인강 5강 참고

그림 아래에 제시된 세 개의 대상마다 영어 제1 공식을 적용하여 명사구로 구체화하세요.

아래의 영어 제1 공식 가이드를 각각의 대상에 적용하며 말하세요.

1. 그림 속 대상을 '명사'로 찾으세요.

   이때 명사 대신 동명사를 쓰면 안 됩니다.

2. 찾은 명사의 단수/복수와 소유격을 확인한 후, 그에 맞게 활용하세요.

3. 명사를 전치사로 수식하여 '상황'을 구체화하세요.

   이때 전치사 대신 to 부정사를 쓰면 안 됩니다.

4. 구체화한 상황을 바탕으로 적절한 '형용사'를 활용하세요.

   이때 형용사 대신 분사를 쓰면 안 됩니다.

   * 경우에 따라 3번과 4번 활동 순서가 바뀔 수 있고 그 과정에서 명사나 형용사가 바뀔 수 있습니다.
   * 명사가 전치사 앞 또는 뒤로 이동할 수 있고 명사구 뒤에 전치사가 추가될 수 있습니다.
   * 특히 명사구 구체화 과정에서 나에게 익숙한 단어의 품사를 변형하여 활용해 볼 수 있습니다.
   * 가이드를 적용하는 과정에서는 글로 쓰지 말고, 명사구로 먼저 말해 보세요.

🔊 대상 1. 커플

| 구체화 활동 예시 |

1. Couple

2. A couple

3. A couple in the same pink outfit

4. A loverly couple in the same pink outfit

구체화한 명사구의 메시지. 핑크 계열의 옷을 맞춰 입은 사랑스러운 한 커플

🔊 대상 2. 팝콘

| 구체화 활동 예시 |

1. Popcorn

2. A box of popcorn

3. A box of popcorn with soft drinks

4. A set of popcorn with soft drinks before the movie

* 가이드 적용 과정 중 명사나 형용사가 바뀌고 명사구 뒤에 전치사가 추가될 수 있습니다.
구체화한 명사구의 메시지. 영화 전에 음료수와 함께 산 팝콘 세트

🔊 대상 3. 영화

| 구체화 활동 예시 |

1. Movie

2. A movie

3. A movie with their a lot of expectation

4. An unknown movie with their a lot of expectations

구체화한 명사구의 메시지. 그들이 엄청나게 기대하고 있는 알려지지 않은 영화

🔊 추가 선택 활동

1. 내가 만든 명사구를 구글 번역기 또는 ChatGPT에 넣고 전치사의 활용을 확인하세요.

2. 구체화한 명사구 전체 또는 전치사를 제외한 명사를 주어로 활용하여 문장으로 말해 보세요. 이때 한 문장에는 하나의 명사구만 활용해야 하며 글로 쓰지 말고, 문장으로 먼저 말해야 합니다.

   * 이렇게 사물 주어를 활용하는 활동은 이후 3주 차의 영어식 기본 4동사 활동에 도움이 됩니다.

A loverly couple in the same pink outfit are on a date.

A set of popcorn with soft drinks has been prepared before the movie.

An unknown movie with their a lot of expectations will begin soon.

해석 ▶ 핑크색 옷을 입은 사랑스러운 커플이 데이트 중입니다.
영화 시작 전 팝콘과 음료 세트가 준비되어 있습니다.
그들이 많은 기대를 가지고 있는 알려지지 않은 영화가 곧 시작됩니다.

미션 ▶ 거리에 있는 사람 또는 사물을 생활 속에서 마주하게 되면, 영어 제1 공식을 대입하여 명사구를 구체화하세요. 이때 글로 쓰지 말고, 명사구를 구체화하는 과정을 먼저 말해 보세요. 가능한 실제 생활 속에서 대상을 찾고, 어려울 때만 인터넷에서 사진을 검색하세요.

VACATION

* 클래스유 인강 6강 참고

아래에 제시된 세 개의 대상마다 영어 제1 공식을 적용하여 명사구로 구체화하세요.

아래의 영어 제1 공식 가이드를 각각의 대상에 적용하며 말하세요.

1. 그림 속 대상을 '명사'로 찾으세요.

   이때 명사 대신 동명사를 쓰면 안 됩니다.

2. 찾은 명사의 단수/복수와 소유격을 확인한 후, 그에 맞게 활용하세요.

3. 명사를 전치사로 수식하여 '상황'을 구체화하세요.

   이때 전치사 대신 to 부정사를 쓰면 안 됩니다.

4. 구체화한 상황을 바탕으로 적절한 '형용사'를 활용하세요.

   이때 형용사 대신 분사를 쓰면 안 됩니다.

   * 경우에 따라 3번과 4번 활동 순서가 바뀔 수 있고 그 과정에서 명사나 형용사가 바뀔 수 있습니다.

   * 명사가 전치사 앞 또는 뒤로 이동할 수 있고 명사구 뒤에 전치사가 추가될 수 있습니다.

   * 특히 명사구 구체화 과정에서 나에게 익숙한 단어의 품사를 변형하여 활용해 볼 수 있습니다.

   * 가이드를 적용하는 과정에서는 글로 쓰지 말고, 명사구로 먼저 말해 보세요.

🔊 대상 1. 여자

| 구체화 활동 예시 |

1. Lady

2. A lady

3. A lady on a poolside chair

4. A restful lady on a poolside chair

구체화한 명사구의 메시지. 수영장 옆 의자에 앉은 여유 있는 여자

🔊 대상 2. 여자 자세

| 구체화 활동 예시 |

1. Posture

2. A posture

3. A posture in great comfort

4. A laid-back posture in great comfort

구체화한 명사구의 메시지. 엄청난 편안함이 느껴지는 느긋한 자세

🔊 대상 3. 수영장 분위기

| 구체화 활동 예시 |

1. Pool

2. A pool

3. A pool with an active water volleyball game

4. A cheerful and live pool with an active water volleyball game

　* 가이드 적용 과정 중 명사나 형용사가 바뀔 수 있습니다.
구체화한 명사구의 메시지. 활기찬 수구 게임이 벌어지고 있는 활기차고 즐거운 수영장

1. 내가 만든 명사구를 구글 번역기 또는 ChatGPT에 넣고 전치사의 활용을 확인세요.
2. 구체화한 명사구 전체 또는 전치사를 제외한 명사를 주어로 활용하여 문장으로 말해 보세요. 이때 한 문장에는 하나의 명사구만 활용해야 하며 글로 쓰지 말고, 문장으로 먼저 말해야 합니다.

   * 이렇게 사물 주어를 활용하는 활동은 이후 3주 차의 영어식 기본 4동사 활동에 도움이 됩니다.

A lady on a poolside chair looks interested in the water sports.

A laid-back posture in great comfort helps her feel at ease.

A cheerful and live pool with an active water volleyball game is perfect for the vacation.

해석 ▶ 수영장 의자에 앉아 있는 여성이 수영 스포츠에 흥미를 느끼는 것처럼 보입니다.

편안한 자세가 그녀가 편안함을 느끼게 도와줍니다.

활기찬 수구 게임이 있는 즐거운 수영장은 휴가에 완벽합니다.

YOGA

* 클래스유 인강 6강 참고

그림 아래에 제시된 세 개의 대상마다 영어 제1 공식을 적용하여 명사구로 구체화하세요.

아래의 영어 제1 공식 가이드를 각각의 대상에 적용하며 말하세요.

1. 그림 속 대상을 '명사'로 찾으세요.

이때 명사 대신 동명사를 쓰면 안 됩니다.

2. 찾은 명사의 단수/복수와 소유격을 확인한 후, 그에 맞게 활용하세요.

3. 명사를 전치사로 수식하여 '상황'을 구체화하세요.

이때 전치사 대신 to 부정사를 쓰면 안 됩니다.

4. 구체화한 상황을 바탕으로 적절한 '형용사'를 활용하세요.

이때 형용사 대신 분사를 쓰면 안 됩니다.

* 경우에 따라 3번과 4번 활동 순서가 바뀔 수 있고 그 과정에서 명사나 형용사가 바뀔 수 있습니다.

* 명사가 전치사 앞 또는 뒤로 이동할 수 있고 명사구 뒤에 전치사가 추가될 수 있습니다.

* 특히 명사구 구체화 과정에서 나에게 익숙한 단어의 품사를 변형하여 활용해 볼 수 있습니다.

* 가이드를 적용하는 과정에서는 글로 쓰지 말고, 명사구로 먼저 말해 보세요.

🔊 대상 1. 사람들

| 구체화 활동 예시 |

1. Trainee

2. Trainees

3. Yoga trainees

   * 경우에 따라 3번과 4번 활동 순서가 바뀔 수 있습니다.

4. A small group of yoga students in an intensive yoga class

   * 가이드 적용 과정 중 명사나 형용사가 바뀔 수 있습니다.
   구체화한 명사구의 메시지. 집중 요가 수업에 참석한 소규모의 요가 수련생들

🔊 대상 2. 해변

| 구체화 활동 예시 |

1. Beach

2. A beach

3. A beach with the fresh air

4. A calm sandy beach with the oceanic breeze

   * 가이드 적용 과정 중 명사나 형용사가 바뀔 수 있습니다.
   구체화한 명사구의 메시지. 바다에서 신선한 바람이 불어오는 조용한 모래사장이 있는 해변

🔊 대상 3. 바다

| 구체화 활동 예시 |

1. Sea

2. A sea

3. A sea with an open view

4. A wide sea with an open view (= An open-view horizon)

   * 가이드 적용 과정 중 명사나 형용사가 바뀔 수 있습니다.
   구체화한 명사구의 메시지. 탁 트인 뷰를 가진 드넓은 지평선

🔊 **추가 선택 활동**

1. 내가 만든 명사구를 구글 번역기 또는 ChatGPT에 넣고 전치사의 활용을 확인하세요.

2. 구체화한 명사구 전체 또는 전치사를 제외한 명사를 주어로 활용하여 문장으로 말해 보세요. 이때 한 문장에는 하나의 명사구만 활용해야 하며 글로 쓰지 말고, 문장으로 먼저 말해야 합니다.

   * 이렇게 사물 주어를 활용하는 활동은 이후 3주 차의 영어식 기본 4동사 활동에 도움이 됩니다.

A small group of yoga trainees takes an intensive yoga class.

A calm sandy beach is refreshed by the ocean breeze.

An open-view horizon helps the students concentrate on the class.

해석 ▶ 소수의 요가 수강생이 집중적인 요가 수업을 듣고 있습니다.
고요한 모래 해변은 바닷 바람에 의해 상쾌해지고 있습니다.
탁 트인 지평선이 학생들이 수업에 집중할 수 있도록 도와줍니다.

미션 ▶ 휴가지에서의 사람 또는 사물생활 속에서 마주하게 되면, 영어 제1 공식을 대입하여 명사구를 구체화하세요. 이때 글로 쓰지 말고, 명사구를 구체화하는 과정을 먼저 말해 보세요. 가능한 실제 생활 속에서 대상을 찾고, 어려울 때만 인터넷에서 사진을 검색하세요.

TRASNPORT

* 클래스유 인강 7강 참고

그림 아래에 제시된 세 개의 대상마다 영어 제1 공식을 적용하여 명사구로 구체화하세요.

아래의 영어 제1 공식 가이드를 각각의 대상에 적용하며 말하세요.

1. 그림 속 대상을 '명사'로 찾으세요.

 이때 명사 대신 동명사를 쓰면 안 됩니다.

2. 찾은 명사의 단수/복수와 소유격을 확인한 후, 그에 맞게 활용하세요.

3. 명사를 전치사로 수식하여 '상황'을 구체화하세요.

 이때 전치사 대신 to 부정사를 쓰면 안 됩니다.

4. 구체화한 상황을 바탕으로 적절한 '형용사'를 활용하세요.

 이때 형용사 대신 분사를 쓰면 안 됩니다.

 * 경우에 따라 3번과 4번 활동 순서가 바뀔 수 있고 그 과정에서 명사나 형용사가 바뀔 수 있습니다.

 * 명사가 전치사 앞 또는 뒤로 이동할 수 있고 명사구 뒤에 전치사가 추가될 수 있습니다.

 * 특히 명사구 구체화 과정에서 나에게 익숙한 단어의 품사를 변형하여 활용해 볼 수 있습니다.

 * 가이드를 적용하는 과정에서는 글로 쓰지 말고, 명사구로 먼저 말해 보세요.

🔊 대상 1. 가운데 남자

| 구체화 활동 예시 |

1. Man

2. A man

3. A man with two teen-aged kids

4. A busy father with his two teen-aged kids

> * 가이드 적용 과정 중 명사나 형용사가 바뀔 수 있습니다.
> 구체화한 명사구의 메시지. 두 명의 십 대 아이와 함께 있는 바쁜 한 아빠

🔊 대상 2. 짐

| 구체화 활동 예시 |

1. Baggage

2. Two pieces of baggage

3. Two pieces of heavy baggage

> * 경우에 따라 3번과 4번 활동 순서가 바뀔 수 있습니다.

4. A handful of heavy baggage in his hand and on his shoulder

> * 가이드 적용 과정 중 명사나 형용사가 바뀔 수 있습니다.
> 구체화한 명사구의 메시지. 손과 어깨에 한 움큼의 무거운 짐

🔊 대상 3. 카운터

| 구체화 활동 예시 |

1. Counter

2. A counter

3. A counter with a long queue

4. A busy check-in counter with a long queue

> * 가이드 적용 과정 중 명사나 형용사가 바뀔 수 있습니다.
> 구체화한 명사구의 메시지. 긴 대기열을 가진 바쁜 체크인 카운터

1. 내가 만든 명사구를 구글 번역기 또는 ChatGPT에 넣고 전치사의 활용을 확인하세요.

2. 구체화한 명사구 전체 또는 전치사를 제외한 명사를 주어로 활용하여 문장으로 말해 보세요. 이때 한 문장에는 하나의 명사구만 활용해야 하며 글로 쓰지 말고, 문장으로 먼저 말해 보세요.

   * 이렇게 사물 주어를 활용하는 활동은 이후 3주 차의 영어식 기본 4동사 활동에 도움이 됩니다.

A busy father with his two teen-aged kids rushes to the check-in counter.

A handful of heavy baggage in his hand and on his shoulder may tire him out.

A busy check-in counter with a long queue is the reason to make him hurry before departure.

해석 ▶ 두 명의 십 대 아이들을 데리고 바쁜 아버지가 체크인 카운터로 뛰어갑니다.

그가 손에 끌고 있는 무거운 짐은 그를 매우 지치게 할 수 있습니다.

길게 늘어선 바쁜 체크인 카운터는 그가 출발 전에 서둘러야 하는 이유가 됩니다.

OVERSEA TRIP

*클래스유 인강 7강 참고

그림 아래에 제시된 세 개의 대상마다 영어 제1 공식을 적용하여 명사구로 구체화하세요.

아래의 영어 제1 공식 가이드를 각각의 대상에 적용하며 말하세요.

1. 그림 속 대상을 '명사'로 찾으세요.

   이때 명사 대신 동명사를 쓰면 안 됩니다.

2. 찾은 명사의 단수/복수와 소유격을 확인한 후, 그에 맞게 활용하세요.

3. 명사를 전치사로 수식하여 '상황'을 구체화하세요.

   이때 전치사 대신 to 부정사를 쓰면 안 됩니다.

4. 구체화한 상황을 바탕으로 적절한 '형용사'를 활용하세요.

   이때 형용사 대신 분사를 쓰면 안 됩니다.

   * 경우에 따라 3번과 4번 활동 순서가 바뀔 수 있고 그 과정에서 명사나 형용사가 바뀔 수 있습니다.

   * 명사가 전치사 앞 또는 뒤로 이동할 수 있고 명사구 뒤에 전치사가 추가될 수 있습니다.

   * 특히 명사구 구체화 과정에서 나에게 익숙한 단어의 품사를 변형하여 활용해 볼 수 있습니다.

   * 가이드를 적용하는 과정에서는 글로 쓰지 말고, 명사구로 먼저 말해 보세요.

🔊 대상 1. 남자

| 구체화 활동 예시 |

1. Businessman

2. A businessman

3. A businessman with a carefree face

4. A carefree businessman with no busy work

　　* 가이드 적용 과정 중 명사나 형용사가 바뀔 수 있습니다.
　　구체화한 명사구의 메시지. 바쁜 일이 없이 걱정 없는 자유로운 사업가

🔊 대상 2. 남자의 행동

| 구체화 활동 예시 |

1. Work

2. A bunch of work

3. A bunch of paper work

　　* 경우에 따라 3번과 4번 활동 순서가 바뀔 수 있습니다.

4. A bunch of paperwork in his travel bag

　　구체화한 명사구의 메시지. 그의 여행용 가방 안 일 처리 할 서류 더미

🔊 대상 3. 분위기

| 구체화 활동 예시 |

1. Flight

2. A flight

3. At the end of a flight

　　* 명사가 전치사 앞 또는 뒤로 이동할 수 있습니다.

4. Soft evening light through the window at the end of a flight

　　* 명사구 뒤에 전치사가 추가될 수 있습니다.
　　구체화한 명사구의 메시지. 비행기 여행의 끝에서 창문을 통해 쏟아지는 부드러운 저녁노을

1. 내가 만든 명사구를 구글 번역기 또는 ChatGPT에 넣고 전치사의 활용을 확인하세요.

2. 구체화한 명사구 전체 또는 전치사를 제외한 명사를 주어로 활용하여 문장으로 말해 보세요. 이때 한 문장에는 하나의 명사구만 활용해야 하며 글로 쓰지 말고, 문장으로 먼저 말해야 합니다.

   * 이렇게 사물 주어를 활용하는 활동은 이후 3주 차의 영어식 기본 4동사 활동에 도움이 됩니다.

A carefree businessman with no busy work is ending his business trip.

A bunch of paperwork in his travel bag is already done during his flight.

Soft evening light through the window at the end of a flight eases him after the long flight.

해석 ▶ 바쁜 일이 없이 걱정 없이 자유로운 비즈니스맨이 출장을 마치고 있습니다.

그의 여행용 가방 안의 종이 일 처리물은 이미 비행 중에 처리되었습니다.

비행기 여행이 끝나며 창문을 통해 들어오는 부드러운 저녁노을이 오랜 비행 후 그를 편안하게 합니다.

미션 ▶ 대중교통에 있는 사람 또는 사물을 생활 속에서 마주하게 되면, 영어 제1 공식을 대입하여 명사구를 구체화하세요. 이때 글로 쓰지 말고, 명사구를 구체화하는 과정을 먼저 말해 보세요. 가능한 실제 생활 속에서 대상을 찾고, 어려울 때만 인터넷에서 사진을 검색하세요.

MEETING

*클래스유 인강 8강 참고

그림 아래에 제시된 세 개의 대상마다 영어 제1 공식을 적용하여 명사구로 구체화하세요.

아래의 영어 제1 공식 가이드를 각각의 대상에 적용하며 말하세요.

1. 그림 속 대상을 '명사'로 찾으세요.

    이때 명사 대신 동명사를 쓰면 안 됩니다.

2. 찾은 명사의 단수/복수와 소유격을 확인한 후, 그에 맞게 활용하세요.

3. 명사를 전치사로 수식하여 '상황'을 구체화하세요.

    이때 전치사 대신 to 부정사를 쓰면 안 됩니다.

4. 구체화한 상황을 바탕으로 적절한 '형용사'를 활용하세요.

    이때 형용사 대신 분사를 쓰면 안 됩니다.

    * 경우에 따라 3번과 4번 활동 순서가 바뀔 수 있고 그 과정에서 명사나 형용사가 바뀔 수 있습니다.
    * 명사가 전치사 앞 또는 뒤로 이동할 수 있고 명사구 뒤에 전치사가 추가될 수 있습니다.
    * 특히 명사구 구체화 과정에서 나에게 익숙한 단어의 품사를 변형하여 활용해 볼 수 있습니다.
    * 가이드를 적용하는 과정에서는 글로 쓰지 말고, 명사구로 먼저 말해 보세요.

🔊 대상 1. 사람들

| 구체화 활동 예시 |

1. Office worker

2. Office workers

3. Office workers with a high concentration

   * 경우에 따라 3번과 4번 활동 순서가 바뀔 수 있습니다.

4. Serious office workers with a high concentration

   구체화한 명사구의 메시지. 집중력이 높은 진지한 직장인들

🔊 대상 2. 발표자

| 구체화 활동 예시 |

1. Presenter

2. A presenter

3. A presenter in a formal suit

4. An important presenter in a formal suit

   구체화한 명사구의 메시지. 정장을 입은 중요한 발표자

🔊 대상 3. 칠판

| 구체화 활동 예시 |

1. Message

2. Some messages

3. Some messages on a white board

4. Some important messages in red on a white board

   * 명사구 뒤에 전치사가 추가될 수 있습니다.
   구체화한 명사구의 메시지. 하얀 보드에 빨간색으로 작성된 몇 가지 중요한 메시지

🔊 추가 선택 활동

1. 내가 만든 명사구를 구글 번역기 또는 ChatGPT에 넣고 전치사의 활용을 확인하세요.
2. 구체화한 명사구 전체 또는 전치사를 제외한 명사를 주어로 활용하여 문장으로 말해 보세요. 이때 한 문장에는 하나의 명사구만 활용해야 하며 글로 쓰지 말고, 문장으로 먼저 말해야 합니다.

   * 이렇게 사물 주어를 활용하는 활동은 이후 3주 차의 영어식 기본 4동사 활동에 도움이 됩니다.

Serious office workers with a high concentration attend the meeting.

An important presenter in a formal suit shows some important information.

Some important messages in red on a whiteboard look very remarkable.

해석 ▶ 집중력이 높은 심각한 표정의 직장인들이 회의에 참석합니다.

정장을 입은 중요한 발표자가 중요한 정보를 보여 줍니다.

하얀 보드에 빨간색으로 작성된 몇 가지 중요한 메시지가 매우 눈에 띕니다.

COFFEE SHOP

* 클래스유 인강 8강 참고

아래에 제시된 세 개의 대상마다 영어 제1 공식을 적용하여 명사구로 구체화하세요.

아래의 영어 제1 공식 가이드를 각각의 대상에 적용하며 말하세요.

1. **그림 속 대상을 '명사'로 찾으세요.**

   이때 명사 대신 동명사를 쓰면 안 됩니다.

2. **찾은 명사의 단수/복수와 소유격을 확인한 후, 그에 맞게 활용하세요.**

3. **명사를 전치사로 수식하여 '상황'을 구체화하세요.**

   이때 전치사 대신 to 부정사를 쓰면 안 됩니다.

4. **구체화한 상황을 바탕으로 적절한 '형용사'를 활용하세요.**

   이때 형용사 대신 분사를 쓰면 안 됩니다.

   * 경우에 따라 3번과 4번 활동 순서가 바뀔 수 있고 그 과정에서 명사나 형용사가 바뀔 수 있습니다.
   * 명사가 전치사 앞 또는 뒤로 이동할 수 있고 명사구 뒤에 전치사가 추가될 수 있습니다.
   * 특히 명사구 구체화 과정에서 나에게 익숙한 단어의 품사를 변형하여 활용해 볼 수 있습니다.
   * 가이드를 적용하는 과정에서는 글로 쓰지 말고, 명사구로 먼저 말해 보세요.

🔊 대상 1. 사람들

| 구체화 활동 예시 |

1. Friend

2. Friends

3. Close friends

> * 경우에 따라 3번과 4번 활동 순서가 바뀔 수 있습니다.

4. Close friends in different age groups

> 구체화한 명사구의 메시지. 다양한 연령대의 친한 친구들

🔊 대상 2. 대화

| 구체화 활동 예시 |

1. Talk

2. A lot of talk

3. A lot of hilarious talk

> * 경우에 따라 3번과 4번 활동 순서가 바뀔 수 있습니다.

4. A lot of hilarious talk with endless laughs and smiles

> 구체화한 명사구의 메시지. 끝없는 웃음과 미소와 함께 많은 유쾌한 대화

🔊 대상 3. 식당

| 구체화 활동 예시 |

1. Restaurant

2. A restaurant

3. A warm and cozy restaurant

> * 경우에 따라 3번과 4번 활동 순서가 바뀔 수 있습니다.

4. A warm and cozy restaurant like a greenhouse

> 구체화한 명사구의 메시지. 온실같이 따뜻하고 아늑한 레스토랑

🔊 추가 선택 활동

1. 내가 만든 명사구를 구글 번역기 또는 ChatGPT에 넣고 전치사의 활용을 확인하세요.
2. 구체화한 명사구 전체 또는 전치사를 제외한 명사를 주어로 활용하여 문장으로 말해 보세요. 이때 한 문장에는 하나의 명사구만 활용해야 하며 글로 쓰지 말고, 문장으로 먼저 말해야 합니다.

   * 이렇게 사물 주어를 활용하는 활동은 이후 3주 차의 영어식 기본 4동사 활동에 도움이 됩니다.

Close friends in different age groups have a good time at the restaurant.

A lot of hilarious talk with endless laughs and smiles proves their happy moment.

A warm and cozy restaurant like a greenhouse is a good place for friend gatherings.

해석 ▶ 같은 나이대가 아닌 서로 다른 나이 그룹의 친구들이 레스토랑에서 즐거운 시간을 보내고 있습니다.
끝없는 웃음과 미소와 함께 많은 재미난 대화가 그들의 행복한 순간을 증명합니다.
온실처럼 따뜻하고 아늑한 레스토랑은 친구들이 모여서 만남을 갖기 좋은 장소입니다.

미션 ▶ 식당에 있는 사람 또는 사물을 생활 속에서 마주하게 되면, 영어 제1 공식을 대입하여 명사구를 구체화하세요. 이때 글로 쓰지 말고, 명사구를 구체화하는 과정을 먼저 말해 보세요. 가능한 실제 생활 속에서 대상을 찾고, 어려울 때만 인터넷에서 사진을 검색하세요.

하고 싶은 한국어도 명확하지 않은데 영어로 말을 하느라, 또 하고 싶은 말이 있어도 도통 생각나지 않는 단어 및 문법과 씨름하느라 지친 여러분!

영어 제1 공식으로 이미지 속 대상을 찾고, 그 대상을 상황과 함께 구체화하면서 구체화한 명사구로 나의 메시지를 가뿐하게 전달하기, 잘 마무리 하셨나요?

이제 내 생각을 교정해 준 영어 제1 공식을 생활 속에서 매일 활용해서 말하는 습관을 만들면 됩니다! 영어 제1 공식 생활 속에 적용하기 가이드를 다음에서 확인하세요.

🔊 스텝 1: 생활 속 다양한 장소를 선택합니다.

집 거실, 집 부엌, 공원, 공연장, 해변 혹은 바다, 시장, 옷 가게, 회의실, 사무실, 커피숍, 식당 등
* 가능한 실제 생활 속에서 대상을 마주하게 되면 연습하세요. 찾기 어려울 때만 인터넷에서 사진을 검색하세요.

🔊 스텝 2: 각 장소에서 1~3개의 대상을 찾아 영어 제1 공식을 대입하여 말합니다.

* 가이드를 적용하는 과정에서는 글로 쓰지 말고, 명사구로 먼저 말해 보세요

| 집안에서 발견한 대상의 예 |
a sofa
a sofa with comfortable cushion
a wide sofa with comfortable cushion

| 식당에서 발견한 대상의 예 |

promotion

promotion for the first visitors

* 가이드 적용 과정 중 명사나 형용사가 바뀔 수 있습니다.

a discount coupon for the additional visit

앞으로 2주 동안 다양한 장소에서 명사를 명사구로 구체화하는 연습을 할 예정입니다. 이렇게 하면 내가 하고 싶은 말을 하기 위해 적합한 영어를 찾고 영작하느라 씨름하는 대신, 주제와 관련된 대상을 찾고 그 대상을 영어 제1 공식에 따라 구체화하는 방법으로 나의 메시지를 쉽게 전달할 수 있게 됩니다.

홈트 3주 차 활동 시작 전까지 매일!
이 습관을 챙겨주세요.

듣기
습관교정

2
주차

공감하여
듣기

2주 차 활동에 필요한 음원 모음

2 주차

내가 자주 활용하는 단어 듣기

🔊 증상

Q 저는 공감하여 듣기가 필요할까요?

A 다음의 증상을 가진 당신이라면 공감하여 듣기가 필요합니다.

증상① 영어로 들을 때는 알겠는데 듣고 나면 기억나는 단어가 없다.

증상② 영어로 듣고 이해한 내용을 다시 영어로 말하기 어렵다.

증상③ 영어로 말할 때 알고 있는 영어 단어가 생각나지 않아서 활용을 못한다.

🔊 원인

Q 저는 왜 이런 증상을 가지고 있는 걸까요?

A 이런 증상은 대부분 영어를 듣고 한국어로 해석하기 때문에 발생합니다. 모든 언어는 '들을 수 있으면 말할 수 있다'는 불변의 원칙으로 습득되고 활용됩니다. 하지만 이렇게 영어를 듣고 한국어로 해석하게 되면, 영어가 아닌 한국어가 언어 저장고에 담기게 됩니다. 이러한 이유에서 영어를 들을 때는 이해하지만, 이를 영어로 말하려 하면 어려움을 겪게 되고 영어 단어가 생각나지 않는 것입니다.

다른 사람의 이야기를 듣고 그 내용을 이해하려 하는 것은 너무 당연합니다. 그래서 우리는 지금까지 영어를 한국어로 해석하고 이해했던 것이고, 이 듣기 습관은 교정영어 듣기 습관교정을 통해 교정하면 됩니다.

🔊 교정 방법

Q 어떻게 교정해야 저의 이런 증상들이 좋아질까요?

A 영어를 들을 때는 알겠는데 다시 영어로 말하려고 하면 기억나지 않는 증상을 교정하기 위해서는 '영어를 한국어 해석 없이 영어로' 들으면 됩니다. '들을 수 있으면 말할 수 있다'는 불변의 법칙에 따라 영어를 영어로 들으면 이를 다시 영어로 활용하는 것은 아주 간단해집니다. 하지만 우리는 영어 자체가 들리지 않는다는 근본적인 문제를 마주하기도 합니다.

이때 기억할 것은 모국어인 한국어로 대화할 때도 상대방이 하는 말을 모두 듣지 않는다는 점입니다. 한국어이기 때문에 모든 말이 다 들리더라도, 상대방의 말을 이해하기 위해서는 모두가 아닌 일부의 단어나 구문에만 집중합니다. 이런 맥락에서 내가 알고 이해할 수 있는 영어 단어와 구문에만 집중하고 들리지 않는 부분은 신경쓰지 않는다면, 영어를 영어로 듣는 것도 가능해집니다.

영어를 영어로 듣게 되면 상대방이 활용한 영어 단어나 구문이 우리 영어 어휘 저장고에 쌓이게 되고, 이렇게 계속 쌓이게 되면 이는 곧 영어 어휘력의 상승으로 이어지기 때문에 시간이 갈수록 영어 말하기 실력도 함께 향상됩니다.

* 관련 이야기는 〈생각이 바뀌다 습관이 바뀌다〉 챕터 4의 '공감하여 듣기'에서 확인할 수 있습니다.

🔊 교정 가이드

영어를 듣고 한국어로 해석하지 않고, 영어를 영어로 듣는 습관을 위해서 교정영어는 공감하여 듣기를 제시합니다. 내가 이미 알고 활용할 수 있는 영어 단어를 중심으로 듣고 구문으로 완성하여 메시지를 이해할 수 있도록 다음의 가이드를 적용해 보세요.

공감하여 듣기를 다음의 방법대로 3번 진행합니다.

1. **첫 번째 듣기** : 뼈대 단어를 세우는 과정입니다.

   음원을 모두 들은 후 강세가 들어가는 메시지 단어 3~4개를 기억해서 검은색으로 적으세요. 이때 음원을 들으며 한국어로 해석하거나, 전체 내용을 궁금해하지 않습니다. 우리 기억력의 평균은 4단위입니다. 너무 많은 단어를 듣게 되면 아무것도 기억나지 않습니다. 너무 많은 단어가 들린 경우, 나에게 더 익숙한 명사 3~4개만 기억하고 다른 단어는 버려도 좋습니다. 모르는 단어 때문에 단어 1~2개만 기억나는 경우엔 음원을 한 번 더 듣고 단어를 3~4개까지 채우세요.

2. **두 번째 듣기** : 뼈대 단어에 살을 붙이는 과정입니다.

   뼈대 단어를 보면서 음원을 모두 들은 후, 단어 3~4개를 기억해서 뼈대 단어 앞뒤에 파란색으로 적으세요. 이때도 음원을 들으며 한국어로 해석하거나, 전체 내용을 궁금해하지 않습니다. 모르는 단어 때문에 단어 1~2개만 기억나는 경우엔 음원을 한 번 더 듣고 단어를 3~4개까지 채우세요.

3. **세 번째 듣기** : 뼈대 단어를 중심으로 구문을 완성하는 과정입니다

   적어둔 단어를 보면서 음원을 모두 들은 후, 단어 3~4개를 기억해서 빨간색으로 적고 구문을 완성하세요. 이때는 새로운 뼈대 단어가 추가로 들릴 수 있습니다. 이렇게 완성된 구문을 보면서 전체 내용을 유추하고, 구문을 이미지로 기억하는 시도를 해 보세요.

공감하여 듣기 가이드는 '영어 제1 공식' 명사의 구체화 과정과 동일합니다. 첫째, 명사에 집중합니다. 그리고 그 명사 앞뒤를 채워 명사구를 완성합니다. 이렇게 완성된 명사구로 대략적인 메시지를 전달할 수 있습니다. 그렇기에 첫 번째 공감하여 듣기에서 단어와 그 강세에 더욱 집중할 뿐 메시지를 궁금해하지 않아야 합니다.

공감하여 듣기 방식으로 영어를 한국어 해석 없이 영어 어휘로 받아들이고 이해하게 되면 화자의 어휘가 언어 저장고에 담기게 되고, 나의 어휘력이 향상됩니다. 이때는 주로 내가 잘 듣고 자주 활용할 수 있는 어휘들이 다져집니다. 이렇게 회화로 활용할 수 있는 어휘 다지기 과정은 영어로 말하는 기초가 되는 작업이며, 공감하여 듣기의 궁극적인 목표이기도 합니다. 다음에 이어지는 예시 문제와 추가 연습 문제를 활용해서 영어를 영어로 들을 수 있는 힘을 길러 보세요.

잠깐! 이미 알고 활용하는 단어를 듣는 공감하여 듣기의 추가 효과!

첫째. 단어와 구문을 강세와 함께 이미지로 기억하여 회화로 활용할 수 있어요.

우리가 지금까지 암기한 단어나 영어 표현을 실제 영어회화로 활용하는 빈도는 그리 높지 않은 편입니다. 그것은 우리가 단순히 반복해서 쓰고 암기했을 뿐 그것을 실제에서 활용 가능한 방식으로 습득하지 않았기 때문입니다. 이 문제는 영어를 언어 습득 방식이 아닌 단순 암기등으로 학습했기 때문에 발생하는 것입니다.

어느 언어든 그 언어로 말하기 위해서는 들을 수 있어야 합니다. 그래서 어린이들은 낱말 카드를 사용해서 이미지를 보고 그 단어의 소리를 들으면서 단어를 배웁니다. 그런 다음 그 단어를 글로 확인합니다. 여기서 기억할 것이 이 과정 어디에도 쓰기 과정은 없다는 것입니다. 하지만 우리는 많은 어휘와 표현을 쓰고 암기하며 배우고 있습니다.

우리는 언어를 듣고, 말하고, 읽고, 쓰기의 순서로 습득합니다. 아이들이 이미지와 소리를 통해 단어를 인식하고 그 다음에 눈으로 글씨를 확인하듯이, 우리도 교정영어 공감하여 듣기로 구문의 소리를 먼저 인지해야 합니다. 그리고 이렇게 완성된 구문을 다시 한번 들으면서 이것을 이미지화해야 합니다. 이 과정을 거치면 그 구문이 이미지와 함께 각인되어 실제 상황에서 그 구문을 활용할 수 있게됩니다.

둘째. 기억력의 단위를 최소 4개~8개까지 확장시킬 수 있습니다.

우리가 들을 수 있는 최소 단위는 말하는 최소 단위와 같습니다. 보통 우리는 "누가 무엇을 어떻게 했다. 그것이 누구에 의해 무엇되었다."와 같이 평균 3~4개의 호흡으로 말합니다. 만약 공감하여 듣기를 통해 듣기 호흡을 3~4개의 구문으로 안정화한다면, 3~4개의 호흡을 사용하여 말하기가 더 수월해집니다.

이렇게, 한국말 해석없이 공감하여 듣게되면 더 많은 단어나 메시지를 이미지로 기억하게 됩니다. 그만큼 기억력이 향상되고 호흡의 길이도 길어져서 한 호흡안에 많은 구문이나 문장을 활용하게 됩니다. 한 호흡으로 많은 말은 한다는 것은 빠르게 말하는 것을 넘어 유창하게 말하는 것을 의미하는데, 그 결과 영어로 말하는 것이 더욱 수월해집니다.

하지만 영어 단어와 구문을 한국어로 해석하지 않고 영어로 듣고 기억하기는 어려운 일입니다. 그러므로 홈트 2주 차 공감하여 듣기 가이드를 꼼꼼하게 확인하고 제시된 문제를 차근 차근 연습해보세요.

우리는 말할 때 강조하고자 하는 단어를 강하게 말합니다. 특히 영어와 같은 리듬 언어에서는 강세의 위치에 따라 의미가 달라질 수 있기 때문에, 강세를 이해하는 것이 매우 중요합니다. 원어민이 영어로 말할 때 단어의 강약과 길이 그리고 호흡을 적극적으로 활용하여 리듬을 만들어내는 것을 볼 수 있습니다. 이들의 리듬 공식을 이해하면 영어로 공감하여 듣기가 쉬워집니다.

1. 강세 단어

1) 영어에서 강세는 한 단어에 하나씩 모음 위에 떨어집니다.

* 긴 단어에는 주강세와 부강세 모두가 떨어질 수도 있습니다.

2) 명사, 형용사, 동사, 부사, 의문사, 지시사, 부정어 등 의미어에 강세가 떨어집니다.

2. 비강세 단어

1) 문장에서 기능을 담당하는 조사, 전치사, 접속사, 대명사에는 강세가 떨어지지 않습니다.

* 단, 목적격 대명사는 의미상 강세어가 됩니다.

2) 일반동사가 아닌 be/조동사는 비강세어입니다.

* 단, must, should와 같은 조동사는 의미상 강세어가 됩니다.

3. 단어의 장단

1) 대부분의 이중모음(ea, ou, ai 등)은 길게 발음합니다.

2) 단어 끝에 하나의 모음이 있는 경우(go, me 등) 길게 발음합니다.

3) 모음 i, o 뒤에 두 개 이상의 자음이 오는 경우(child, cost 등) 길게 발음합니다.

4. 문장의 억양

* 억양은 화살표로 표시합니다

1) 평서문의 끝은 마지막 단어의 강세에서 올렸다 내려가고, 의문문은 올라갑니다.

* 단, wh- 의문문에서는 끝이 내려갑니다.

2) 단어들이 연결되어 있는 경우 마지막 단어를 제외한 모든 단어의 끝이 올라갑니다.

예 들어 Apples, orange, and banana의 경우 마지막 banana를 제외한 모든 단어의 끝이 올라갑니다.

5. 문장 내 호흡

* 호흡은 /로 표시합니다

1) 콤마 뒤와 마침표 뒤에서는 호흡합니다.

2 접속사나 관계대명사 그리고 전치사 앞에서 호흡합니다.

> **예** I will pick you up, / after you finish the class.
>
> I like the book / that you gave me.
>
> I will wait / for you.

3) 주어+동사+목적어 뒤 또는 주어가 긴 경우 주어 뒤에서 호흡합니다.

앞서 연습한 음원 속 단어의 강세와 장단, 그리고 호흡을 확인해 보세요.
강세 볼드, 장단 :, 호흡 /, 억양 화살표로 각각 표시 되었습니다.

I **u**su:ally **li**sten to m**u**sic / on my c**e**ll ph**o**ne / on my w**a**y to sch**oo**:l.

I p**u**t on **ea**:rphones | and f**o**cus on the m**u**sic.

Since the sch**oo**:l is an h**ou**:rs dr**i**ve / from h**o**me, /

listening to m**u**sic / will m**a**ke m**e**: l**e**ss b**o**:red.

 **예시 문제** **COMMUTE** ＊ 클래스유 인강 10강 참고

음원 '파일명 2-0'을 다음의 공감하여 듣기 가이드를 활용하여 들어 보세요.

1. 첫 번째 듣기 : 뼈대 단어 세우기

음원을 모두 들은 후, 강세가 들어가는 메시지 단어 3~4개를 기억해서 검은색으로 적으세요. 이때 음원을 들으며 한국어로 해석하거나, 전체 내용을 궁금해하지 않습니다. 우리 기억력의 평균은 4단위입니다. 너무 많은 단어를 듣게 되면 아무것도 기억나지 않습니다. 너무 많은 단어가 들린 경우, 나에게 더 익숙한 명사 3~4개만 기억하고 다른 단어는 버려도 좋습니다. 모르는 단어 때문에 단어 1~2개만 기억나는 경우엔 음원을 한 번 더 듣고 단어를 3~4개까지 채우세요.

2. 두 번째 듣기 : 뼈대 단어 살 붙이기

뼈대 단어를 보면서 음원을 모두 들은 후, 단어 3~4개를 기억해서 뼈대 단어 앞뒤에 파란색으로 적으세요. 이때도 음원을 들으며 한국어로 해석하거나, 전체 내용을 궁금해하지 않습니다. 모르는 단어 때문에 단어 1~2개만 기억나는 경우엔 음원을 한 번 더 듣고 단어를 3~4개까지 채우세요.

3. 세 번째 듣기 : 단어로 구문 완성하기

적어둔 단어를 보면서 음원을 모두 들은 후, 단어 3~4개를 기억해서 빨간색으로 적고 구문을 완성하세요. 이때는 새로운 뼈대 단어가 추가로 들릴 수 있습니다. 이렇게 완성된 구문을 보면서 전체 내용을 유추하고 구문을 이미지로 기억하는 시도를 해 보세요.

🔊 공감하여 듣기 활동 예시

listen to **music** on my mobile phone

earphones and focus on music

school is **one hour drive** from home

listening to music make me **less bored**

추가 선택 활동

- 강세가 떨어지는 모음에 ′ 표시 하세요.
- 원음을 들으며 강세를 확인한 후, 원음과 똑같이 말하며 이미지를 떠올리세요.

  I úsually lísten to músic on my móbile phóne on my wáy to schoól. I pút on eárphones and fócus on the músic. Since the schoól is an hóur dríve from hóme, lístening to músic will máke mé léss bóred.

- 공감하여 들은 단어와 구문의 이미지를 그리면서 5번 이상 꼭꼭 씹어먹으세요.

I usually listen to music on my mobile phone on my way to school. I put on earphones and focus on the music. Since the school is an hour drive from home, listening to music will make me less bored.

해석 ▶ 저는 학교에 가는 길에 핸드폰으로 음악을 듣습니다. 이어폰을 끼고 음악에 집중합니다. 집에서 학교까지 차로 1시간이 걸리기 때문에 음악을 듣는 것이 지루함을 덜어줍니다.

HOUSE
* 클래스유 인강 11강 참고

초급 음원 '파일명 2-1'을 공감하여 듣고, 내가 듣고 활용할 수 있는 단어/구문을 확인하세요.

1. **첫 번째 듣기** : 뼈대 단어 세우기

   음원을 모두 들은 후, 강세가 들어가는 메시지 단어 3~4개를 기억해서 검은색으로 적으세요. 이때 음원을 들으며 한국어로 해석하거나, 전체 내용을 궁금해하지 않습니다. 우리 기억력의 평균은 4단위입니다. 너무 많은 단어를 듣게 되면 아무것도 기억나지 않습니다. 너무 많은 단어가 들린 경우, 나에게 더 익숙한 명사 3~4개만 기억하고 다른 단어는 버려도 좋습니다. 모르는 단어 때문에 단어 1~2개만 기억나는 경우엔 음원을 한 번 더 듣고 단어를 3~4개까지 채우세요.

2. **두 번째 듣기** : 뼈대 단어 살 붙이기

   뼈대 단어를 보면서 음원을 모두 들은 후, 단어 3~4개를 기억해서 뼈대 단어 앞뒤에 파란색으로 적으세요. 이때도 음원을 들으며 한국어로 해석하거나, 전체 내용을 궁금해하지 않습니다. 모르는 단어 때문에 단어 1~2개만 기억나는 경우엔 음원을 한 번 더 듣고 단어를 3~4개까지 채우세요.

3. **세 번째 듣기** : 단어로 구문 완성하기

   적어둔 단어를 보면서 음원을 모두 들은 후, 단어 3~4개를 기억해서 빨간색으로 적고 구문을 완성하세요. 이때는 새로운 뼈대 단어가 추가로 들릴 수 있습니다. 이렇게 완성된 구문을 보면서 전체 내용을 유추하고 구문을 이미지로 기억하는 시도를 해 보세요.

🔊 공감하여 듣기 활동 예시

houses, different shapes

basic convenience for living

various functions too

gives my family a warm place

🔊 추가 선택 활동

- 강세가 떨어지는 모음에 ´ 표시 하세요.
- 원음을 들으며 강세를 확인한 후, 원음과 똑같이 말하며 이미지를 떠올리세요.
  Hóuses háve dífferent shápes. They províde básic líving convéniences and várious functións as wéll. Móst impórtantly, hóuses províde a wárm pláce for my fámily.
- 공감하여 들은 단어와 구문의 이미지를 그리면서 5번 이상 꼭꼭 씹어먹으세요.

Houses have different shapes. They provide basic living conveniences and various functions as well. Most importantly, houses provide a warm place for my family.

해석 ▶ 집은 다양한 형태를 가지고 있습니다. 또한 기본적인 생활 편의뿐 아니라 다양한 기능을 제공합니다. 가장 중요하게도, 집은 우리 가족에게 따뜻한 공간을 제공합니다.

PARK

* 클래스유 인강 11강 참고

초급 음원 '파일명 2-2'을 공감하여 듣고, 내가 듣고 활용할 수 있는 단어/구문을 확인하세요.

1. **첫 번째 듣기** : 뼈대 단어 세우기

   음원을 모두 들은 후, 강세가 들어가는 메시지 단어 3~4개를 기억해서 검은색으로 적으세요. 이때 음원을 들으며 한국어로 해석하거나, 전체 내용을 궁금해하지 않습니다. 우리 기억력의 평균은 4단위입니다. 너무 많은 단어를 듣게 되면 아무것도 기억나지 않습니다. 너무 많은 단어가 들린 경우, 나에게 더 익숙한 명사 3~4개만 기억하고 다른 단어는 버려도 좋습니다. 모르는 단어 때문에 단어 1~2개만 기억나는 경우엔 음원을 한 번 더 듣고 단어를 3~4개까지 채우세요.

2. **두 번째 듣기** : 뼈대 단어 살 붙이기

   뼈대 단어를 보면서 음원을 모두 들은 후, 단어 3~4개를 기억해서 뼈대 단어 앞뒤에 파란색으로 적으세요. 이때도 음원을 들으며 한국어로 해석하거나, 전체 내용을 궁금해하지 않습니다. 모르는 단어 때문에 단어 1~2개만 기억나는 경우엔 음원을 한 번 더 듣고 단어를 3~4개까지 채우세요.

3. **세 번째 듣기** : 단어로 구문 완성하기

   적어둔 단어를 보면서 음원을 모두 들은 후, 단어 3~4개를 기억해서 빨간색으로 적고 구문을 완성하세요. 이때는 새로운 뼈대 단어가 추가로 들릴 수 있습니다. 이렇게 완성된 구문을 보면서 전체 내용을 유추하고 구문을 이미지로 기억하는 시도를 해 보세요.

🔊 공감하여 듣기 활동 예시

park has many trees

gives me fresh air

enjoy walking in a ? park, need little energy

my heart full of power

🔊 추가 선택 활동

- 강세가 떨어지는 모음에 ′ 표시 하세요.
- 원음을 들으며 강세를 확인한 후, 원음과 똑같이 말하며 이미지를 떠올리세요.

  Párk hás mány treé:s and gíves me frésh áir. I enjóy wálking in a treé:-rích párk.

  I neé:d líttle énergy and my heá:rt is fúll of pówer.
- 공감하여 들은 단어와 구문의 이미지를 그리면서 5번 이상 꼭꼭 씹어먹으세요.

Park has many trees and gives me fresh air. I enjoy walking in a tree-rich park.

I need little energy and my heart is full of power.

해석 ▶ 공원은 많은 나무들이 있어서 싱그러운 공기를 제공합니다. 저는 나무들이 우거진 공원에서 산책하는 것을 즐깁니다. 저는 적은 에너지를 필요로 하고 제 심장은 파워로 가득찹니다.

미션 ▶ 거실에 있는 사람 또는 사물을 생활 속에서 마주하게 되면, 영어 제1 공식을 대입하여 명사구를 구체화하세요. 이때 글로 쓰지 말고, 명사구를 구체화하는 과정을 먼저 말해 보세요. 가능한 실제 생활 속에서 대상을 찾고, 어려울 때만 인터넷에서 사진을 검색하세요.

MUSIC

* 클래스유 인강 12강 참고

초급 음원 '파일명 2-3'을 공감하여 듣고, 내가 듣고 활용할 수 있는 단어/구문을 확인하세요.

1. **첫 번째 듣기** : 뼈대 단어 세우기

   음원을 모두 들은 후, 강세가 들어가는 메시지 단어 3~4개를 기억해서 검은색으로 적으세요. 이때 음원을 들으며 한국어로 해석하거나, 전체 내용을 궁금해하지 않습니다. 우리 기억력의 평균은 4단위입니다. 너무 많은 단어를 듣게 되면 아무것도 기억나지 않습니다. 너무 많은 단어가 들린 경우, 나에게 더 익숙한 명사 3~4개만 기억하고 다른 단어는 버려도 좋습니다. 모르는 단어 때문에 단어 1~2개만 기억나는 경우엔 음원을 한 번 더 듣고 단어를 3~4개까지 채우세요.

2. **두 번째 듣기** : 뼈대 단어 살 붙이기

   뼈대 단어를 보면서 음원을 모두 들은 후, 단어 3~4개를 기억해서 뼈대 단어 앞뒤에 파란색으로 적으세요. 이때도 음원을 들으며 한국어로 해석하거나, 전체 내용을 궁금해하지 않습니다. 모르는 단어 때문에 단어 1~2개만 기억나는 경우엔 음원을 한 번 더 듣고 단어를 3~4개까지 채우세요.

3. **세 번째 듣기** : 단어로 구문 완성하기

   적어둔 단어를 보면서 음원을 모두 들은 후, 단어 3~4개를 기억해서 빨간색으로 적고 구문을 완성하세요. 이때는 새로운 뼈대 단어가 추가로 들릴 수 있습니다. 이렇게 완성된 구문을 보면서 전체 내용을 유추하고 구문을 이미지로 기억하는 시도를 해 보세요.

🔊 공감하여 듣기 활동 예시

music, power, healing

gives different feeling

sometimes, calm me, and pump

helps me, release my stress

🔊 추가 선택 활동

- 강세가 떨어지는 모음에 ´ 표시 하세요.
- 원음을 들으며 강세를 확인한 후, 원음과 똑같이 말하며 이미지를 떠올리세요.

  Músic hás the pówer of heá:ling. Lístening to músic can gíve yóu: a dífferent feé:ling. Sómetimes, it can cálm me dówn or púmp me úp. Músic hélps mé: to releá:se my stréss.

- 공감하여 들은 단어와 구문의 이미지를 그리면서 5번 이상 꼭꼭 씹어먹으세요.

Music has the power of healing. Listening to music can give you a different feeling. Sometimes, it can calm me down or pump me up. Music helps me to release my stress.

해석 ▶ 음악은 치유의 힘을 지니고 있습니다. 음악을 듣는 것은 서로 다른 느낌을 줄 수 있습니다. 때로는 저를 진정시키기도 하고, 때로는 에너지를 불어넣어 줄 수도 있습니다. 음악은 제가 스트레스를 해소하는 데 도움이 됩니다.

MOVIE
* 클래스유 인강 12강 참고

초급 음원 '파일명 2-4'을 공감하여 듣고, 내가 듣고 활용할 수 있는 단어/구문을 확인하세요.

1. **첫 번째 듣기** : 뼈대 단어 세우기

   음원을 모두 들은 후, 강세가 들어가는 메시지 단어 3~4개를 기억해서 검은색으로 적으세요. 이때 음원을 들으며 한국어로 해석하거나, 전체 내용을 궁금해하지 않습니다. 우리 기억력의 평균은 4단위입니다. 너무 많은 단어를 듣게 되면 아무것도 기억나지 않습니다. 너무 많은 단어가 들린 경우, 나에게 더 익숙한 명사 3~4개만 기억하고 다른 단어는 버려도 좋습니다. 모르는 단어 때문에 단어 1~2개만 기억나는 경우엔 음원을 한 번 더 듣고 단어를 3~4개까지 채우세요.

2. **두 번째 듣기** : 뼈대 단어 살 붙이기

   뼈대 단어를 보면서 음원을 모두 들은 후, 단어 3~4개를 기억해서 뼈대 단어 앞뒤에 파란색으로 적으세요. 이때도 음원을 들으며 한국어로 해석하거나, 전체 내용을 궁금해하지 않습니다. 모르는 단어 때문에 단어 1~2개만 기억나는 경우엔 음원을 한 번 더 듣고 단어를 3~4개까지 채우세요.

3. **세 번째 듣기** : 단어로 구문 완성하기

   적어둔 단어를 보면서 음원을 모두 들은 후, 단어 3~4개를 기억해서 빨간색으로 적고 구문을 완성하세요. 이때는 새로운 뼈대 단어가 추가로 들릴 수 있습니다. 이렇게 완성된 구문을 보면서 전체 내용을 유추하고 구문을 이미지로 기억하는 시도를 해 보세요.

🔊 공감하여 듣기 활동 예시

love watching movie

go to a theatre, every weekend

real story

touch me, very much

🔊 추가 선택 활동

- 강세가 떨어지는 모음에 ´ 표시 하세요.
- 원음을 들으며 강세를 확인한 후, 원음과 똑같이 말하며 이미지를 떠올리세요.

  I lóve wátching móvies. I gó: to a cínema évery wee:kénd. Espécially I líke reá:l stóry fílms. Sóme móvies tóuch mé: véry múch.

- 공감하여 들은 단어와 구문의 이미지를 그리면서 5번 이상 꼭꼭 씹어먹으세요.

I love watching movies. I go to a cinema every weekend. Especially, I like real story films. Some movies touch me very much.

해석 ▶ 저는 영화 보는 것을 좋아합니다. 매주 영화관에 가서 영화를 봅니다. 특히 실제 이야기를 바탕으로 한 영화를 좋아합니다. 어떤 영화는 저에게 강한 감정을 불러일으킵니다.

미션 ▶ 영화관에 있는 사람 또는 사물을 생활 속에서 마주하게 되면, 영어 제1 공식을 대입하여 명사구를 구체화하세요. 이때 글로 쓰지 말고, 명사구를 구체화하는 과정을 먼저 말해 보세요. 가능한 실제 생활 속에서 대상을 찾고, 어려울 때만 인터넷에서 사진을 검색하세요.

BEACH
* 클래스유 인강 13강 참고

초급 음원 '파일명 2-5'을 공감하여 듣고, 내가 듣고 활용할 수 있는 단어/구문을 확인하세요.

1. **첫 번째 듣기** : 뼈대 단어 세우기

   음원을 모두 들은 후, 강세가 들어가는 메시지 단어 3~4개를 기억해서 검은색으로 적으세요. 이때 음원을 들으며 한국어로 해석하거나, 전체 내용을 궁금해하지 않습니다. 우리 기억력의 평균은 4단위입니다. 너무 많은 단어를 듣게 되면 아무것도 기억나지 않습니다. 너무 많은 단어가 들린 경우, 나에게 더 익숙한 명사 3~4개만 기억하고 다른 단어는 버려도 좋습니다. 모르는 단어 때문에 단어 1~2개만 기억나는 경우엔 음원을 한 번 더 듣고 단어를 3~4개까지 채우세요.

2. **두 번째 듣기** : 뼈대 단어 살 붙이기

   뼈대 단어를 보면서 음원을 모두 들은 후, 단어 3~4개를 기억해서 뼈대 단어 앞뒤에 파란색으로 적으세요. 이때도 음원을 들으며 한국어로 해석하거나, 전체 내용을 궁금해하지 않습니다. 모르는 단어 때문에 단어 1~2개만 기억나는 경우엔 음원을 한 번 더 듣고 단어를 3~4개까지 채우세요.

3. **세 번째 듣기** : 단어로 구문 완성하기

   적어둔 단어를 보면서 음원을 모두 들은 후, 단어 3~4개를 기억해서 빨간색으로 적고 구문을 완성하세요. 이때는 새로운 뼈대 단어가 추가로 들릴 수 있습니다. 이렇게 완성된 구문을 보면서 전체 내용을 유추하고 구문을 이미지로 기억하는 시도를 해 보세요.

🔊 공감하여 듣기 활동 예시

summer beach, a lot of people

active and dynamic

evening, enjoy sunset

very restful moment at sea

🔊 추가 선택 활동

• 강세가 떨어지는 모음에 ´ 표시 하세요.

• 원음을 들으며 강세를 확인한 후, 원음과 똑같이 말하며 이미지를 떠올리세요.

　Súmmer beá:ch hás a lót of peó:ple. I feé:l áctive and dýnamic on the beá:ch.

　In the évening, I can enjóy the súnset. It is a véry réstful móment at seá:.

• 공감하여 들은 단어와 구문의 이미지를 그리면서 5번 이상 꼭꼭 씹어먹으세요.

Summer beach has a lot of people. I feel active and dynamic on the beach. In the evening, I can enjoy the sunset. It is a very restful moment at sea.

해석 ▶ 여름 해변에는 많은 사람들이 있습니다. 해변에서는 활동적이고 역동적인 느낌이 듭니다. 저녁에는 일몰을 즐길 수 있습니다. 바다에서의 이 순간은 매우 편안한 시간입니다.

YOGA

*클래스유 인강 13강 참고

초급 음원 '파일명 2-6'을 공감하여 듣고, 내가 듣고 활용할 수 있는 단어/구문을 확인하세요.

1. 첫 번째 듣기 : 뼈대 단어 세우기

음원을 모두 들은 후, 강세가 들어가는 메시지 단어 3~4개를 기억해서 검은색으로 적으세요. 이때 음원을 들으며 한국어로 해석하거나, 전체 내용을 궁금해하지 않습니다. 우리 기억력의 평균은 4단위입니다. 너무 많은 단어를 듣게 되면 아무것도 기억나지 않습니다. 너무 많은 단어가 들린 경우, 나에게 더 익숙한 명사 3~4개만 기억하고 다른 단어는 버려도 좋습니다. 모르는 단어 때문에 단어 1~2개만 기억나는 경우엔 음원을 한 번 더 듣고 단어를 3~4개까지 채우세요.

2. 두 번째 듣기 : 뼈대 단어 살 붙이기

뼈대 단어를 보면서 음원을 모두 들은 후, 단어 3~4개를 기억해서 뼈대 단어 앞뒤에 파란색으로 적으세요. 이때도 음원을 들으며 한국어로 해석하거나, 전체 내용을 궁금해하지 않습니다. 모르는 단어 때문에 단어 1~2개만 기억나는 경우엔 음원을 한 번 더 듣고 단어를 3~4개까지 채우세요.

3. 세 번째 듣기 : 단어로 구문 완성하기

적어둔 단어를 보면서 음원을 모두 들은 후, 단어 3~4개를 기억해서 빨간색으로 적고 구문을 완성하세요. 이때는 새로운 뼈대 단어가 추가로 들릴 수 있습니다. 이렇게 완성된 구문을 보면서 전체 내용을 유추하고 구문을 이미지로 기억하는 시도를 해 보세요.

🔊 공감하여 듣기 활동 예시

Yoga, breathing practice

stretch our body, relax our mind

sometimes heals

good for memory, recall

🔊 추가 선택 활동

- 강세가 떨어지는 모음에 ′ 표시 하세요.
- 원음을 들으며 강세를 확인한 후, 원음과 똑같이 말하며 이미지를 떠올리세요.
  Yóga hás breá:thing práctice. We strétch our bódy and reláx our mínd. Thís tíme
  sómetimes heá:ls ús. It is goó:d for our mémory recáll.
- 공감하여 들은 단어와 구문의 이미지를 그리면서 5번 이상 꼭꼭 씹어먹으세요.

Yoga has breathing practice. We stretch our bodies and relax our minds. This time
sometimes heals us. It is good for our memory recall.

해석 ▶ 요가는 숨쉬기 연습을 포함합니다. 우리는 몸을 스트레칭하고 마음을 편안하게 합니다. 이 시간은 때로
는 우리를 치유해 주기도 합니다. 이것은 기억을 상기시키는데에도 좋습니다.

미션 ▶ 운동하는 곳에 있는 사람 또는 사물을 생활 속에서 마주하게 되면, 영어 제1 공식을 대입하여 명사구를
구체화하세요. 이때 글로 쓰지 말고, 명사구를 구체화하는 과정을 먼저 말해 보세요. 가능한 실제 생활 속
에서 대상을 찾고, 어려울 때만 인터넷에서 사진을 검색하세요.

TRANSPORT

* 클래스유 인강 14강 참고

초급 음원 '파일명 2-7'을 공감하여 듣고, 내가 듣고 활용할 수 있는 단어/구문을 확인하세요.

1. **첫 번째 듣기** : 뼈대 단어 세우기

   음원을 모두 들은 후, 강세가 들어가는 메시지 단어 3~4개를 기억해서 검은색으로 적으세요. 이때 음원을 들으며 한국어로 해석하거나, 전체 내용을 궁금해하지 않습니다. 우리 기억력의 평균은 4단위입니다. 너무 많은 단어를 듣게 되면 아무것도 기억나지 않습니다. 너무 많은 단어가 들린 경우, 나에게 더 익숙한 명사 3~4개만 기억하고 다른 단어는 버려도 좋습니다. 모르는 단어 때문에 단어 1~2개만 기억나는 경우엔 음원을 한 번 더 듣고 단어를 3~4개까지 채우세요.

2. **두 번째 듣기** : 뼈대 단어 살 붙이기

   뼈대 단어를 보면서 음원을 모두 들은 후, 단어 3~4개를 기억해서 뼈대 단어 앞뒤에 파란색으로 적으세요. 이때도 음원을 들으며 한국어로 해석하거나, 전체 내용을 궁금해하지 않습니다. 모르는 단어 때문에 단어 1~2개만 기억나는 경우엔 음원을 한 번 더 듣고 단어를 3~4개까지 채우세요.

3. **세 번째 듣기** : 단어로 구문 완성하기

   적어둔 단어를 보면서 음원을 모두 들은 후, 단어 3~4개를 기억해서 빨간색으로 적고 구문을 완성하세요. 이때는 새로운 뼈대 단어가 추가로 들릴 수 있습니다. 이렇게 완성된 구문을 보면서 전체 내용을 유추하고 구문을 이미지로 기억하는 시도를 해 보세요.

🔊 공감하여 듣기 활동 예시

cities, different transport

busy street trains, buses and undergrounds

recently, introduce many cities, new mobility

shared bicycle, scooter

🔊 추가 선택 활동

- 강세가 떨어지는 모음에 ′ 표시 하세요.
- 원음을 들으며 강세를 확인한 후, 원음과 똑같이 말하며 이미지를 떠올리세요.

  Cíties háve dífferent públic transportátion. It hás búsy streé:t tráins, búses, and súbways. Recéntly, mány cíties introdúced neẃ: mobílity. They háve sháred bícycles, aútomobiles, scoó:ters, etc.

- 공감하여 들은 단어와 구문의 이미지를 그리면서 5번 이상 꼭꼭 씹어먹으세요.

Cities have different public transportation. It has busy street trains, buses, and subways. Recently, many cities introduced new mobility. They have shared bicycles, automobiles, scooters, etc.

해석 ▶ 도시들은 다양한 대중교통 수단을 보유하고 있습니다. 번화한 거리 기차, 버스, 지하철 등이 있습니다. 최근에는 많은 도시들이 새로운 이동 수단을 도입하였습니다. 그것들은 공유 자전거, 공유 자동차, 공유 스쿠터 등입니다.

OVERSEA TRIP

* 클래스유 인강 14강 참고

초급 음원 '파일명 2-8'을 공감하여 듣고, 내가 듣고 활용할 수 있는 단어/구문을 확인하세요.

1. **첫 번째 듣기** : 뼈대 단어 세우기

   음원을 모두 들은 후, 강세가 들어가는 메시지 단어 3~4개를 기억해서 검은색으로 적으세요. 이때 음원을 들으며 한국어로 해석하거나, 전체 내용을 궁금해하지 않습니다. 우리 기억력의 평균은 4단위입니다. 너무 많은 단어를 듣게 되면 아무것도 기억나지 않습니다. 너무 많은 단어가 들린 경우, 나에게 더 익숙한 명사 3~4개만 기억하고 다른 단어는 버려도 좋습니다. 모르는 단어 때문에 단어 1~2개만 기억나는 경우엔 음원을 한 번 더 듣고 단어를 3~4개까지 채우세요.

2. **두 번째 듣기** : 뼈대 단어 살 붙이기

   뼈대 단어를 보면서 음원을 모두 들은 후, 단어 3~4개를 기억해서 뼈대 단어 앞뒤에 파란색으로 적으세요. 이때도 음원을 들으며 한국어로 해석하거나, 전체 내용을 궁금해하지 않습니다. 모르는 단어 때문에 단어 1~2개만 기억나는 경우엔 음원을 한 번 더 듣고 단어를 3~4개까지 채우세요.

3. **세 번째 듣기** : 단어로 구문 완성하기

   적어둔 단어를 보면서 음원을 모두 들은 후, 단어 3~4개를 기억해서 빨간색으로 적고 구문을 완성하세요. 이때는 새로운 뼈대 단어가 추가로 들릴 수 있습니다. 이렇게 완성된 구문을 보면서 전체 내용을 유추하고 구문을 이미지로 기억하는 시도를 해 보세요.

🔊 공감하여 듣기 활동 예시

travel, a lot of money

many travelers, **save** budget

one way, a light bag

charges additional shipping fee

🔊 추가 선택 활동

- 강세가 떨어지는 모음에 ´ 표시 하세요.
- 원음을 들으며 강세를 확인한 후, 원음과 똑같이 말하며 이미지를 떠올리세요.

  Tráveling tákes a lót of móney. Mány tráverlers trý to sáve their búdget. Óne wáy

  is to cárry a líght bág. Then, it hárdly chárges addítional shípping feé:s.

- 공감하여 들은 단어와 구문의 이미지를 그리면서 5번 이상 꼭꼭 씹어먹으세요.

Traveling takes a lot of money. Many travelers try to save their budget. One way is to carry a light bag. Then, it hardly charges additional shipping fees.

해석 ▶ 여행을 하려면 많은 돈이 필요합니다. 많은 여행객들은 예산을 절약하기 위해 노력합니다. 하나의 방법은 가벼운 가방을 지니는 것입니다. 그렇게 하면 추가 운송비를 거의 내지 않아도 됩니다.

미션 ▶ 책상 주변에 있는 사람 또는 사물을 생활 속에서 마주하게 되면, 영어 제1 공식을 대입하여 명사구를 구체화하세요. 이때 글로 쓰지 말고, 명사구를 구체화하는 과정을 먼저 말해 보세요. 가능한 실제 생활 속에서 대상을 찾고, 어려울 때만 인터넷에서 사진을 검색하세요.

INTERNET
* 클래스유 인강 15강 참고

초급 음원 '파일명 2-9'을 공감하여 듣고 내가 듣고 활용할 수 있는 단어/구문을 확인하세요.

1. **첫 번째 듣기** : 뼈대 단어 세우기

   음원을 모두 들은 후, 강세가 들어가는 메시지 단어 3~4개를 기억해서 검은색으로 적으세요. 이때 음원을 들으며 한국어로 해석하거나, 전체 내용을 궁금해하지 않습니다. 우리 기억력의 평균은 4단위입니다. 너무 많은 단어를 듣게 되면 아무것도 기억나지 않습니다. 너무 많은 단어가 들린 경우, 나에게 더 익숙한 명사 3~4개만 기억하고 다른 단어는 버려도 좋습니다. 모르는 단어 때문에 단어 1~2개만 기억나는 경우엔 음원을 한 번 더 듣고 단어를 3~4개까지 채우세요.

2. **두 번째 듣기** : 뼈대 단어 살 붙이기

   뼈대 단어를 보면서 음원을 모두 들은 후, 단어 3~4개를 기억해서 뼈대 단어 앞뒤에 파란색으로 적으세요. 이때도 음원을 들으며 한국어로 해석하거나, 전체 내용을 궁금해하지 않습니다. 모르는 단어 때문에 단어 1~2개만 기억나는 경우엔 음원을 한 번 더 듣고 단어를 3~4개까지 채우세요.

3. **세 번째 듣기** : 단어로 구문 완성하기

   적어둔 단어를 보면서 음원을 모두 들은 후, 단어 3~4개를 기억해서 빨간색으로 적고 구문을 완성하세요. 이때는 새로운 뼈대 단어가 추가로 들릴 수 있습니다. 이렇게 완성된 구문을 보면서 전체 내용을 유추하고 구문을 이미지로 기억하는 시도를 해 보세요.

🔊 공감하여 듣기 활동 예시

internet, lots of information

many people, access

however, some, fake

fictional, story

🔊 추가 선택 활동

- 강세가 떨어지는 모음에 ′ 표시 하세요.
- 원음을 들으며 강세를 확인한 후, 원음과 똑같이 말하며 이미지를 떠올리세요.

  Since the ínternet hás lóts of informátion, mány peó:ple háve áccess to ít.

  Howéver, sóme of thém are fáke. Álso, a féw úsers creá:te fíctional stóries

  inténtionally.

- 공감하여 들은 단어와 구문의 이미지를 그리면서 5번 이상 꼭꼭 씹어먹으세요.

Since the internet has lots of information, many people have access to it. However, some of them are fake. Also, a few users create fictional stories intentionally.

해석 ▶ 인터넷은 많은 정보를 가지고 있어 많은 사람들이 이용할 수 있습니다. 하지만 그중 일부는 가짜 정보입니다. 또한 일부 사용자들은 고의로 허구적인 이야기를 만듭니다.

COFFEE SHOP

*클래스유 인강 15강 참고

초급 음원 '파일명 2-10'을 공감하여 듣고 내가 듣고 활용할 수 있는 단어/구문을 확인하세요.

1. 첫 번째 듣기 : 뼈대 단어 세우기

음원을 모두 들은 후, 강세가 들어가는 메시지 단어 3~4개를 기억해서 검은색으로 적으세요. 이때 음원을 들으며 한국어로 해석하거나, 전체 내용을 궁금해하지 않습니다. 또한, 우리 기억력의 평균은 4단위입니다. 너무 많은 단어를 듣게 되면 아무것도 기억나지 않습니다. 너무 많은 단어가 들린 경우, 나에게 더 익숙한 명사 3~4개만 기억하고 다른 단어는 버려도 좋습니다. 모르는 단어 때문에 단어 1~2개만 기억나는 경우엔 음원을 한 번 더 듣고 단어를 3~4개까지 채우세요.

2. 두 번째 듣기 : 뼈대 단어 살 붙이기

뼈대 단어를 보면서 음원을 모두 들은 후, 단어 3~4를 기억해서 뼈대 단어 앞뒤에 파란색으로 적으세요. 이때도 음원을 들으며 한국어로 해석하거나, 전체 내용을 궁금해하지 않습니다. 모르는 단어 때문에 단어 1~2개만 기억나는 경우엔 음원을 한 번 더 듣고 단어를 3~4개까지 채우세요.

3. 세 번째 듣기 : 단어로 구문 완성하기

적어둔 단어를 보면서 음원을 모두 들은 후, 단어 3~4개를 기억해서 빨간색으로 적고 구문을 완성하세요. 이때는 새로운 뼈대 단어가 추가로 들릴 수 있습니다. 이렇게 완성된 구문을 보면서 전체 내용을 유추하고 구문을 이미지로 기억하는 시도를 해 보세요.

🔊 공감하여 듣기 활동 예시

morning, a cup of coffee

creativity,

background noise, important, high concentration

pretty much money

🔊 추가 선택 활동

- 강세가 떨어지는 모음에 ′ 표시 하세요.
- 원음을 들으며 강세를 확인한 후, 원음과 똑같이 말하며 이미지를 떠올리세요.
  My mórning stárts with pícking úp a cúp of co'ffee in a cóffee shóp. Álso, it is véry goó:d for my crea:tívity. The báckground nóise thére is impórtant for hígh concentrátion. Bút it tákes prétty múch móney.
- 공감하여 들은 단어와 구문의 이미지를 그리면서 5번 이상 꼭꼭 씹어먹으세요.

My morning starts with picking up a cup of coffee in a coffee shop. Also, it is very good for my creativity. The background noise there is important for high concentration. But it takes pretty much money.

해석 ▶ 제 아침은 커피숍에서 컵 하나의 커피를 들고 시작합니다. 이것은 저의 창의성에 매우 좋습니다. 커피숍의 배경 소음은 높은 집중력에 중요합니다. 하지만 이것은 상당한 돈이 듭니다.

미션 ▶ 커피숍에 있는 사람 또는 사물을 생활 속에서 마주하게 되면, 영어 제1 공식을 대입하여 명사구를 구체화 하세요. 이때 글로 쓰지 말고, 명사구를 구체화하는 과정을 먼저 말해보세요. 가능한 실제 생활 속에서 대상을 찾고, 어려울 때만 인터넷에서 사진을 검색하세요.

영어식
생각교정

3
주차

영어식
기본 4동사

3 주차

영어식 문장 이해하기

🔊 증상

Q 저는 영어식 기본 4동사가 필요할까요?

A 다음의 증상을 가진 당신이라면 영어식 기본 4동사가 필요합니다.

> **증상①** 나는 원어민의 영어보다 길고 장황하게 말한다.
> **증상②** 나는 때로는 원어민의 쉽고 간결한 말도 잘 이해하지 못할 때가 있다.
> **증상③** 나는 한국어 영작 없이는 영어로 말하기가 어렵다.

🔊 원인

Q 저는 왜 이런 증상을 가지고 있는 걸까요?

A 왜 원어민보다 말이 더 길고 장황하게 나오는 걸까요? 대부분의 문장에서 '나'라는 사람을 중심으로 설명하기 때문입니다. '무엇이 어떠하다'를 말할 때 '내가 무엇을 해서 그것이 어떠하다'와 같이 '사람'을 중심으로 설명하는 겁니다. 반면에 영어는 사물과 사물만으로도 관계를 설명할 수 있기 때문에, '무엇이 무엇을 어떻게 한다'라고 설명합니다.

예를 들면, 우리는 '내가 그 파티에서 많은 즐거운 일을 했기 때문에 그 파티는 환상적이었어, Since I enjoyed a lot of fun things in the party, the party was fantastic.'라고 말합니다. 반면, 영어는 'Lots of fun things made the party fantastic. 많은 재미있는 것들이 그 파티를 환상적으로 만들었어.'와 같이 표현합니다. 결국 이런 한국어와 영어의 근본적인 차이 때문에 우리는 사람 중심으로만 말하고 때로는 말이 장황해지는 겁니다.

◀» 교정 방법

Q 어떻게 교정해야 저의 이런 증상들이 좋아질까요?

A 우선 원어민이 사용하는 영어식 접근을 이해해야 합니다. 하지만 영어는 한국어와 근본적으로 다르게 접근하기 때문에 이를 이해하기 위해 특별한 장치가 필요합니다. 그것은 영어식 사고를 잘 담고 있는 영어식 기본 4동사 Make, Have, Give and Take입니다.
Give and Take? 사실 이 두 동사는 영어식 사고의 전반에 깔려있는 굉장히 실리적인 사고입니다. 주는 만큼 받을 수 있다는 이 사고는 다음의 두 가지 동사를 전제로 합니다. 누군가에게 무언가를 주기 위해서는 그것을 가지고 있는 사람이 있어야 하므로, Have가 필요합니다. 그리고 그것이 가능하려면 무언가를 만들어야 하기 때문에 Make가 필요합니다. 따라서 Make, Have, Give, and Take 이 4동사는 영어식 사고를 이해하는 기본이 되고, 우리가 그들의 접근 방식을 이해할 수 있게 됩니다.

* 관련 이야기는 <생각이 바뀌다 습관이 바뀌다> 챕터 4의 '영어의 주요 4동사'에서 확인할 수 있습니다.

◀» 교정 가이드   * 클래스유 인강 16강 참고

영어권 원어민의 영어식 접근을 이해하기 위해서 교정영어는 영어식 기본 4동사 Make, Have, Give and Take(MHGT)를 제시합니다. 생활 속 다양한 대상과 상황 또는 대화의 주제를 찾아, MHGT를 활용하여 영어식 접근에 익숙해지도록 다음의 가이드를 적용해 보세요.

1. 눈에 보이는 대상이나, 생활 속의 다양한 상황이나 대화 주제를 찾으세요.
2. 그 상황이나 주제 관련 'what'을 '명사'로 찾으세요.
   이때 명사 대신 동명사를 쓰면 안 됩니다.
3. 위에 찾은 명사가 단수/복수 또는 소유격인지 확인하세요.

4. 영어 제1 공식을 이용해서 위의 대상을 형용사 + 명사 + 전치사의 명사구로 구체화하세요. 이때 전치사 대신 to 부정사를 쓰거나, 형용사 대신 분사를 쓰면 안 됩니다.

5. 영어식 기본 4동사를 활용하여 위 명사구를 글로 작성하지 않고 문장으로 말해 보세요. 이때 명사구 안의 단어는 문맥에 따라 그 순서와 품사 또는 추가 단어를 유연하게 활용할 수 있습니다.

각각의 영어식 기본 4동사 MHGT를 활용할 때 다음의 내용을 유의하세요.

* MHGT 4동사는 모두 3형식으로만 활용합니다.

1) Make 동사 활용 : 무엇이 무엇을 만드는지에 대해 깊이 생각해야 합니다.

이때, 'make + 사람 + 동사 원형/형용사/명사' 등의 5형식(사역) 문장 구조를 사용해서는 안 됩니다. make 뒤에 사람을 사용하면 의미상으로는 '사람이 무엇을 하는지'라는 구조로 전환되어, 사람 중심으로 상황을 설명하게 되기 때문입니다. 따라서 목적어가 사물이나 물질적인 것임을 명확히 하고, 무엇이 무엇을 만들었는지 생각해야 합니다.

2) Have 동사 활용 : 어떤 물건, 무엇을 가지고 있는지에 대해 깊이 생각해야 합니다.

이때 사람뿐 아니라 사물도 무언가를 소유할 수 있음을 기억해야 합니다.

3) Give 동사 활용 : 누가 무엇을 누구에게 주었는지에 대해 깊이 생각해야 합니다.

4) Take 동사 활용 : 누가 무엇을 누구에게서 가져왔는지, 취하는지 깊이 생각해야 합니다.

특히 take 동사는 한국어에서 '시간이 걸린다'라는 좁은 의미의 개념으로만 활용되기 때문에 활용이 어려울 수 있습니다. 이럴 때는 물리적으로 무엇이 무엇을 가져왔는지, 또는 무엇이 이동했는지를 곰곰이 살피면 좋습니다.

📕 The wind took the leaves off the tree. 나무가 바람에 흔들려서 잎사귀가 떨어졌어요.

하지만 사람을 중심으로 상황을 설명하는 우리가 이런 영어식 접근을 이해하기란 어렵습니다. 따라서 홈트 3주 차에서는 다양한 주제와 관련된 대상을 명사로 찾고, 이 명사를 명사구로 구체화한 후 MHGT를 활용하여 그들의 접근 방식을 이해하는 활동에 집중할 예정입니다. 다음에 이어지는 예시 문제와 추가 연습 문제를 활용해서 영어식 문장과 그 접근법을 이해할 수 있는 힘을 길러 보세요.

* 연습 문제 활동 전 3주 차 홈트와 함께 진행하는 미션 가이드를 142페이지에서 먼저 확인해도 좋습니다.

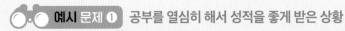 **예시 문제 ❶** 공부를 열심히 해서 성적을 좋게 받은 상황

영어식 기본 4동사(MHGT)를 활용하여 상황 속 메시지를 영어식 문장으로 말하세요.

1. 상황 속 대상 'what'을 '명사'로 찾고 단수/복수 또는 소유격인지 확인하세요.

이때 명사 대신 동명사를 쓰면 안 됩니다.

2. 제1 공식(형+명+전)을 적용하여 위의 대상을 명사구로 구체화하세요.

이때 전치사 대신 to 부정사를 쓰거나, 형용사 대신 분사를 쓰면 안 됩니다.

3. 영어식 기본 4동사를 활용하여 위 명사구를 글로 작성하지 않고 문장으로 말해

보세요.

이때 명사구 안의 단어는 문맥에 따라 그 순서와 품사 또는 추가 단어를 유연하게

활용할 수 있습니다.

영어식 기본 4동사(MHGT) 활용 시, 아래 내용에 유의하세요.

* MHGT 4동사는 모두 3형식으로만 활용합니다.

1) Make 동사 활용 : 무엇이 무엇을 만드는지 곰곰이 생각하기.

이때 make + 사람 + 동사 원형/형용사/명사 등 5형식(사역) 문장구조를 사용해

서는 안 됩니다.

2) Have 동사 활용 : 무엇이 무엇을 가지는지 곰곰이 생각하기.

3) Give 동사 활용 : 무엇이 무엇에게 무엇을 주는지 곰곰이 생각하기.

4) Take 동사 활용 : 무엇이 무엇을 취하는지 곰곰이 생각하기.

take 동사는 한국어에서 '시간이 들다'라는 좁은 의미의 개념으로만 활용되어

그 활용이 어렵기 때문에, 무엇이 무엇을 가져왔는지, 무엇이 이동했는지 살펴

보면 좋습니다.

🔊 MHGT 활동 예시

1. study → my study

2. my hard study with a great score

3. MHGT

   M. My hard study made great marks in the test.

   G. My hard study gave me a great score in the test.

〈생각이 바뀌다 습관이 바뀌다〉에서 발췌

잠깐! 한국식 사고와 비교하기

‘내’가 공부를 열심히 해서, ‘내’가 성적을 좋게 받았어.

‘I’ studied hard so, ‘I’ get a good score.

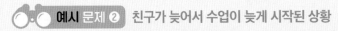

영어식 기본 4동사(MHGT)를 활용하여 상황 속 메시지를 영어식 문장으로 말하세요.

1. 상황 속 대상 'what'을 '명사'로 찾고 단수/복수 또는 소유격인지 확인하세요.

    이때 명사 대신 동명사를 쓰면 안 됩니다.

2. 제1 공식(형+명+전)을 적용하여 위의 대상을 명사구로 구체화하세요.

    이때 전치사 대신 to 부정사를 쓰거나, 형용사 대신 분사를 쓰면 안 됩니다.

3. 영어식 기본 4동사를 활용하여 위 명사구를 글로 작성하지 않고 문장으로 말해

    보세요.

    이때 명사구 안의 단어는 문맥에 따라 그 순서와 품사 또는 추가 단어를 유연하게

    활용할 수 있습니다.

영어식 기본 4동사(MHGT) 활용 시, 아래 내용에 유의하세요.

* MHGT 4동사는 모두 3형식으로만 활용합니다.

1) Make 동사 활용 : 무엇이 무엇을 만드는지 곰곰이 생각하기.

   이때 make + 사람 + 동사 원형/형용사/명사 등 5형식(사역) 문장구조를 사용해

   서는 안 됩니다.

2) Have 동사 활용 : 무엇이 무엇을 가지는지 곰곰이 생각하기.

3) Give 동사 활용 : 무엇이 무엇에게 무엇을 주는지 곰곰이 생각하기.

4) Take 동사 활용 : 무엇이 무엇을 취하는지 곰곰이 생각하기.

   take 동사는 한국어에서 '시간이 들다'라는 좁은 의미의 개념으로만 활용되어

   그 활용이 어렵기 때문에, 무엇이 무엇을 가져왔는지, 무엇이 이동했는지 살펴

   보면 좋습니다.

🔊 MHGT 활동 예시

1. late → your late

2. your 15-minute late with 15-minute late start(or delay)

3. MHGT

M. Your 15-minute late made a 15-minute late start in my study.

G. Your 15-minute late gave me a 15-minute delay

〈생각이 바뀌다 습관이 바뀌다〉에서 발췌

잠깐! **한국식 사고와 비교하기**

'네'가 15분이나 늦어서, '내'가 15분이나 늦게 공부를 시작했어.

Since 'you' were late 15 minutes, I started studying 15 minutes late.

HOUSE
* 클래스유 인강 17강 참고

영어식 기본 4동사(MHGT)를 활용하여 주제와 관련된 메시지를 영어식 문장으로 말하세요.

1. 주제와 관련된 대상 'what'을 '명사'로 찾고 단수/복수 또는 소유격인지 확인하세요.
   이때 명사 대신 동명사를 쓰면 안 됩니다.
2. 제1 공식(형+명+전)을 적용하여 위의 대상을 명사구로 구체화하세요.
   이때 전치사 대신 to 부정사를 쓰거나, 형용사 대신 분사를 쓰면 안 됩니다.
3. 영어식 기본 4동사를 활용하여 위 명사구를 글로 작성하지 않고 문장으로 말해 보세요.
   이때 명사구 안의 단어는 문맥에 따라 그 순서와 품사 또는 추가 단어를 유연하게 활용할
   수 있습니다.

   영어식 기본 4동사(MHGT) 활용 시, 아래 내용에 유의하세요.

   * MHGT 4동사는 모두 3형식으로만 활용합니다.

   1) Make 동사 활용 : 무엇이 무엇을 만드는지 곰곰이 생각하기.
      이때 make + 사람 + 동사 원형/형용사/명사 등 5형식(사역) 문장구조를 사용해서는 안
      됩니다.
   2) Have 동사 활용 : 무엇이 무엇을 가지는지 곰곰이 생각하기.
   3) Give 동사 활용 : 무엇이 무엇에게 무엇을 주는지 곰곰이 생각하기.
   4) Take 동사 활용 : 무엇이 무엇을 취하는지 곰곰이 생각하기.
      take 동사는 한국어에서 '시간이 들다'라는 좁은 의미의 개념으로만 활용되어 그 활용
      이 어렵기 때문에, 무엇이 무엇을 가져왔는지, 무엇이 이동했는지 살펴보면 좋습니다.

🔊 MHGT 활동 예시

1. family → my families
2. my lovely families in a big house

3. MHGT

M. My lovely families in a big house make(=create) a happy life for me.

H. A big house has(=brings) my lovely families together.

G. A big house gives(=allows) my lovely families a good time together.

T. A big house for all my lovely families takes(=costs) me a lot of money.

해석 ▶ 큰 집에 있는 사랑스러운 가족들이 나의 행복한 삶을 만들어줍니다.

큰 집은 사랑스러운 가족들을 함께 모아줍니다.

큰 집은 사랑스러운 가족들에게 함께할 수 있는 좋은 시간을 줍니다.

사랑스러운 가족들 모두를 위한 큰 집은 나에게 많은 돈이 듭니다.

🔊 **추가 선택 활동**

같은 주제의 다양한 영어식 4동사 활용 문장을 듣고(파일명 3-1) 영어 사고방식에 익숙해져 보세요. QR코드를 스캔하여 해당 동영상으로 확인할 수도 있어요.

My house makes room to bring all my family together.

My house has modern conveniences.

My house gives different functions to individual members.

The houses of the future will take advantage of either solar or wind power.

해석 ▶ 저의 집은 모든 가족이 함께 모일 수 있는 공간을 만들어 줍니다.

저의 집에는 현대적인 편의시설이 갖춰져 있습니다.

저의 집은 각 개인 구성원에게 다양한 기능을 제공합니다.

미래의 집은 태양 또는 풍력 에너지를 활용할 것입니다.

PARK

*클래스유 인강 17강 참고

영어식 기본 4동사(MHGT)를 활용하여 주제와 관련된 메시지를 영어식 문장으로 말하세요.

1. 주제와 관련된 대상 'what'을 '명사'로 찾고 단수/복수 또는 소유격인지 확인하세요.

이때 명사 대신 동명사를 쓰면 안 됩니다.

2. 제1 공식(형+명+전)을 적용하여 위의 대상을 명사구로 구체화하세요.

이때 전치사 대신 to 부정사를 쓰거나, 형용사 대신 분사를 쓰면 안 됩니다.

3. 영어식 기본 4동사를 활용하여 위 명사구를 글로 작성하지 않고 문장으로 말해 보세요.

이때 명사구 안의 단어는 문맥에 따라 그 순서와 품사 또는 추가 단어를 유연하게 활용할

수 있습니다.

영어식 기본 4동사(MHGT) 활용 시, 아래 내용에 유의하세요.

* MHGT 4동사는 모두 3형식으로만 활용합니다.

1) Make 동사 활용 : 무엇이 무엇을 만드는지 곰곰이 생각하기.

이때 make + 사람 + 동사 원형/형용사/명사 등 5형식(사역) 문장구조를 사용해서는 안

됩니다.

2) Have 동사 활용 : 무엇이 무엇을 가지는지 곰곰이 생각하기.

3) Give 동사 활용 : 무엇이 무엇에게 무엇을 주는지 곰곰이 생각하기.

4) Take 동사 활용 : 무엇이 무엇을 취하는지 곰곰이 생각하기.

take 동사는 한국어에서 '시간이 들다'라는 좁은 의미의 개념으로만 활용되어 그 활용

이 어렵기 때문에, 무엇이 무엇을 가져왔는지, 무엇이 이동했는지 살펴보면 좋습니다.

🔊 MHGT 활동 예시

---

1. animal → animals

2. ~~scary animals in cages~~ (구체화 후에 다른 구체화가 생각나서 대상을 변경한 경우)

elegant animals in the lake → elegant birds of flamingo in and around the lake

3. MHGT

    M. Elegant animals in the lake make(=contribute to) the beauty of the park.

    H. A park has elegant animals in the lake.

    G. Elegant flamingos in and around the lake give me(=create) beautiful memories in the park.

    T. Elegant flamingos in a park in my town take(=cost) me no money.

해석 ▶ 호수의 고운 동물들이 공원의 아름다움을 만들어 줍니다.

공원은 호수에 고운 동물들을 가집니다.

호수 주변의 고운 플라밍고들이 나에게 공원에서의 아름다운 추억을 줍니다.

내 동네 공원에서 볼 수 있는 고운 플라밍고들은 나의 돈이 들지 않습니다.

🔊 추가 선택 활동

같은 주제의 다양한 영어식 4동사 활용 문장을 듣고(파일명 3-2) 영어 사고방식에 익숙해져 보세요. QR코드를 스캔하여 해당 동영상으로 확인할 수도 있어요.

Taking a deep look into nature can make(=boost) creativity.

The trees in the park make fresh air in the morning.

The slow rhythm of my feet gives me a powerful mind.

Walking along the path takes little mental energy.

해석 ▶ 자연을 깊이 들여다보는 것은 창의력을 향상시킬 수 있습니다.

공원의 나무들이 아침에 신선한 공기를 만들어 줍니다.

내 발걸음의 느린 리듬이 나에게 강력한 정신력을 줍니다.

길을 따라 걷는 것은 적은 정신적 에너지를 필요로 합니다.

미션 ▶ 공원에 있는 사람 또는 사물을 마주하게 되면 구체화한 후, 영어식 기본 4동사를 활용하여 글로 쓰지 말고 문장으로 말하세요. 가능한 실제 생활 속에서 대상을 찾고, 어려울 때만 인터넷에서 사진을 검색하세요.

MUSIC

* 클래스유 인강 18강 참고

영어식 기본 4동사(MHGT)를 활용하여 주제와 관련된 메시지를 영어식 문장으로 말하세요.

1. 주제와 관련된 대상 'what'을 '명사'로 찾고 단수/복수 또는 소유격인지 확인하세요.
   이때 명사 대신 동명사를 쓰면 안 됩니다.

2. 제1 공식(형+명+전)을 적용하여 위의 대상을 명사구로 구체화하세요.
   이때 전치사 대신 to 부정사를 쓰거나, 형용사 대신 분사를 쓰면 안 됩니다.

3. 영어식 기본 4동사를 활용하여 위 명사구를 글로 작성하지 않고 문장으로 말해 보세요.
   이때 명사구 안의 단어는 문맥에 따라 그 순서와 품사 또는 추가 단어를 유연하게 활용할
   수 있습니다.

   영어식 기본 4동사(MHGT) 활용 시, 아래 내용에 유의하세요.

   * MHGT 4동사는 모두 3형식으로만 활용합니다.

   1) Make 동사 활용 : 무엇이 무엇을 만드는지 곰곰이 생각하기.
      이때 make + 사람 + 동사 원형/형용사/명사 등 5형식(사역) 문장구조를 사용해서는 안
      됩니다.
   2) Have 동사 활용 : 무엇이 무엇을 가지는지 곰곰이 생각하기.
   3) Give 동사 활용 : 무엇이 무엇에게 무엇을 주는지 곰곰이 생각하기.
   4) Take 동사 활용 : 무엇이 무엇을 취하는지 곰곰이 생각하기.
      take 동사는 한국어에서 '시간이 들다'라는 좁은 의미의 개념으로만 활용되어 그 활용
      이 어렵기 때문에, 무엇이 무엇을 가져왔는지, 무엇이 이동했는지 살펴보면 좋습니다.

◀)) MHGT 활동 예시

1. headset → a headset

2. ~~a white headset with lots of functions~~ (단순 묘사가 아니라 메시지가 담긴 구체화로 수정함)

   an expensive headset with lots of functions

3. MHGT

M. An expensive headset with many functions makes(=produces) a much clearer sound of music.

H. An expensive headset generally has many functions.

G. An expensive headset with many functions gives me a much clearer sound of music.

T. A headset with many functions takes(=costs) me a lot of money.

해석 ▶ 기능이 많은 고가의 헤드셋은 훨씬 더 선명한 음악의 소리를 만듭니다.
고가의 헤드셋은 일반적으로 많은 기능을 가집니다.
기능이 많은 고가의 헤드셋은 나에게 훨씬 더 선명한 음악의 소리를 제공합니다.
기능이 많은 헤드셋은 나에게 많은 돈이 듭니다.

🔊 추가 선택 활동

같은 주제의 다양한 영어식 4동사 활용 문장을 듣고(파일명 3-3) 영어 사고방식에 익숙해져 보세요. QR코드를 스캔하여 해당 동영상으로 확인할 수도 있어요.

Music sometimes makes our heartbeat so faster. (=Music increase our heart rates.)

Music indeed has the power to heal. (=Music can indeed heal.)

Listening to music can give you different feelings. (=It transforms our emotions.)

Music sometimes takes away our stress. (=Music lowers our stress hormone cortisol.)

해석 ▶ 음악은 때때로 우리의 심장 박동을 빨리 만듭니다. (음악은 우리 심박수를 향상시킵니다.)
음악은 진정으로 치유하는 힘을 가집니다. (음악은 실제로 치유할 수 있습니다.)
음악을 듣는 것은 당신에게 다른 느낌을 줄 수 있습니다. (그것은 우리 감정을 변화시킵니다.)
음악은 때때로 우리의 스트레스를 덜어줍니다. (음악은 스트레스 호르몬인 코티솔을 낮춥니다.)

MOVIE

* 클래스유 인강 18강 참고

영어식 기본 4동사(MHGT)를 활용하여 주제와 관련된 메시지를 영어식 문장으로 말하세요.

1. 주제와 관련된 대상 'what'을 '명사'로 찾고 단수/복수 또는 소유격인지 확인하세요.
   이때 명사 대신 동명사를 쓰면 안 됩니다.
2. 제1 공식(형+명+전)을 적용하여 위의 대상을 명사구로 구체화하세요.
   이때 전치사 대신 to 부정사를 쓰거나, 형용사 대신 분사를 쓰면 안 됩니다.
3. 영어식 기본 4동사를 활용하여 위 명사구를 글로 작성하지 않고 문장으로 말해 보세요.
   이때 명사구 안의 단어는 문맥에 따라 그 순서와 품사 또는 추가 단어를 유연하게 활용할
   수 있습니다.

   영어식 기본 4동사(MHGT) 활용 시, 아래 내용에 유의하세요.

   * MHGT 4동사는 모두 3형식으로만 활용합니다.

   1) Make 동사 활용 : 무엇이 무엇을 만드는지 곰곰이 생각하기.
      이때 make + 사람 + 동사 원형/형용사/명사 등 5형식(사역) 문장구조를 사용해서는 안
      됩니다.
   2) Have 동사 활용 : 무엇이 무엇을 가지는지 곰곰이 생각하기.
   3) Give 동사 활용 : 무엇이 무엇에게 무엇을 주는지 곰곰이 생각하기.
   4) Take 동사 활용 : 무엇이 무엇을 취하는지 곰곰이 생각하기.
      take 동사는 한국어에서 '시간이 들다'라는 좁은 의미의 개념으로만 활용되어 그 활용
      이 어렵기 때문에, 무엇이 무엇을 가져왔는지, 무엇이 이동했는지 살펴보면 좋습니다.

🔊 MHGT 활동 예시

1. screen → a screen
2. ~~a wide screen in a cinema~~ (익숙한 명사구를 활용하지 않고 나만의 명사구를 활용함)
   a big screen on the widest wall in my room

3. MHGT

M. A big screen in the middle of my room makes my high concentration on the movie.

H. The widest wall in my room has a big screen on it.

G. A big screen in my room gives me(=provides) vivid scenes during the movie.

T. A big screen in my room takes(=costs) me 500,000 won.

해석 ▶ 방 가운데에 있는 큰 스크린은 내가 영화에 집중할 수 있는 집중력을 만듭니다.

내 방에서 가장 넓은 벽은 큰 스크린을 가집니다.

내 방에 있는 큰 스크린은 영화 중 생생한 장면을 제공합니다.

내 방에 있는 큰 스크린은 나에게 50만 원이 듭니다.

🔊 **추가 선택 활동**

같은 주제의 다양한 영어식 4동사 활용 문장을 듣고(파일명 3-4) 영어 사고방식에 익숙해져 보세요. QR코드를 스캔하여 해당 동영상으로 확인할 수도 있어요.

Films sometimes make(=create) touching moments based on true stories.

Movies have many unrealistic effects.

Not all movies, but some try to give(=convey) a message to society.

Movies sometimes take(=adapt) real stories for the screens.

해석 ▶ 영화는 때때로 실화를 바탕으로 해서 감동적인 순간을 만들어냅니다.

영화에는 많은 비현실적인 효과를 가집니다.

모든 영화는 아니지만, 일부 영화는 사회에 메시지를 전달하려고 합니다.

영화는 때때로 실제 이야기를 스크린을(영화를) 위해 가져옵니다.

미션 ▶ 거리에 있는 사람 또는 사물을 마주하게 되면 구체화한 후, 영어식 기본 4동사를 활용하여 글로 쓰지 말고 문장으로 말하세요. 가능한 실제 생활 속에서 대상을 찾고, 어려울 때만 인터넷에서 사진을 검색하세요.

BEACH
* 클래스유 인강 19강 참고

영어식 기본 4동사(MHGT)를 활용하여 주제와 관련된 메시지를 영어식 문장으로 말하세요.

1. 주제와 관련된 대상 'what'을 '명사'로 찾고 단수/복수 또는 소유격인지 확인하세요.
   이때 명사 대신 동명사를 쓰면 안 됩니다.
2. 제1 공식(형+명+전)을 적용하여 위의 대상을 명사구로 구체화하세요.
   이때 전치사 대신 to 부정사를 쓰거나, 형용사 대신 분사를 쓰면 안 됩니다.
3. 영어식 기본 4동사를 활용하여 위 명사구를 글로 작성하지 않고 문장으로 말해 보세요.
   이때 명사구 안의 단어는 문맥에 따라 그 순서와 품사 또는 추가 단어를 유연하게 활용할 수 있습니다.

   영어식 기본 4동사(MHGT) 활용 시, 아래 내용에 유의하세요.

   * MHGT 4동사는 모두 3형식으로만 활용합니다.

   1) Make 동사 활용 : 무엇이 무엇을 만드는지 곰곰이 생각하기.
      이때 make + 사람 + 동사 원형/형용사/명사 등 5형식(사역) 문장구조를 사용해서는 안 됩니다.
   2) Have 동사 활용 : 무엇이 무엇을 가지는지 곰곰이 생각하기.
   3) Give 동사 활용 : 무엇이 무엇에게 무엇을 주는지 곰곰이 생각하기.
   4) Take 동사 활용 : 무엇이 무엇을 취하는지 곰곰이 생각하기.
      take 동사는 한국어에서 '시간이 들다'라는 좁은 의미의 개념으로만 활용되어 그 활용이 어렵기 때문에, 무엇이 무엇을 가져왔는지, 무엇이 이동했는지 살펴보면 좋습니다.

🔊 MHGT 활동 예시

1. sand
2. shinny sand along the seashore

3. MHGT

M. Now, the sand along the seashore makes(=creates) beautiful beaches under the sun.

H. A beautiful beach has shiny sand along the seashore.

G. Shiny sand along the seashore gives(=releases) the beach a beautiful look.

T. The sandy beach in Korea takes me only three hours to get there.

해석 ▶ 지금 해변의 모래는 햇빛 아래 아름다운 해변을 만들어 냅니다.

아름다운 해변은 해안가를 따라 반짝이는 모래를 가집니다.

해안가를 따라 반짝이는 모래는 해변에 아름다운 모습을 줍니다.

한국에 있는 모래 해변은 거기에 도착하는 데 단 3시간밖에 안 걸립니다.

🔊 추가 선택 활동

같은 주제의 다양한 영어식 4동사 활용 문장을 듣고(파일명 3-5) 영어 사고방식에 익숙해져 보세요. QR코드를 스캔하여 해당 동영상으로 이동하세요.

Hustle and bustle of the beach make(=create) a dynamic atmosphere by the sea.

Summer beaches have fiery suns and hot temperatures.

The sunset on the horizon gives(=provides) a beautiful scenery of the sea.

Restful moments at the beach take(=bring) me back past memories at the beach.

해석 ▶ 해변의 분주함과 소란은 바다 옆의 다이나믹한 분위기를 만들어냅니다.

여름 해변은 타오르는 태양과 더운 기온을 가집니다.

지평선 위의 일몰은 바다의 아름다운 경치를 제공합니다.

해변에서의 편안한 순간들은 나를 해변에서의 과거의 기억으로 데려갑니다.

YOGA
* 클래스유 인강 19강 참고

영어식 기본 4동사(MHGT)를 활용하여 주제와 관련된 메시지를 영어식 문장으로 말하세요.

1. 주제와 관련된 대상 'what'을 '명사'로 찾고 단수/복수 또는 소유격인지 확인하세요.

   이때 명사 대신 동명사를 쓰면 안 됩니다.

2. 제1 공식(형+명+전)을 적용하여 위의 대상을 명사구로 구체화하세요.

   이때 전치사 대신 to 부정사를 쓰거나, 형용사 대신 분사를 쓰면 안 됩니다.

3. 영어식 기본 4동사를 활용하여 위 명사구를 글로 작성하지 않고 문장으로 말해 보세요.

   이때 명사구 안의 단어는 문맥에 따라 그 순서와 품사 또는 추가 단어를 유연하게 활용할 수 있습니다.

   영어식 기본 4동사(MHGT) 활용 시, 아래 내용에 유의하세요.

   * MHGT 4동사는 모두 3형식으로만 활용합니다.

   1) Make 동사 활용 : 무엇이 무엇을 만드는지 곰곰이 생각하기.

      이때 make + 사람 + 동사 원형/형용사/명사 등 5형식(사역) 문장구조를 사용해서는 안 됩니다.

   2) Have 동사 활용 : 무엇이 무엇을 가지는지 곰곰이 생각하기.

   3) Give 동사 활용 : 무엇이 무엇에게 무엇을 주는지 곰곰이 생각하기.

   4) Take 동사 활용 : 무엇이 무엇을 취하는지 곰곰이 생각하기.

      take 동사는 한국어에서 '시간이 들다'라는 좁은 의미의 개념으로만 활용되어 그 활용이 어렵기 때문에, 무엇이 무엇을 가져왔는지, 무엇이 이동했는지 살펴보면 좋습니다.

🔊 MHGT 활동 예시

1. room → a room

2. a yoga class room of a gym → a private yoga class room of a gym

3. MHGT

M. The private yoga class at my gym makes(=promotes) high concentration.

H. A gym near my house has(=offers) a private yoga class.

G. A yoga class in my gym gives me(=provides) private coaching and high-quality

teaching.

T. A private yoga class at the gym near my house takes place every day.

해석 ▶ 체육관에서의 개인 요가 수업은 높은 집중력을 촉진합니다.

내 집 근처 체육관에서는 개인 요가 수업을 제공합니다.

체육관의 요가 수업은 개인 코칭과 고품질의 교육을 제공합니다.

내 집 근처 체육관에서의 개인 요가 수업은 매일 열립니다.

🔊 추가 선택 활동

같은 주제의 다양한 영어식 4동사 활용 문장을 듣고(파일명 3-6) 영어 사고방식에
익숙해져 보세요. QR코드를 스캔하여 해당 동영상으로 확인할 수도 있어요.

Yoga and breathing practice make(=create) a connection between body and mind.

The rhythm of my breath has the power to enhance memory recall.

Breathing practice in yoga gives us a natural ability to heal.

The breathing technique takes care of(=helps to address) past trauma.

해석 ▶ 요가와 호흡 연습은 신체와 정신 사이의 연결을 만들어 냅니다.

내 호흡의 리듬은 기억 회상을 향상시키는 힘이 있습니다.

요가에서의 호흡 연습은 우리에게 자연적인 치유 능력을 제공합니다.

호흡 기술은 과거의 트라우마를 해결하는 데 도움이 됩니다.

미션 ▶ 휴가지 있는 사람 또는 사물을 마주하게 되면 구체화한 후, 영어식 기본 4동사를 활용하여 글로 쓰지
말고 문장으로 말하세요. 가능한 실제 생활 속에서 대상을 찾고, 어려울 때만 인터넷에서 사진을 검색
하세요.

TRANSPORT

*클래스유 인강 20강 참고

영어식 기본 4동사(MHGT)를 활용하여 주제와 관련된 메시지를 영어식 문장으로 말하세요.

1. 주제와 관련된 대상 'what'을 '명사'로 찾고 단수/복수 또는 소유격인지 확인하세요.
    이때 명사 대신 동명사를 쓰면 안 됩니다.
2. 제1 공식(형+명+전)을 적용하여 위의 대상을 명사구로 구체화하세요.
    이때 전치사 대신 to 부정사를 쓰거나, 형용사 대신 분사를 쓰면 안 됩니다.
3. 영어식 기본 4동사를 활용하여 위 명사구를 글로 작성하지 않고 문장으로 말해 보세요.
    이때 명사구 안의 단어는 문맥에 따라 그 순서와 품사 또는 추가 단어를 유연하게 활용할
    수 있습니다.

    영어식 기본 4동사(MHGT) 활용 시, 아래 내용에 유의하세요.

    * MHGT 4동사는 모두 3형식으로만 활용합니다.

    1) Make 동사 활용 : 무엇이 무엇을 만드는지 곰곰이 생각하기.
       이때 make + 사람 + 동사 원형/형용사/명사 등 5형식(사역) 문장구조를 사용해서는 안
       됩니다.
    2) Have 동사 활용 : 무엇이 무엇을 가지는지 곰곰이 생각하기.
    3) Give 동사 활용 : 무엇이 무엇에게 무엇을 주는지 곰곰이 생각하기.
    4) Take 동사 활용 : 무엇이 무엇을 취하는지 곰곰이 생각하기.
       take 동사는 한국어에서 '시간이 들다'라는 좁은 의미의 개념으로만 활용되어 그 활용
       이 어렵기 때문에, 무엇이 무엇을 가져왔는지, 무엇이 이동했는지 살펴보면 좋습니다.

🔊 MHGT 활동 예시

1. underground → an underground
2. a busy underground ~~under the ground~~ → a busy underground with many long
    lines

3. MHGT

M. A busy underground with long lines makes(=creates) long waiting times.

H. A busy underground during rush hour has many long lines.

G. A busy underground with many long lines gives(=results in) a long waiting time.

T. In the morning, a busy underground with many long lines takes me a few seconds to get on.

해석 ▶ 긴 줄로 붐비는 지하철은 오랜 대기 시간을 만듭니다.
출근 시간 동안 붐비는 지하철에는 많은 긴 줄을 가집니다.
많은 긴 줄이 있는 붐비는 지하철은 긴 대기 시간을 가져옵니다.
아침에 많은 긴 줄이 있는 붐비는 지하철을 타려면 몇 초 걸립니다.

◀◼ 추가 선택 활동

같은 주제의 다양한 영어식 4동사 활용 문장을 듣고(파일명 3-7) 영어 사고방식에 익숙해져 보세요. QR코드를 스캔하여 해당 동영상으로 확인할 수도 있어요.

Transportation makes(=contribute to) air pollution, particularly in cities.

Eco-friendly mobility has(plays) a big role in the growth of the city.

Public transportation gives(=provides) people the freedom to move from one place to another.

Full automation in driving takes more time because of safety and privacy concerns.

해석 ▶ 대중교통은 특히 도시에서 대기 오염을 만듭니다.
친환경 이동 수단은 도시 성장에서 큰 역할을 합니다.
대중교통은 사람들에게 한 곳에서 다른 곳으로 이동하는 자유를 제공합니다.
완전 자동화 운전은 안전과 개인 정보 문제로 인해 더 긴 시간이 걸립니다.

OVERSEA TRIP

* 클래스유 인강 20강 참고

영어식 기본 4동사(MHGT)를 활용하여 주제와 관련된 메시지를 영어식 문장으로 말하세요.

1. 주제와 관련된 대상 'what'을 '명사'로 찾고 단수/복수 또는 소유격인지 확인하세요.

    이때 명사 대신 동명사를 쓰면 안 됩니다.

2. 제1 공식(형+명+전)을 적용하여 위의 대상을 명사구로 구체화하세요.

    이때 전치사 대신 to 부정사를 쓰거나, 형용사 대신 분사를 쓰면 안 됩니다.

3. 영어식 기본 4동사를 활용하여 위 명사구를 글로 작성하지 않고 문장으로 말해 보세요.

    이때 명사구 안의 단어는 문맥에 따라 그 순서와 품사 또는 추가 단어를 유연하게 활용할 수 있습니다.

영어식 기본 4동사(MHGT) 활용 시, 아래 내용에 유의하세요.

* MHGT 4동사는 모두 3형식으로만 활용합니다.

1) Make 동사 활용 : 무엇이 무엇을 만드는지 곰곰이 생각하기.

   이때 make + 사람 + 동사 원형/형용사/명사 등 5형식(사역) 문장구조를 사용해서는 안 됩니다.

2) Have 동사 활용 : 무엇이 무엇을 가지는지 곰곰이 생각하기.

3) Give 동사 활용 : 무엇이 무엇에게 무엇을 주는지 곰곰이 생각하기.

4) Take 동사 활용 : 무엇이 무엇을 취하는지 곰곰이 생각하기.

   take 동사는 한국어에서 '시간이 들다'라는 좁은 의미의 개념으로만 활용되어 그 활용이 어렵기 때문에, 무엇이 무엇을 가져왔는지, 무엇이 이동했는지 살펴보면 좋습니다.

🔊 MHGT 활동 예시

1. aeroplane → an aeroplane

2. an international aeroplane with a lot of passengers

    → an international aeroplane with a lot of passengers during summer holiday

3. MHGT

 M. Summer holidays make(=lead to) very busy international aeroplanes filled with passengers.

 H. Many international aeroplanes have a lot of passengers during summer holidays.

 G. Summer holidays give(=bring) a lot of passengers to airline companies.

 T. Long summer holidays takes(=generate) a lot of passengers and lots of revenue to airline companies.

해석 ▶ 여름휴가는 승객들로 가득 차 매우 붐비는 국제 항공편을 만듭니다.

   여름휴가 동안 많은 국제 항공편에는 많은 승객이 있습니다.

   여름휴가는 항공사에게 많은 승객을 가져옵니다.

   긴 여름휴가는 항공사에게 많은 승객과 많은 수익을 가져옵니다.

◀)) 추가 선택 활동

같은 주제의 다양한 영어식 4동사 활용 문장을 듣고(파일명 3-8) 영어 사고방식에 익숙해져 보세요. QR코드를 스캔하여 해당 동영상으로 확인할 수도 있어요.

Travel makes full of excitement before departure.

Traveling all over the world sometimes has(=requires) plans.

Travel may give me(=creates) a financial burden.

Traveling for long days takes(=requires taking) a lot of belongings.

해석 ▶ 여행은 출발 전 가득한 흥분을 만듭니다.

   전 세계를 여행하는 것은 때때로 계획을 가집니다.

   여행은 나에게 금전적 부담을 가져올 수 있습니다.

   긴 시간 동안의 여행은 많은 짐을 가져가는 것을 요구합니다.

미션 ▶ 대중교통에 있는 사람 또는 사물을 마주하게 되면 구체화한 후, 영어식 기본 4동사를 활용하여 글로 쓰지 말고 문장으로 말하세요. 가능한 실제 생활 속에서 대상을 찾고, 어려울 때만 인터넷에서 사진을 검색하세요.

INTERNET

* 클래스유 인강 21강 참고

영어식 기본 4동사(MHGT)를 활용하여 주제와 관련된 메시지를 영어식 문장으로 말하세요.

1. 주제와 관련된 대상 'what'을 '명사'로 찾고 단수/복수 또는 소유격인지 확인하세요.

    이때 명사 대신 동명사를 쓰면 안 됩니다.

2. 제1 공식(형+명+전)을 적용하여 위의 대상을 명사구로 구체화하세요.

    이때 전치사 대신 to 부정사를 쓰거나, 형용사 대신 분사를 쓰면 안 됩니다.

3. 영어식 기본 4동사를 활용하여 위 명사구를 글로 작성하지 않고 문장으로 말해 보세요.

    이때 명사구 안의 단어는 문맥에 따라 그 순서와 품사 또는 추가 단어를 유연하게 활용할 수 있습니다.

    영어식 기본 4동사(MHGT) 활용 시, 아래 내용에 유의하세요.

    * MHGT 4동사는 모두 3형식으로만 활용합니다.

    1) Make 동사 활용 : 무엇이 무엇을 만드는지 곰곰이 생각하기.

        이때 make + 사람 + 동사 원형/형용사/명사 등 5형식(사역) 문장구조를 사용해서는 안 됩니다.

    2) Have 동사 활용 : 무엇이 무엇을 가지는지 곰곰이 생각하기.

    3) Give 동사 활용 : 무엇이 무엇에게 무엇을 주는지 곰곰이 생각하기.

    4) Take 동사 활용 : 무엇이 무엇을 취하는지 곰곰이 생각하기.

        take 동사는 한국어에서 '시간이 들다'라는 좁은 의미의 개념으로만 활용되어 그 활용이 어렵기 때문에, 무엇이 무엇을 가져왔는지, 무엇이 이동했는지 살펴보면 좋습니다.

🔊 **MHGT 활동 예시**

1. speed → the speed

2. the fast speed in a countryside

    → the fast speed of internet service even in a countryside in Korea

3. MHGT

M. Korean technology makes(=enables) fast internet service even in the countryside.

H. The countryside, particularly in Korea, has(=enjoys) very fast internet service thanks to its developed technology.

G. Korean high technology gives people in the countryside very fast internet access.

T. It takes short time to access the internet.

해석 ▶ 한국의 기술은 심지어 한국의 시골일지라도 빠른 인터넷 서비스를 만듭니다.
한국의 시골은 발달한 기술 덕분에 매우 빠른 인터넷 서비스를 갖고 있습니다.
한국의 고급 기술은 시골 사람들에게 매우 빠른 인터넷 접속을 줍니다.
인터넷에 접속하는 데 시간이 적게 걸립니다.

🔊 추가 선택 활동

같은 주제의 다양한 영어식 4동사 활용 문장을 듣고(파일명 3-9) 영어 사고방식에 익숙해져 보세요. QR코드를 스캔하여 해당 동영상으로 확인할 수도 있어요.

Some internet users make(=create) fake news for the public.

Internet shopping has(=offers) diverse online platforms.

The internet gives you the freedom to explore the world.

The internet access can take place everywhere in the world.

해석 ▶ 일부 인터넷 사용자는 대중에게 가짜 뉴스를 만듭니다.
인터넷 쇼핑은 다양한 온라인 플랫폼을 갖고 있습니다.
인터넷은 세계를 둘러볼 자유를 줍니다.
인터넷 접속은 전 세계 어디에서나 일어날 수 있습니다.

COFFEE SHOP

* 클래스유 인강 21강 참고

영어식 기본 4동사(MHGT)를 활용하여 주제와 관련된 메시지를 영어식 문장으로 말하세요.

1. 주제와 관련된 대상 'what'을 '명사'로 찾고 단수/복수 또는 소유격인지 확인하세요.
   이때 명사 대신 동명사를 쓰면 안 됩니다.

2. 제1 공식(형+명+전)을 적용하여 위의 대상을 명사구로 구체화하세요.
   이때 전치사 대신 to 부정사를 쓰거나, 형용사 대신 분사를 쓰면 안 됩니다.

3. 영어식 기본 4동사를 활용하여 위 명사구를 글로 작성하지 않고 문장으로 말해 보세요.
   이때 명사구 안의 단어는 문맥에 따라 그 순서와 품사 또는 추가 단어를 유연하게 활용할
   수 있습니다.

   영어식 기본 4동사(MHGT) 활용 시, 아래 내용에 유의하세요.

   * MHGT 4동사는 모두 3형식으로만 활용합니다.

   1) Make 동사 활용 : 무엇이 무엇을 만드는지 곰곰이 생각하기.
      이때 make + 사람 + 동사 원형/형용사/명사 등 5형식(사역) 문장구조를 사용해서는 안
      됩니다.

   2) Have 동사 활용 : 무엇이 무엇을 가지는지 곰곰이 생각하기.

   3) Give 동사 활용 : 무엇이 무엇에게 무엇을 주는지 곰곰이 생각하기.

   4) Take 동사 활용 : 무엇이 무엇을 취하는지 곰곰이 생각하기.
      take 동사는 한국어에서 '시간이 들다'라는 좁은 의미의 개념으로만 활용되어 그 활용
      이 어렵기 때문에, 무엇이 무엇을 가져왔는지, 무엇이 이동했는지 살펴보면 좋습니다.

🔊 MHGT 활동 예시

---

1. coffee

2. hot coffee in a lovely cup

   → a lovely cup of coffee with attractive(mild) coffee aroma

3. MHGT

M. A lovely cup of coffee with a mild coffee aroma makes a very cozy local coffee shop.

H. A very cozy local coffee shop has lovely cups and a mild coffee aroma.

G. Lovely cups and a mild coffee aroma give(=create) a cozy mood in a local coffee shop.

T. Enjoying coffee for a mild coffee aroma at a local coffee shop takes me an hour.

해석 ▶ 부드러운 커피 향이 나는 사랑스러운 커피 한 잔은 아늑한 지역 커피숍을 만듭니다.

아늑한 지역 커피숍은 사랑스러운 컵과 부드러운 커피 향을 가집니다.

사랑스러운 컵과 부드러운 커피 향은 지역 커피숍에 아늑한 분위기를 줍니다.

지역 커피숍에서 부드러운 커피 향기를 즐기며 커피를 마시는 데 1시간이 걸립니다.

🔊 추가 선택 활동

같은 주제의 다양한 영어식 4동사 활용 문장을 듣고(파일명 3-10) 영어 사고방식에 익숙해져 보세요. QR코드를 스캔하여 해당 동영상으로 확인할 수도 있어요.

A coffee shop makes(=generates) background noise during your stay.

Coffee has conflicting opinions about its effects.

A coffee shop or coffee can give(=inspire) creativity in some visitors.

A cup of coffee each day relatively takes(=costs) a large sum of money.

해석 ▶ 커피숍은 머무는 동안 배경 소음을 만들어냅니다.

커피는 그 효과에 대해 엇갈리는 의견을 가집니다.

커피숍이나 커피는 일부 방문객에게 창의력을 줄 수 있습니다.

하루에 커피 한 잔은 상대적으로 큰 금액이 들어갑니다.

미션 ▶ 식당에 있는 사람 또는 사물을 마주하게 되면 구체화한 후, 영어식 기본 4동사를 활용하여 글로 쓰지 말고 문장으로 말하세요. 가능한 실제 생활 속에서 대상을 찾고, 어려울 때만 인터넷에서 사진을 검색하세요.

2주차까지 우리는 주제와 관련된 대상을 명사로 찾고, 그 명사를 구문으로 구체화하는 연습을 했습니다. 3주차 부터는 완성된 구문에 영어식 기본 4동사를 활용하여 영어식 문장으로 말하세요.

영어식 기본 4동사를 활용한 생활 속 영어식 문장 만들기 가이드를 다음에서 확인하세요.

🔊 스텝 1: 생활 속 다양한 장소를 선택합니다.

집 거실, 집 부엌, 공원, 공연장, 해변 혹은 바다, 시장, 옷 가게, 회의실, 사무실, 커피숍, 식당 등

* 가능한 실제 생활 속에서 대상을 마주하게 되면 연습하세요. 찾기 어려울 때만 인터넷에서 사진을 검색하세요.

🔊 스텝 2: 각 장소에서 1~3개의 대상을 찾아 영어 제1 공식을 대입하여 말합니다.

* 가이드를 적용하는 과정에서는 글로 쓰지 말고, 명사구로 먼저 말해 보세요.

| 교실에서 발견한 대상의 예 |

students

students in the same look of a uniform

various students in the same look of a uniform

🔊 스텝 3: 완성된 명사구에 영어식 기본 4동사를 활용하여 영어식 문장으로 말합니다.

* 가이드를 적용하는 과정에서는 글로 쓰지 말고, 명사구로 먼저 말해 보세요.
* 이때 명사구의 단어 외 추가 단어나 구문을 활용할 수도 있습니다.

Make. A uniform makes the same look among various students.

Have. Various students in the same uniform have the same look(appearance).

Give. A uniform gives the same look to various students.

Take. A uniform takes a little time for students to put on in the morning.

해석 ▶ 유니폼은 다양한 학생들 사이에서 동일한 모습을 만듭니다.

동일한 유니폼을 입은 다양한 학생들은 동일한 외모를 갖습니다.

유니폼은 다양한 학생들에게 동일한 모습을 줍니다.

학생들이 아침에 유니폼을 입는데 시간이 조금 걸립니다.

앞으로 2주 동안은 여러 장소에서 명사를 명사구로 확장한 뒤 이를 문장으로 말하는 연습을 할 예정입니다. 이를 통해 명사를 구체화하고 문장으로 자연스럽게 될 뿐 아니라, 영어적인 접근 방법과 사물 주어 활용에도 익숙해질 것입니다. 특히 Make, Have, Give, Take와 같은 단어들은 문장을 3형식으로 활용하도록 가이드하여, 제한된 형식을 반복 연습 한다면 영어식 문장 구조에 빠르게 익숙해질 수 있습니다.

홈트 5주 차 활동 시작 전까지 매일!
이 습관을 챙겨주세요.

듣기
습관교정

4
주차

요약하여
말하기

4주 차 활동에 필요한 음원 모음

4 주차

단어와 구문 빌려서 말하기

🔊 증상

Q 저는 요약하여 말하기가 필요할까요?

A 다음의 증상을 가진 당신이라면 요약하여 말하기가 필요합니다.

> **증상①** 영어 단어나 구문이 아닌 영어 문장으로 말하기가 어렵다.
>
> **증상②** 생활 속에서 영어로 말할 기회를 만들기가 어렵다.

🔊 원인

Q 저는 왜 이런 증상을 가지고 있는 걸까요?

A 영어로 말을 잘하기 위해서는 영어로 말을 많이 해봐야 하는데, 영어가 모국어가 아닌 우리나라에서는 영어로 말할 기회를 만들기 어렵습니다. 그렇기 때문에 영어 단어나 구문으로 메시지를 전달할 수는 있어도, 문장으로까지 말하지 못하는 것은 너무 당연한 결과입니다. 모든 언어를 습득하는 과정에서 우리는 단어를 배우고, 그것들을 조합하여 구문을 만듭니다. 그리고 이 구문을 활용하여 문장으로 말하는 연습을 합니다. 하지만 자연스럽게 영어를 듣고 사용할 수 있는 영어권과 달리, 우리에겐 이런 기회가 많이 없기때문에 영

어 말하기를 연습하기 어렵습니다. 더욱이 듣고 말할 기회 없이, 쓰고, 읽고, 해석하는 과정에만 집중하는 영어 교육과정도 이 어려움을 가중시킵니다.

🔊 교정 방법

Q **어떻게 교정해야 저의 이런 증상들이 좋아질까요?**

A 영어로 말을 잘하기 위해서는 영어로 많이 듣고 많이 말해봐야 합니다. 영어로 많이 말해보기 위해 영어를 많이 공감하여 듣고, 들은 단어와 구문을 활용해서 문장으로 말해보세요. 이때 동사가 필요한데, 내가 활용할 수 있는 동사 또는 앞서 배운 영어식 기본 4동사 MHGT를 적극 활용하세요. 그러나 화자가 활용한 단어와 구문만 그대로 활용하는 것이지, 음원을 반복해서 들으며 모든 단어와 구문을 듣고 문장을 똑같이 말하는 것은 아님을 명심하세요. 들을 때도 소리반 공기반으로 '들을 수 있는 것'에만 집중했듯이, 말할 때도 틀리더라도 내가 활용할 수 있는 문장으로 말하기 연습을 하면 됩니다.

영어로 말을 잘하기 위해서는 많이 들어야 하고, 영어로 글을 잘 쓰기 위해서는 많이 읽어야 합니다. 하지만 우리는 지금까지 영어로 말을 잘하기 위해서 글을 많이 읽고 써보기만 했습니다. 이 습관은 언어 습득 과정과 반대될 뿐 아니라, 말하기 출력(output)을 위해 쓰기 출력(output)을 해 버렸기 때문에 영어로 말하는 것을 더욱 어렵게 했습니다. 이러한 언어 습득 과정을 다음의 이미지로 확인할 수 있습니다.

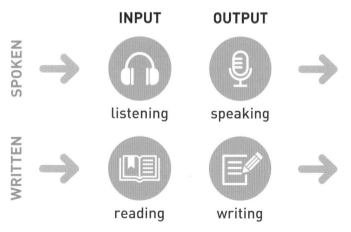

언어 습득 과정 listening → speaking → reading → writing

* 관련 이야기는 〈생각이 바뀌다 습관이 바뀌다〉 챕터 4의 '요약하여 말하기'에서 확인할 수 있습니다.

🔊 교정 가이드

요약하여 말하기는 영어를 모국어로 사용하지 않는 환경에서 상대방 없이도 영어로 듣고 말할 수 있는 환경을 제공합니다. 그렇게 때문에 요약하여 말하기에서는 원어민의 단어와 구문을 빌려오는 공감하여 듣기 과정의 선행이 필요합니다. 또한 원어민의 단어와 구문을 빌려올 뿐, 내가 자주 활용하는 문장으로 말하는 것이기 때문에 문장에 오류가 있을 수 있습니다. 요약하여 말하기는 나 혼자 생활 속에서 영어로 듣고 말할 수 있는 기회를 만드는 것이지 100점 영어를 말하는 시간이 아니라는 점을 꼭 기억하시고, 다음의 가이드를 적용해 보세요.

1. **요약하여 말하기 전 공감하여 듣기를 3번 진행하세요.**

   1) **첫 번째 듣기 : 뼈대 단어 세우기**

   음원을 모두 들은 후, 강세가 들어가는 메시지 단어 3~4개를 기억해서 검은색으로 적으세요.

   2) **두 번째 듣기 : 뼈대 단어 살 붙이기**

   뼈대 단어를 보면서 음원을 모두 들은 후, 단어 3~4개를 기억해서 뼈대 단어 앞뒤에 파란색으로 적으세요.

   3) **세 번째 듣기 : 단어로 구문 완성하기**

   적어둔 단어를 보면서 음원을 모두 들은 후, 단어 3~4개를 기억해서 빨간색으로 적고 구문을 완성하세요.

2. **요약하여 말하기**

   원음에서 들은 단어와 구문을 빌려서 내가 활용할 수 있는 문장으로 말하세요. 원문의 단어와 구문을 일부 활용하여 내가 자주 활용하는 문장으로 말해보는 것이 주된 목적이기 때문에, 원문과 똑같은 문장으로 말할 필요는 없습니다. 이 때문에 요약하여 말하기를 일명 '아무 말 대잔치'라고도 부릅니다.

   요약하여 말할 때, 아래 내용에 유의하세요.

   1) 아무 말 대잔치 입니다. 절대로 모든 단어와 구문이 채월질 때까지 반복해서 듣고 원문과 똑같이 말하지 않습니다.

2) 나의 문장을 이후 과정에서 원문과 비교할 것이기 때문에 원문의 단어와 구문은 그 순서와 품사를 최대한 변형 없이 활용하세요.

3) 처음엔 단어와 구문을 보면서 말하고, 익숙해지면 단어와 구문을 이미지로 떠올리며 말하세요.

4) 이때 문장을 완성하기 어렵다면 영어식 기본 4동사(MHGT)를 활용하세요.

요약하여 말하기는 '혼자 영어로 말하기' 연습을 할 수 있는 더 없이 좋은 방법이지만, 이렇게 오류가 있는 문장을 말해도 되는지 걱정이 될 수 있습니다. 하지만 요약하여 말하기는 '화자의 어휘를 빌려서 많이 말해본다', '학원이나 어학연수를 가지 않아도 영어로 말할 기회를 많이 만든다', '영어로 말을 많이 해서 입을 확실하게 푼다'는 목적을 가지고 있습니다. 그렇기 때문에 틀리더라도, 내가 활용할 수 있는 문법을 총동원하여 문장으로 말해보는 활동에만 집중하면 됩니다. 다음에 이어지는 예시 문제와 추가 연습 문제를 활용해서 영어를 문장으로 말하는 힘을 길러 보세요.

* 이후 6주 차 비교하며 말하기 과정에서 내가 활용한 문장을 원어민의 문장과 비교하는 과정을 거치게 됩니다. 그러면 내가 말한 문장에 대해 원어민의 피드백을 받아보는 효과까지 기대할 수 있기 때문에 지금은 문장에 오류가 있더라도 괜찮습니다.

 **예시** **문제** **WEEKEND** ＊ 클래스유 인강 22강 참고

초급 음원 '파일명 4-0'을 공감하여 듣고 원문의 단어와 구문을 활용하여 내가 활용할 수 있는 문장으로 말하세요.

1. **요약하여 말하기 전** 공감하여 듣기를 3번 진행하세요.

   1) 첫 번째 듣기 : 뼈대 단어 세우기

   음원을 모두 들은 후, 강세가 들어가는 메시지 단어 3~4개를 기억해서 검은색으로 적으세요.

   2) 두 번째 듣기 : 뼈대 단어 살 붙이기

   뼈대 단어를 보면서 음원을 모두 들은 후, 단어 3~4개를 기억해서 뼈대 단어 앞뒤에 파란색으로 적으세요.

   3) 세 번째 듣기 : 단어로 구문 완성하기

   적어둔 단어를 보면서 음원을 모두 들은 후, 단어 3~4개를 기억해서 빨간색으로 적고 구문을 완성하세요.

2. **요약하여 말하기** (별칭. 아무 말 대잔치)

   원음에서 들은 단어와 구문을 빌려서 내가 활용할 수 있는 문장을 만들되, 글로 작성하지 말고 말해 보세요.

   요약하여 말할 때, 아래 내용에 유의하세요.

   1) 아무 말 대잔치 입니다. 절대로 모든 단어와 구문이 채워질 때까지 반복해서 듣고 원문과 똑같이 말하지 않습니다.

   2) 나의 문장을 이후 과정에서 원문과 비교할 것이기 때문에 단어와 구문은 그 순서와 품사를 최대한 변형 없이 활용하세요.

   3) 처음엔 단어와 구문을 보면서 말하고, 익숙해지면 단어와 구문을 이미지로 떠올리며 말하세요.

   4) 이때 문장을 완성하기 어렵다면 영어식 기본 4동사(MHGT)를 활용하세요.

◀)) 요약하여 말하기 활동 예시

| 공감하여 듣기 |

foreign movie, downtown cinema

always crowded

atmosphere, good

also, popcorn, screen

| 요약하여 말하기 |

I watch foreign movie at a downtown cinema.

It is always crowded.

The atmosphere is good.

Also, I can enjoy popcorn and a big screen.

I watch foreign movies with my friends and go to the downtown cinema on weekends. I know it's always crowded on weekends, but the atmosphere is so good. We are also able to enjoy popcorn and movies on the big screen.

해석 ▶ 저는 외국 영화를 보고 주말에는 시내 영화관에 갑니다. 주말이면 항상 붐비는 건 알지만 분위기가 너무 좋아요. 우리는 또한 팝콘과 큰 화면으로 영화를 즐길 수 있습니다.

COOKING
*클래스유 인강 23강 참고

초급 음원 '파일명 4-1'을 공감하여 듣고 원문의 단어와 구문을 활용하여 내가 활용할 수 있는 문장으로 말하세요.

1. **요약하여 말하기 전** 공감하여 듣기를 3번 진행하세요.

    1) 첫 번째 듣기 : 뼈대 단어 세우기

    음원을 모두 들은 후, 강세가 들어가는 메시지 단어 3~4개를 기억해서 검은색으로 적으세요.

    2) 두 번째 듣기 : 뼈대 단어 살 붙이기

    뼈대 단어를 보면서 음원을 모두 들은 후, 단어 3~4개를 기억해서 뼈대 단어 앞뒤에 파란색으로 적으세요.

    3) 세 번째 듣기 : 단어로 구문 완성하기

    적어둔 단어를 보면서 음원을 모두 들은 후, 단어 3~4개를 기억해서 빨간색으로 적고 구문을 완성하세요.

2. **요약하여 말하기** (별칭. 아무 말 대잔치)

    원음에서 들은 단어와 구문을 빌려서 내가 활용할 수 있는 문장을 만들되, 글로 작성하지 말고 말해 보세요.

    요약하여 말할 때, 아래 내용에 유의하세요.

    1) 아무 말 대잔치 입니다. 절대로 모든 단어와 구문이 채워질 때까지 반복해서 듣고 원문과 똑같이 말하지 않습니다.

    2) 나의 문장을 이후 과정에서 원문과 비교할 것이기 때문에 단어와 구문은 그 순서와 품사를 최대한 변형 없이 활용하세요.

    3) 처음엔 단어와 구문을 보면서 말하고, 익숙해지면 단어와 구문을 이미지로 떠올리며 말하세요.

    4) 이때 문장을 완성하기 어렵다면 영어식 기본 4동사(MHGT)를 활용하세요.

🔊 요약하여 말하기 활동 예시

| 공감하여 듣기 |

cooking

usually enjoy cooking, home

my favourite, healthy homemade

but buy, go out to eat

| 요약하여 말하기 |

I like cooking,

I usually enjoy cooking at home

My favourite food is healthy homemade dish.

When I'm busy I go out to eat

🔊 추가 선택 활동

1. 내가 말한 문장에 어떤 오류가 있는지 구글 번역기 또는 ChatGPT에 넣고 확인합니다.
2. 다음의 원문을 보고 내가 원문과 다르게 활용한 부분을 밑줄로 표시합니다.

Cooking helps me relax. I usually enjoy cooking at home. My favourite homemade food is healthy fried rice with less oil and sodium. But when I'm busy, I sometimes go out to eat.

해석 ▶ 요리는 저를 안심시키는 데 도움이 됩니다. 저는 보통 집에서 요리하는 것을 즐깁니다. 제가 가장 좋아하는 집밥은 기름과 나트륨이 적은 건강한 볶음밥입니다. 하지만 바쁠 때는 가끔 외식을 합니다.

HOLIDAY

* 클래스유 인강 23강 참고

초급 음원 '파일명 4-2'을 공감하여 듣고 원문의 단어와 구문을 활용하여 내가 활용할 수 있는 문장으로 말하세요.

1. 요약하여 말하기 전 공감하여 듣기를 3번 진행하세요.

1) 첫 번째 듣기 : 뼈대 단어 세우기

음원을 모두 들은 후, 강세가 들어가는 메시지 단어 3~4개를 기억해서 검은색으로 적으세요.

2) 두 번째 듣기 : 뼈대 단어 살 붙이기

뼈대 단어를 보면서 음원을 모두 들은 후, 단어 3~4개를 기억해서 뼈대 단어 앞뒤에 파란색으로 적으세요.

3) 세 번째 듣기 : 단어로 구문 완성하기

적어둔 단어를 보면서 음원을 모두 들은 후, 단어 3~4개를 기억해서 빨간색으로 적고 구문을 완성하세요.

2. 요약하여 말하기 (별칭. 아무 말 대잔치)

원음에서 들은 단어와 구문을 빌려서 내가 활용할 수 있는 문장을 만들되, 글로 작성하지 말고 말해 보세요.

요약하여 말할 때, 아래 내용에 유의하세요.

1) 아무 말 대잔치 입니다. 절대로 모든 단어와 구문이 채워질 때까지 반복해서 듣고 원문과 똑같이 말하지 않습니다.

2) 나의 문장을 이후 과정에서 원문과 비교할 것이기 때문에 단어와 구문은 그 순서와 품사를 최대한 변형 없이 활용하세요.

3) 처음엔 단어와 구문을 보면서 말하고, 익숙해지면 단어와 구문을 이미지로 떠올리며 말하세요.

4) 이때 문장을 완성하기 어렵다면 영어식 기본 4동사(MHGT)를 활용하세요.

🔊 요약하여 말하기 활동 예시

| 공감하여 듣기 |

difference holiday now and in the past

few years ago, gathered

now, go on a trip

change, work

| 요약하여 말하기 |

There is difference in holiday now and in the past.

Few years ago, we gather together, but now we go on a trip.

This change is good for work.

🔊 추가 선택 활동

1. 내가 말한 문장에 어떤 오류가 있는지 구글 번역기 또는 ChatGPT에 넣고 확인합니다.
2. 다음의 원문을 보고 내가 원문과 다르게 활용한 부분을 밑줄로 표시합니다.

There is a difference between holidays today and in the past. A few years ago, people used to gather together, but now many people choose to go on trips instead. This change sometimes helps many wives be free from heavy work.

해석 ▶ 오늘날의 휴일과 과거의 휴일은 차이가 있습니다. 몇 년 전에는 사람들이 함께 모였지만, 지금은 많은 사람들이 여행을 선택합니다. 이런 변화는 많은 아내들이 힘든 일에서 벗어날 수 있도록 돕습니다.

미션 ▶ 거실에 있는 사람 또는 사물을 마주하게 되면 구체화한 후, 영어식 기본 4동사를 활용하여 글로 작성하지 않고 말해 보세요. 가능한 실제 생활 속에서 대상을 찾고, 어려울 때만 인터넷에서 사진을 검색하세요.

NEWS

*클래스유 인강 24강 참고

초급 음원 '파일명 4-3'을 공감하여 듣고 원문의 단어와 구문을 활용하여 내가 활용할 수 있는 문장으로 말하세요.

1. **요약하여 말하기 전** 공감하여 듣기를 3번 진행하세요.

   1) 첫 번째 듣기 : 뼈대 단어 세우기

   음원을 모두 들은 후, 강세가 들어가는 메시지 단어 3~4개를 기억해서 검은색으로 적으세요.

   2) 두 번째 듣기 : 뼈대 단어 살 붙이기

   뼈대 단어를 보면서 음원을 모두 들은 후, 단어 3~4개를 기억해서 뼈대 단어 앞뒤에 파란색으로 적으세요.

   3) 세 번째 듣기 : 단어로 구문 완성하기

   적어둔 단어를 보면서 음원을 모두 들은 후, 단어 3~4개를 기억해서 빨간색으로 적고 구문을 완성하세요.

2. **요약하여 말하기** (별칭. 아무 말 대잔치)

   원음에서 들은 단어와 구문을 빌려서 내가 활용할 수 있는 문장을 만들되, 글로 작성하지 말고 말해 보세요.

   요약하여 말할 때, 아래 내용에 유의하세요.

   1) 아무 말 대잔치 입니다. 절대로 모든 단어와 구문이 채워질 때까지 반복해서 듣고 원문과 똑같이 말하지 않습니다.

   2) 나의 문장을 이후 과정에서 원문과 비교할 것이기 때문에 단어와 구문은 그 순서와 품사를 최대한 변형 없이 활용하세요.

   3) 처음엔 단어와 구문을 보면서 말하고, 익숙해지면 단어와 구문을 이미지로 떠올리며 말하세요.

   4) 이때 문장을 완성하기 어렵다면 영어식 기본 4동사(MHGT)를 활용하세요.

🔊 요약하여 말하기 활동 예시

| 공감하여 듣기 |

recently, read news, about English education

many, spend a lot of money, ? education, in English

serious problem, parents

| 요약하여 말하기 |

Recently I read news about English education.

Many people spend a lot of money for some education in English.

This serious problem is bad for parents.

🔊 추가 선택 활동

1. 내가 말한 문장에 어떤 오류가 있는지 구글 번역기 또는 ChatGPT에 넣고 확인합니다.

2. 다음의 원문을 보고 내가 원문과 다르게 활용한 부분을 밑줄로 표시합니다.

I recently read a news article about English education in Korea. It said that many people spend a lot of money on early education in English. I think, this is a serious educational problem that gives much financial burden on parents.

해석 ▶ 최근에 한국의 영어 교육에 관한 뉴스 기사를 읽었습니다. 그 기사는 많은 사람들이 조기 영어 교육에 많은 돈을 쓴다고 언급했습니다. 제 생각에 이것은 부모에게 지나치게 금전적 부담을 주는 심각한 교육 문제입니다.

FASHION

* 클래스유 인강 24강 참고

초급 음원 '파일명 4-4'을 공감하여 듣고 원문의 단어와 구문을 활용하여 내가 활용할 수 있는 문장으로 말하세요.

1. **요약하여 말하기 전** 공감하여 듣기를 3번 진행하세요.

   1) 첫 번째 듣기 : 뼈대 단어 세우기

   음원을 모두 들은 후, 강세가 들어가는 메시지 단어 3~4개를 기억해서 검은색으로 적으세요.

   2) 두 번째 듣기 : 뼈대 단어 살 붙이기

   뼈대 단어를 보면서 음원을 모두 들은 후, 단어 3~4개를 기억해서 뼈대 단어 앞뒤에 파란색으로 적으세요.

   3) 세 번째 듣기 : 단어로 구문 완성하기

   적어둔 단어를 보면서 음원을 모두 들은 후, 단어 3~4개를 기억해서 빨간색으로 적고 구문을 완성하세요.

2. **요약하여 말하기** (별칭. 아무 말 대잔치)

   원음에서 들은 단어와 구문을 빌려서 내가 활용할 수 있는 문장을 만들되, 글로 작성하지 말고 말해 보세요.

   요약하여 말할 때, 아래 내용에 유의하세요.

   1) 아무 말 대잔치 입니다. 절대로 모든 단어와 구문이 채워질 때까지 반복해서 듣고 원문과 똑같이 말하지 않습니다.

   2) 나의 문장을 이후 과정에서 원문과 비교할 것이기 때문에 단어와 구문은 그 순서와 품사를 최대한 변형 없이 활용하세요.

   3) 처음엔 단어와 구문을 보면서 말하고, 익숙해지면 단어와 구문을 이미지로 떠올리며 말하세요.

   4) 이때 문장을 완성하기 어렵다면 영어식 기본 4동사(MHGT)를 활용하세요.

🔊 요약하여 말하기 활동 예시

| 공감하여 듣기 |

fashion trend, change

office workers, formal suit, ago

but now, casual clothes

it is comfortable, work on, personal brand

| 요약하여 말하기 |

Fashion trend has changed.

Office workers wore formal suit several years ago.

But now, they wear casual clothes.

It is comfortable to work on and good for personal brand.

🔊 추가 선택 활동

1. 내가 말한 문장에 어떤 오류가 있는지 구글 번역기 또는 ChatGPT에 넣고 확인합니다.
2. 다음의 원문을 보고 내가 원문과 다르게 활용한 부분을 밑줄로 표시합니다.

Fashion trends in the workplace have changed. A few years ago, office workers used to wear formal suits, but now they wear casual clothes. This is comfortable for them to work in and helps them build their personal brand.

해석 ▶ 직장에서의 패션 트렌드가 변했습니다. 몇 년 전에는 회사원들이 정장을 입었지만, 지금은 편안한 옷을 입습니다. 이것은 일하기 편안하게 해주고 개인 브랜드를 구축하는데 도움이 됩니다.

미션 ▶ 영화관에 있는 사람 또는 사물을 마주하게 되면 구체화한 후, 영어식 기본 4동사를 활용하여 글로 작성하지 않고 말해 보세요. 가능한 실제 생활 속에서 대상을 찾고, 어려울 때만 인터넷에서 사진을 검색하세요.

SCHOOL DAYS

* 클래스유 인강 25강 참고

초급 음원 '파일명 4-5'을 공감하여 듣고 원문의 단어와 구문을 활용하여 내가 활용할 수 있는 문장으로 말하세요.

1. **요약하여 말하기 전** 공감하여 듣기를 3번 진행하세요.

   1) 첫 번째 듣기 : 뼈대 단어 세우기

      음원을 모두 들은 후, 강세가 들어가는 메시지 단어 3~4개를 기억해서 검은색으로 적으세요.

   2) 두 번째 듣기 : 뼈대 단어 살 붙이기

      뼈대 단어를 보면서 음원을 모두 들은 후, 단어 3~4개를 기억해서 뼈대 단어 앞뒤에 파란색으로 적으세요.

   3) 세 번째 듣기 : 단어로 구문 완성하기

      적어둔 단어를 보면서 음원을 모두 들은 후, 단어 3~4개를 기억해서 빨간색으로 적고 구문을 완성하세요.

2. **요약하여 말하기** (별칭. 아무 말 대잔치)

   원음에서 들은 단어와 구문을 빌려서 내가 활용할 수 있는 문장을 만들되, 글로 작성하지 말고 말해 보세요.

   요약하여 말할 때, 아래 내용에 유의하세요.

   1) 아무 말 대잔치 입니다. 절대로 모든 단어와 구문이 채워질 때까지 반복해서 듣고 원문과 똑같이 말하지 않습니다.

   2) 나의 문장을 이후 과정에서 원문과 비교할 것이기 때문에 단어와 구문은 그 순서와 품사를 최대한 변형 없이 활용하세요.

   3) 처음엔 단어와 구문을 보면서 말하고, 익숙해지면 단어와 구문을 이미지로 떠올리며 말하세요.

   4) 이때 문장을 완성하기 어렵다면 영어식 기본 4동사(MHGT)를 활용하세요.

🔊 요약하여 말하기 활동 예시

| 공감하여 듣기 |

university student, joined a computer class

learned Microsoft Word and Excel

useful tasks, paper

can work efficiently

| 요약하여 말하기 |

When I was a university student, I joined a computer class.

I learned about Microsoft Word and Excel.

It was useful for tasks with paper one.

I can work very efficiently.

🔊 추가 선택 활동

1. 내가 말한 문장에 어떤 오류가 있는지 구글 번역기 또는 ChatGPT에 넣고 확인합니다.
2. 다음의 원문을 보고 내가 원문과 다르게 활용한 부분을 밑줄로 표시합니다.

When I was a university student, I took a computer class where I learned how to use Microsoft Word and Excel. These are very useful tools for many tasks with papers so that I can work very efficiently.

해석 ▶ 저는 대학생 때, 컴퓨터 수업을 들어서 Microsoft Word와 Excel 사용법을 배웠습니다. 이런 도구들은 문서와 관련된 다양한 작업에 매우 유용해서 제가 효율적으로 일할 수 있습니다.

SEASONS

*클래스유 인강 25강 참고

4
주차

연습 문제 ❻

초급 음원 '파일명 4-6'을 공감하여 듣고 원문의 단어와 구문을 활용하여 내가 활용할 수 있는 문장으로 말하세요.

1. **요약하여 말하기 전** 공감하여 듣기를 3번 진행하세요.

   1) 첫 번째 듣기 : 뼈대 단어 세우기

   음원을 모두 들은 후, 강세가 들어가는 메시지 단어 3~4개를 기억해서 검은색으로 적으세요.

   2) 두 번째 듣기 : 뼈대 단어 살 붙이기

   뼈대 단어를 보면서 음원을 모두 들은 후, 단어 3~4개를 기억해서 뼈대 단어 앞뒤에 파란색으로 적으세요.

   3) 세 번째 듣기 : 단어로 구문 완성하기

   적어둔 단어를 보면서 음원을 모두 들은 후, 단어 3~4개를 기억해서 빨간색으로 적고 구문을 완성하세요.

2. **요약하여 말하기** (별칭. 아무 말 대잔치)

   원음에서 들은 단어와 구문을 빌려서 내가 활용할 수 있는 문장을 만들되, 글로 작성하지 말고 말해 보세요.

   요약하여 말할 때, 아래 내용에 유의하세요.

   1) 아무 말 대잔치 입니다. 절대로 모든 단어와 구문이 채워질 때까지 반복해서 듣고 원문과 똑같이 말하지 않습니다.

   2) 나의 문장을 이후 과정에서 원문과 비교할 것이기 때문에 단어와 구문은 그 순서와 품사를 최대한 변형 없이 활용하세요.

   3) 처음엔 단어와 구문을 보면서 말하고, 익숙해지면 단어와 구문을 이미지로 떠올리며 말하세요.

   4) 이때 문장을 완성하기 어렵다면 영어식 기본 4동사(MHGT)를 활용하세요.

🔊 요약하여 말하기 활동 예시

| 공감하여 듣기 |

fall, great season, outdoor activities

cool breeze under the sun and deep blue sky

colourful autumn leaves, mountains, attract people

| 요약하여 말하기 |

Fall is a great season for the outdoor activities.

Cool breeze under the sun and a deep blue sky free people from hot summer and cold winter.

Colourful autumn leaves in mountains attract many people.

🔊 추가 선택 활동

1. 내가 말한 문장에 어떤 오류가 있는지 구글 번역기 또는 ChatGPT에 넣고 확인합니다.
2. 다음의 원문을 보고 내가 원문과 다르게 활용한 부분을 밑줄로 표시합니다.

Fall is a great season to enjoy outdoor activities. The cool breeze under the deep blue sky and the sun free people from both hot and cold weather. Additionally, the colourful autumn leaves on the mountains attract many people.

해석 ▶ 가을은 야외 활동을 즐기기에 좋은 계절입니다. 깊고 푸른 하늘 아래 시원한 바람과 햇살은 덥고 추운 날씨로 부터 사람들을 자유롭게 합니다. 또한 산에 있는 다채로운 가을 단풍이 많은 사람들을 유혹합니다.

미션 ▶ 운동하는 곳에 있는 사람 또는 사물을 마주하게 되면 구체화한 후, 영어식 기본 4동사를 활용하여 글로 작성하지 않고 말해 보세요. 가능한 실제 생활 속에서 대상을 찾고, 어려울 때만 인터넷에서 사진을 검색 하세요.

TECHNOLOGY
*클래스유 인강 26강 참고

초급 음원 '파일명 4-7'을 공감하여 듣고 원문의 단어와 구문을 활용하여 내가 활용할 수 있는 문장으로 말하세요.

1. **요약하여 말하기 전** 공감하여 듣기를 3번 진행하세요.

   1) 첫 번째 듣기 : 뼈대 단어 세우기

   음원을 모두 들은 후, 강세가 들어가는 메시지 단어 3~4개를 기억해서 검은색으로 적으세요.

   2) 두 번째 듣기 : 뼈대 단어 살 붙이기

   뼈대 단어를 보면서 음원을 모두 들은 후, 단어 3~4개를 기억해서 뼈대 단어 앞뒤에 파란색으로 적으세요.

   3) 세 번째 듣기 : 단어로 구문 완성하기

   적어둔 단어를 보면서 음원을 모두 들은 후, 단어 3~4개를 기억해서 빨간색으로 적고 구문을 완성하세요.

2. **요약하여 말하기** (별칭. 아무 말 대잔치)

   원음에서 들은 단어와 구문을 빌려서 내가 활용할 수 있는 문장을 만들되, 글로 작성하지 말고 말해 보세요.

   요약하여 말할 때, 아래 내용에 유의하세요.

   1) 아무 말 대잔치 입니다. 절대로 모든 단어와 구문이 채워질 때까지 반복해서 듣고 원문과 똑같이 말하지 않습니다.

   2) 나의 문장을 이후 과정에서 원문과 비교할 것이기 때문에 단어와 구문은 그 순서와 품사를 최대한 변형 없이 활용하세요.

   3) 처음엔 단어와 구문을 보면서 말하고, 익숙해지면 단어와 구문을 이미지로 떠올리며 말하세요.

   4) 이때 문장을 완성하기 어렵다면 영어식 기본 4동사(MHGT)를 활용하세요.

🔊 요약하여 말하기 활동 예시

| 공감하여 듣기 |

use video conference, for important

anytime, don't need get together

do more things, including virtual meetings

| 요약하여 말하기 |

I use video conference for important topics.

I can use it anytime.

We don't need get together.

I can do more things including virtual meetings

🔊 추가 선택 활동

1. 내가 말한 문장에 어떤 오류가 있는지 구글 번역기 또는 ChatGPT에 넣고 확인합니다.

2. 다음의 원문을 보고 내가 원문과 다르게 활용한 부분을 밑줄로 표시합니다.

I use video conferencing for an important topic. With this technology, I can attend meetings any time. All attendees don't need to get together. I can do more things online, including virtual meetings.

해석 ▶ 저는 중요한 주제를 위해 화상 회의를 사용합니다. 이 기술을 사용하면 언제든지 회의에 참석할 수 있습니다. 모든 참석자들이 모여 있을 필요가 없습니다. 저는 온라인에서 가상 회의를 포함하여 더 많은 일을 할 수 있습니다.

FINANCING
* 클래스유 인강 26강 참고

초급 음원 '파일명 4-8'을 공감하여 듣고 원문의 단어와 구문을 활용하여 내가 활용할 수 있는 문장으로 말하세요.

1. **요약하여 말하기 전** 공감하여 듣기를 3번 진행하세요.

   1) 첫 번째 듣기 : 뼈대 단어 세우기

   음원을 모두 들은 후, 강세가 들어가는 메시지 단어 3~4개를 기억해서 검은색으로 적으세요.

   2) 두 번째 듣기 : 뼈대 단어 살 붙이기

   뼈대 단어를 보면서 음원을 모두 들은 후, 단어 3~4개를 기억해서 뼈대 단어 앞뒤에 파란색으로 적으세요.

   3) 세 번째 듣기 : 단어로 구문 완성하기

   적어둔 단어를 보면서 음원을 모두 들은 후, 단어 3~4개를 기억해서 빨간색으로 적고 구문을 완성하세요.

2. **요약하여 말하기** (별칭. 아무 말 대잔치)

   원음에서 들은 단어와 구문을 빌려서 내가 활용할 수 있는 문장을 만들되, 글로 작성하지 말고 말해 보세요.

   요약하여 말할 때, 아래 내용에 유의하세요.

   1) 아무 말 대잔치 입니다. 절대로 모든 단어와 구문이 채워질 때까지 반복해서 듣고 원문과 똑같이 말하지 않습니다.

   2) 나의 문장을 이후 과정에서 원문과 비교할 것이기 때문에 단어와 구문은 그 순서와 품사를 최대한 변형 없이 활용하세요.

   3) 처음엔 단어와 구문을 보면서 말하고, 익숙해지면 단어와 구문을 이미지로 떠올리며 말하세요.

   4) 이때 문장을 완성하기 어렵다면 영어식 기본 4동사(MHGT)를 활용하세요.

🔊 요약하여 말하기 활동 예시

| 공감하여 듣기 |

many, credit card

some can't pay

credit card company, interest, payment

bill may go up

| 요약하여 말하기 |

Many people usually use credit cards, but some can't pay the bill.

Since credit card companies give interest to their payment bill.

The bill may go up.

🔊 추가 선택 활동

1. 내가 말한 문장에 어떤 오류가 있는지 구글 번역기 또는 ChatGPT에 넣고 확인합니다.
2. 다음의 원문을 보고 내가 원문과 다르게 활용한 부분을 밑줄로 표시합니다.

Many people usually have credit cards, but some people can't pay the bill. As the credit card company charges them interest on unpaid balances, their bills may go up.

해석 ▶ 많은 사람들이 보통 신용카드를 가지고 있지만, 일부 사람들은 청구서를 지불할 수 없습니다. 신용카드 회사가 미지불 잔액에 대해 이자를 부과하므로, 그들의 청구서 금액은 상승할 수 있습니다.

미션 ▶ 책상 주변에 있는 사람 또는 사물을 마주하게 되면 구체화한 후, 영어식 기본 4동사를 활용하여 글로 작성하지 않고 말해 보세요. 가능한 실제 생활 속에서 대상을 찾고, 어려울 때만 인터넷에서 사진을 검색하세요.

CAREER

* 클래스유 인강 27강 참고

초급 음원 '파일명 4-9'을 공감하여 듣고 원문의 단어와 구문을 활용하여 내가 활용할 수 있는 문장으로 말하세요.

1. **요약하여 말하기 전** 공감하여 듣기를 3번 진행하세요.

   1) 첫 번째 듣기 : 뼈대 단어 세우기

   음원을 모두 들은 후, 강세가 들어가는 메시지 단어 3~4개를 기억해서 검은색으로 적으세요.

   2) 두 번째 듣기 : 뼈대 단어 살 붙이기

   뼈대 단어를 보면서 음원을 모두 들은 후, 단어 3~4개를 기억해서 뼈대 단어 앞뒤에 파란색으로 적으세요.

   3) 세 번째 듣기 : 단어로 구문 완성하기

   적어둔 단어를 보면서 음원을 모두 들은 후, 단어 3~4개를 기억해서 빨간색으로 적고 구문을 완성하세요.

2. **요약하여 말하기** (별칭. 아무 말 대잔치)

   원음에서 들은 단어와 구문을 빌려서 내가 활용할 수 있는 문장을 만들되, 글로 작성하지 말고 말해 보세요.

   요약하여 말할 때, 아래 내용에 유의하세요.

   1) 아무 말 대잔치 입니다. 절대로 모든 단어와 구문이 채워질 때까지 반복해서 듣고 원문과 똑같이 말하지 않습니다.

   2) 나의 문장을 이후 과정에서 원문과 비교할 것이기 때문에 단어와 구문은 그 순서와 품사를 최대한 변형 없이 활용하세요.

   3) 처음엔 단어와 구문을 보면서 말하고, 익숙해지면 단어와 구문을 이미지로 떠올리며 말하세요.

   4) 이때 문장을 완성하기 어렵다면 영어식 기본 4동사(MHGT)를 활용하세요.

🔊 요약하여 말하기 활동 예시

| 공감하여 듣기 |

some proud, honor jobs

making lots of money

for me, job satisfaction, important

these jobs, encourage me, do my best, all the time

| 요약하여 말하기 |

Some are proud of honor jobs.

Others like jobs making lots of money.

For me, job satisfaction is important.

These jobs encourage me to do my best all the time.

🔊 추가 선택 활동

1. 내가 말한 문장에 어떤 오류가 있는지 구글 번역기 또는 ChatGPT에 넣고 확인합니다.

2. 다음의 원문을 보고 내가 원문과 다르게 활용한 부분을 밑줄로 표시합니다.

Some people are proud of honorable jobs, while others prefer jobs making a lot of money. But for me, job satisfaction is the most important factor. This kind of job encourages me to do my best all the time.

해석 ▶ 일부 사람들은 명예로운 직업에 자부심을 가지고 있고, 반면 다른 사람들은 많은 돈을 벌어들이는 직업을 선호합니다. 하지만 저에게는 직업 만족도가 가장 중요한 요소입니다. 이런 종류의 일은 저를 항상 최선을 다하게끔 격려합니다.

GOVERNMENT

* 클래스유 인강 27강 참고

초급 음원 '파일명 4-10'을 공감하여 듣고 원문의 단어와 구문을 활용하여 내가 활용할 수 있는 문장으로 말하세요.

1. **요약하여 말하기 전** 공감하여 듣기를 3번 진행하세요.

    1) 첫 번째 듣기 : 뼈대 단어 세우기

       음원을 모두 들은 후, 강세가 들어가는 메시지 단어 3~4개를 기억해서 검은색으로 적으세요.

    2) 두 번째 듣기 : 뼈대 단어 살 붙이기

       뼈대 단어를 보면서 음원을 모두 들은 후, 단어 3~4개를 기억해서 뼈대 단어 앞뒤에 파란색으로 적으세요.

    3) 세 번째 듣기 : 단어로 구문 완성하기

       적어둔 단어를 보면서 음원을 모두 들은 후, 단어 3~4개를 기억해서 빨간색으로 적고 구문을 완성하세요.

2. **요약하여 말하기** (별칭. 아무 말 대잔치)

    원음에서 들은 단어와 구문을 빌려서 내가 활용할 수 있는 문장을 만들되, 글로 작성하지 말고 말해 보세요.

    요약하여 말할 때, 아래 내용에 유의하세요.

    1) 아무 말 대잔치 입니다. 절대로 모든 단어와 구문이 채워질 때까지 반복해서 듣고 원문과 똑같이 말하지 않습니다.

    2) 나의 문장을 이후 과정에서 원문과 비교할 것이기 때문에 단어와 구문은 그 순서와 품사를 최대한 변형 없이 활용하세요.

    3) 처음엔 단어와 구문을 보면서 말하고, 익숙해지면 단어와 구문을 이미지로 떠올리며 말하세요.

    4) 이때 문장을 완성하기 어렵다면 영어식 기본 4동사(MHGT)를 활용하세요.

🔊 요약하여 말하기 활동 예시

| 공감하여 듣기 |

do many things, for nature

do not, forget, turn, all electronic device, after use, reuse, paper

these ? things, save our planet

| 요약하여 말하기 |

I do many things for nature.

I do not forget to turn off all electronic device after use.

I reuse the used paper.

These some things save our planet.

🔊 추가 선택 활동

1. 내가 말한 문장에 어떤 오류가 있는지 구글 번역기 또는 ChatGPT에 넣고 확인합니다.
2. 다음의 원문을 보고 내가 원문과 다르게 활용한 부분을 밑줄로 표시합니다.

I do many things for the environment. I make sure not to litter and not to forget to turn off all electronic devices after use. Also, I try to reuse the used paper. I believe that these small actions can help save our planet.

해석 ▶ 저는 환경을 위해 많은 일을 합니다. 쓰레기를 버리지 않도록 주의하고 사용 후 모든 전자 기기를 끄는 것을 항상 기억합니다. 또 저는 이미 사용한 종이를 재사용하려 노력합니다. 이러한 작은 행동들이 지구를 구하는 데 도움이 될 것이라고 믿습니다.

미션 ▶ 커피숍에 있는 사람 또는 사물을 마주하게 되면 구체화한 후, 영어식 기본 4동사를 활용하여 글로 작성하지 않고 말해 보세요. 가능한 실제 생활 속에서 대상을 찾고, 어려울 때만 인터넷에서 사진을 검색하세요.

영어식
생각교정

5
주차

영어
제2 공식

5 주차

대명사로 문장 연결하기

🔊 **증상**

ⓠ 저는 영어 제2 공식이 필요할까요?

ⓐ 다음의 증상을 가진 당신이라면 영어 제2 공식이 필요합니다.

증상① 영어로 말할 때 대명사를 자유롭게 활용하지 못한다.

증상② 영어로 말할 때 다음에 무슨 말을 해야 할지 모를 때가 종종 있다.

증상③ 영어로 말하다 보면 때로 너무 많은 말을 하면서도 논리적으로 말하지 못할 때가 있다.

🔊 **원인**

ⓠ 저는 왜 이런 증상을 가지고 있는 걸까요?

ⓐ 영어로 말할 때 내가 앞서 한 말을 참고하면서 말해본 기억이 있나요? 만약 이 질문에 '아니요'라고 대답한다면, 바로 이런 나의 습관이 영어를 논리적으로 말하기 어렵게 만드는 겁니다. 사실 영어는 내가 앞 서 한 말이나 어떤 대상을, 이어지는 문장에서 대명사로 활용하여 논리적으로 연결합니다.

이 내용을 이해하기 위해서 실제 영어 지문을 확인해 보겠습니다.

Every society in the world has beliefs that go against all scientific or logical thinking. These beliefs are called superstition. In many cases, they originated in ancient primitive relations … (중략) to survive in the very harsh conditions of the time. One example of these early superstition is that touching wood will bring good luck … (이하 생략)

J고등학교 중간고사 지문 일부 발췌

위 지문에서 'these', 'they', 'this'와 같은 대명사와 지시사가 자주 등장하는데 이것은 영어에서 이들의 역할이 중요함을 말합니다. 대명사는 앞의 명사를 대체하여 사용되는 단어이기 때문에, 대명사를 빈번하게 사용하는 원어민은 앞서 이야기한 내용을 자주 참고하며 말하게 됩니다.

하지만 우리는 영어로 말할 때 내가 전달하려는 바를 외부에서 찾고 고민하기 때문에, 이전에 언급한 내용이나 명사를 신경쓰지 못하곤 합니다. 그래서 영어의 문장 연결 방식을 이해하기가 어렵고, 대명사를 활용하여 말을 논리적으로 이어가기가 어렵게 됩니다.

🔊 교정 방법

❓ 어떻게 교정해야 저의 이런 증상들이 좋아질까요?

Ⓐ 영어로 말할 때 이야기를 논리적으로 하기 위해서는 대명사를 적절하게 활용하는 것이 중요합니다. 대명사는 앞서 나온 명사를 대신하여 사용하는 것으로 이전에 언급한 내용을 부연하거나, 그에 대한 결과를 설명하거나, 그 원인을 구체적으로 설명하는 역할을 합니다. 이렇게 앞서 한 말과 이어지는 문장이 긴밀하게 연결될 때, 논리적으로 말하는 것이 좀 더 수월해 집니다.

대명사를 활용하여 문장을 논리적으로 전개하는 것은 매우 간단합니다. 이전 문장 전체 또는 문장에 등장한 대상 하나를 선택하여 이어지는 문장에서 주격, 소유격, 또는 목적격 대명사로 활용하면 됩니다. 그러면 자연스럽게 부연 설명 또는 원인이나 결과 등을 언급하게 되면서 문장을 논리적으로 전개할 수 있습니다. 이러한 방식은 말하고자 하는 내용을 외부에서 찾거나 중구난방으로 나열하는 것과는 많은 차이가 있습니다.

영어에서 말을 논리적으로 전개하기 위해서는 대명사를 적극 활용해야 합니다. 앞 문장의 명사를 'the+명사' 또는 지시사로 가리키거나, 앞 문장 전체를 대신 받는 The fact, result, message 등의 다양한 명사를 사용할 수 있습니다. 이러한 방식을 활용하여 앞서 말한 내용과 논리적으로 연결할 수 있도록 다음의 가이드를 적용해 보세요.

1. 주제와 관련된 대상 'what'을 '명사'로 찾고 단수/복수 또는 소유격인지 확인하세요.
   이때 명사 대신 동명사를 쓰면 안 됩니다.
2. 제1 공식(형+명+전)을 적용하여 위의 대상을 명사구로 구체화하세요.
   이때 전치사 대신 to 부정사를 쓰거나, 형용사 대신 분사를 쓰면 안 됩니다.
3. 영어식 기본 4동사등을 활용하여 구체화한 명사구를 문장1로 완성하세요.
   이때 명사구 안의 단어는 문맥에 따라 그 순서와 품사 또는 추가 단어를 유연하게 활용할 수 있습니다.
   문장 ① 글로 작성하지 말고 먼저 말해 보세요.
4. 영어 제2 공식 (별칭. 대명사로 문장 연결하기)
   문장 1의 명사 하나를 선택한 뒤 이어지는 문장의 주어(대명사)로 활용하여 문장2, 3을 완성하세요.
   문장 ② 주어 = 대명사 또는 The + 앞 문장의 명사 글로 작성하지 말고 먼저 말해 보세요.
   문장 ③ 주어 = 대명사 또는 The + 앞 문장의 명사 글로 작성하지 말고 먼저 말해 보세요.

영어 제2 공식 활용할 때, 아래의 내용에 유의하세요.

1) 앞 문장의 명사를 목적어나 보어로 활용할 수도 있지만, 주어로 활용할 때가 가장 쉽습니다.
2) 앞 문장의 명사를 이어지는 문장에서 대명사로 활용하여 내용을 부연하거나 논리적으로 전개하는 것이 목적입니다.
3) 대명사를 활용한 문장 연결 연습에 집중하다 보면, 최종 문장이 내가 전하려는 메시지와 일치하지 않을 수도 있습니다.

대명사는 앞서 언급한 명사를 대신하는 기능어로 분류되어 강세를 받지 않습니다. 'the+명사'의 정관사도 마찬가지 입니다. 대명사나 정관사 the는 우리가 자주 볼 수 있어 쉽게 활용할 수 있다고 생각하지만, 이들은 비강세 단어로 잘 들리지 않기 때문에 회화로 활용하는 것이 어려운 대표적인 품사입니다. 대명사나 정관사 the 모두 비강세 단어라 듣고 말하기까지는 시간이 걸리겠지만, 이들의 활용을 반복적으로 연습하면 비강세 단어들일지라도 호흡으로 인지해서 들을 수 있게 됩니다.

귀로 들을 수 있으면! 말할 수 있다? 맞습니다! 우리가 대명사나 정관사 the를 귀로 듣게 되면 지시사와 함께 회화에서도 자유롭게 활용할 수 있게 됩니다. 다음에 이어지는 예시 문제와 추가 연습 문제를 활용해서 영어를 영어로 들을 수 있는 힘을 길러 보세요.

 **예시 문제** **A DAY OF FREE TIME**

* 클래스유 인강 28강 참고

영어 제2 공식을 적용하여 앞 문장의 명사를 이어지는 문장의 주어(대명사)로 활용하여 문장으로 말하세요.

1. 주제와 관련된 대상 'what'을 '명사'로 찾고 단수/복수 또는 소유격인지 확인하세요.
   이때 명사 대신 동명사를 쓰면 안 됩니다.
2. 제1 공식(형+명+전)을 적용하여 위의 대상을 명사구로 구체화하세요.
   이때 전치사 대신 to 부정사를 쓰거나, 형용사 대신 분사를 쓰면 안 됩니다.
3. 영어식 기본 4동사등을 활용하여 구체화한 명사구를 문장1로 완성하세요.
   이때 명사구 안의 단어는 문맥에 따라 그 순서와 품사 또는 추가 단어를 유연하게 활용할 수 있습니다.

   문장① 글로 작성하지 않고 말하세요.

4. 영어 제2 공식 (별칭. 대명사로 문장 연결하기)
   문장 1의 명사 하나를 선택한 뒤 이어지는 문장의 주어(대명사)로 활용하여 문장2, 3을 완성하세요.

   문장② 주어 = 대명사 또는 The + 앞 문장의 명사 글로 작성하지 않고 말하세요.
   문장③ 주어 = 대명사 또는 The + 앞 문장의 명사 글로 작성하지 않고 말하세요.

   영어 제2 공식 활용할 때, 아래의 내용에 유의하세요.

   1) 앞 문장의 명사는 주어 대신 목적어나 보어로 활용할 수 있지만, 주어로 활용할 때가 가장 쉽습니다.
   2) 앞 문장의 명사를 이어지는 문장에서 대명사로 활용하여 내용을 부연하거나 논리적으로 전개하는 것이 목적입니다.
   3) 대명사로 문장 연결하기에 초점을 맞추다 보면 완성된 문장은 내가 전하려는 메시지와 다를 수 있습니다.

🔊 **제2 공식 활동 예시**

명사를 정확하게 언급하기 위해 활동 예시는 주어를 대명사가 아닌 The + 명사로만 활용했습니다.

1. book → books

2. self-development books in many different coffee shops

3. My free time has a lot of self-development books in many different coffee shops.

4-1. (문장 2 가능 주어 : The time, The books, The coffee shops)

The time flies with endless excitement from the several "Aha" moments.

The books give me lots of insights from many famous leaders.

The coffee shops offer me a different atmosphere to enjoy my time with the books.

4-2. (문장 3 가능 주어 : The leader, 그외 명사도 활용 가능)

The leaders in these books give me some answers and solutions to my problems when I have difficulties.

🔊 **완성된 문장 1, 2, 3 예시**

My free time has a lot of self-development books in many different coffee shops. The books give me lots of insights from many famous leaders. The leaders in these books give me some answers and solutions to my problems when I have difficulties.

해석 ▶ 저의 여가시간은 다양한 커피숍에서 많은 자기계발서와 함께합니다. 이 책들은 유명한 리더들의 많은 인사이트를 제공해줍니다. 이 책들의 리더들은 제가 어려움을 겪을 때 문제에 대한 해답과 해결책을 제시해줍니다.

COOKING

* 클래스유 인강 29강 참고

영어 제2 공식을 적용하여 앞 문장의 명사를 이어지는 문장의 주어(대명사)로 활용한 뒤, 문장으로 말하세요.

1. 주제와 관련된 대상 'what'을 '명사'로 찾고 단수/복수 또는 소유격인지 확인하세요.
   이때 명사 대신 동명사를 쓰면 안 됩니다.
2. 제1 공식(형+명+전)을 적용하여 위의 대상을 명사구로 구체화하세요.
   이때 전치사 대신 to 부정사를 쓰거나, 형용사 대신 분사를 쓰면 안 됩니다.
3. 영어식 기본 4동사등을 활용하여 구체화한 명사구를 문장1로 완성하세요.
   이때 명사구 안의 단어는 문맥에 따라 그 순서와 품사 또는 추가 단어를 유연하게 활용할 수 있습니다.
   문장 ① 글로 작성하지 말고 먼저 말해 보세요.
4. 영어 제2 공식 (별칭. 대명사로 문장 연결하기)
   문장 1의 명사 하나를 선택한 뒤 이어지는 문장의 주어(대명사)로 활용하여 문장2, 3을 완성하세요.
   문장 ② 주어 = 대명사 또는 The + 앞 문장의 명사 글로 작성하지 말고 먼저 말해 보세요.
   문장 ③ 주어 = 대명사 또는 The + 앞 문장의 명사 글로 작성하지 말고 먼저 말해 보세요.

영어 제2 공식 활용할 때, 아래의 내용에 유의하세요.

1) 앞 문장의 명사는 주어 대신 목적어나 보어로 활용할 수 있지만, 주어로 활용할 때가 가장 쉽습니다.
2) 앞 문장의 명사를 이어지는 문장에서 대명사로 활용하여 내용을 부연하거나 논리적으로 전개하는 것이 목적입니다.
3) 대명사로 문장 연결하기에 초점을 맞추다 보면 완성된 문장은 내가 전하려는 메시지와 다를 수 있습니다.

🔊 제2 공식 활동 예시

* 명사를 정확하게 언급하기 위해 활동 예시는 주어를 대명사가 아닌 The + 명사로만 활용했습니다.

1. bread → bread

2. bread for my kids → delicious bread for my kids → organic bread for my kids

3. I make(=bake) organic bread for my kids.

  or, My kids have a cooking time to make organic bread.

4-1. (가능 주어 : The bread/My kids)

  The bread is a healthy food.

  or, The bread contains healthy ingredients.

4-2. (가능 주어 : The food/My kids)

  The food helps my kids keep a healthy body.

  or, My kids can maintain a healthy body thanks to the food.

🔊 완성된 문장 1, 2, 3 예시

I bake organic bread for my kids.

The bread is healthy food.

The food helps my kids keep a healthy body.

해석 ▶ 저는 제 자녀를 위해 유기농 빵을 굽습니다.

  그 빵은 건강한 음식입니다.

  그 음식은 제 자녀가 건강한 몸을 유지하는 데 도움이 됩니다.

미션 ▶ 다음의 오픽 & 토익스피킹 빈출 질문 한 개에 답하거나, 제시된 '활동 예시'의 주어에 동그라미 치면서 소리 내어 말해 보세요.

영어 제2 공식을 다음에 이어지는 질문에 적용하세요.

❶1. How often do you eat out?

🔊 제2 공식 활동 예시

──

결론 문장은 선택 활동으로, 반드시 말해 볼 필요는 없어요.

제1 공식 대입 every day → almost every day after work

문장 1   These days I eat out almost every day.

문장 2   My recent days have a lot of projects.

문장 3   They give me a lot of overtime work.

결론 문장   So I can't (=This overtime work never lets me) have time to cook after work.

──

해석 ▶ 얼마나 자주 외식을 하나요?

요즘은 거의 매일 외식을 합니다.

나의 최근은 많은 프로젝트를 가지고 있습니다.

나의 최근 프로젝트는 나에게 많은 초과 근무를 제공합니다.

그래서 나는 업무 후에 요리할 시간이 없습니다.

❶2. What is your favourite restaurant?

🔊 제2 공식 활동 예시

──

결론 문장은 선택 활동으로, 반드시 말해 볼 필요는 없어요.

제1 공식 대입 restaurant → Italian restaurant in Gangnam

문장 1   My favourite restaurant is an Italian restaurant in Gangnam.

문장 2   The restaurant is always crowded with lots of people.

문장 3   But the restaurant(=it) has a very special menu.

결론 문장   So I recommend that someday you go there for a very delicious dish.

해석 ▶ 당신이 가장 좋아하는 레스토랑은 무엇인가요?

내가 가장 좋아하는 레스토랑은 강남에 있는 이탈리안 레스토랑입니다.

그 레스토랑은 항상 많은 사람들로 붐빕니다.

그러나 그 레스토랑은 매우 특별한 메뉴를 가지고 있습니다.

그래서 언젠가 그곳의 맛있는 메뉴를 위해 방문할 것을 추천합니다.

❸3. Which do you prefer between eating out and having a meal at home?

🔊 제2 공식 활동 예시

결론 문장은 선택 활동으로, 반드시 말해 볼 필요는 없어요.

제1 공식 대입 a meal at home → homemade meals after this busy season

문장 1   After this busy season, I will enjoy homemade meals more often.

문장 2   Actually, I am very good at cooking.

문장 3   My best dish is lasagna.

결론 문장   I learned to cook this dish in a 5-star hotel.

해석 ▶ 당신은 외식과 집에서 식사를 하는 것 중 어느 것을 더 선호하나요?

바쁜 시즌이 끝나면, 나는 집에서 만든 음식들을 좀 더 자주 즐길 것입니다.

사실 나는 요리를 아주 잘합니다.

내 최고의 요리는 라자냐입니다.

나는 5성급 호텔에서 이 요리법을 배웠습니다.

HOLIDAY

* 클래스유 인강 29강 참고

영어 제2 공식을 적용하여 앞 문장의 명사를 이어지는 문장의 주어(대명사)로 활용한 뒤, 문장으로 말하세요.

1. 주제와 관련된 대상 'what'을 '명사'로 찾고 단수/복수 또는 소유격인지 확인하세요.
   이때 명사 대신 동명사를 쓰면 안 됩니다.
2. 제1 공식(형+명+전)을 적용하여 위의 대상을 명사구로 구체화하세요.
   이때 전치사 대신 to 부정사를 쓰거나, 형용사 대신 분사를 쓰면 안 됩니다.
3. 영어식 기본 4동사등을 활용하여 구체화한 명사구를 문장1로 완성하세요.
   이때 명사구 안의 단어는 문맥에 따라 그 순서와 품사 또는 추가 단어를 유연하게 활용할 수 있습니다.

   문장① 글로 작성하지 말고 먼저 말해 보세요.
4. 영어 제2 공식 (별칭. 대명사로 문장 연결하기)
   문장 1의 명사 하나를 선택한 뒤 이어지는 문장의 주어(대명사)로 활용하여 문장2, 3을 완성하세요.

   문장② 주어 = 대명사 또는 The + 앞 문장의 명사 글로 작성하지 말고 먼저 말해 보세요.
   문장③ 주어 = 대명사 또는 The + 앞 문장의 명사 글로 작성하지 말고 먼저 말해 보세요.

영어 제2 공식 활용할 때, 아래의 내용에 유의하세요.

1) 앞 문장의 명사는 주어 대신 목적어나 보어로 활용할 수 있지만, 주어로 활용할 때가 가장 쉽습니다.
2) 앞 문장의 명사를 이어지는 문장에서 대명사로 활용하여 내용을 부연하거나 논리적으로 전개하는 것이 목적입니다.
3) 대명사로 문장 연결하기에 초점을 맞추다 보면 완성된 문장은 내가 전하려는 메시지와 다를 수 있습니다.

---

* 명사를 정확하게 언급하기 위해 활동 예시는 주어를 대명사가 아닌 The + 명사로만 활용했습니다.

1. Man-du → Man-du

2. Man-du with various ingredients → big mouthful Man-du with various ingredients

3. We make big mouthful Man-du with a variety of ingredients.

4-1. (가능 주어 : The Man-du/The ingredients)

   The ingredients(=They) are various vegetables and meat or Kimchi.

4-2. (가능 주어 : The vegetables and meat)

   The vegetables and meat are very fresh and chopped into small pieces.

   or, The vegetables and meat give me various flavors and tastes.

🔊 완성된 문장 1, 2, 3 예시

We make big mouthful Man-du with a variety of ingredients.

The ingredients are various vegetables and meat or Kimchi

The vegetables and meat are very fresh and chopped in small pieces.

해석 ▶ 우리는 다양한 재료를 사용하여 입에 가득 차는 만두를 만듭니다.
   이 재료들은 채소, 고기 또는 김치 등이 있습니다.
   이 채소와 고기는 매우 신선하며 작은 조각으로 잘려 있습니다.

미션 ▶ 다음의 오픽 & 토익스피킹 빈출 질문 한 개에 답하거나, 제시된 '활동 예시'의 주어에 동그라미 치면서 소리 내어 말해 보세요.

영어 제2 공식을 다음에 이어지는 질문에 적용하세요.

🔘1. For what occasion do your family gather in your country?

🔊 **제2 공식 활동 예시**

결론 문장은 선택 활동으로, 반드시 말해 볼 필요는 없어요.

제1 공식 대입 birthday → grandmother's birthday day in her house

문장 1	My grandmother's birthday is a special occasion when my family gather together.
문장 2	We bring special gifts and my mom prepares many Korean traditional foods on that day.
문장 3	All these things make her happy a lot.
결론 문장	I think she can feel our warm hearts fully through them.

해석 ▶ 당신의 나라에서 가족이 함께 모이는 특별한 행사는 무엇인가요?

우리 가족이 함께 모이는 특별한 행사 중 하나는 할머니의 생일입니다.

생일 때는 우리가 특별한 선물을 가져가고 엄마가 한국 전통 음식을 많이 준비합니다.

이 모든 것들이 할머니를 매우 행복하게 만듭니다.

나는 이것들을 통해 우리의 따뜻한 마음이 가득히 전해진다고 생각합니다.

🔘2. What do you usually bring as a gift when you meet your family on a special occasion?

🔊 **제2 공식 활동 예시**

결론 문장은 선택 활동으로, 반드시 말해 볼 필요는 없어요.

제1 공식 대입 money → a lot of money as a special gift

문장 1	As I mentioned above, I usually bring a lot of money as a special gift.

문장 2	I think this gift is the most useful one for everyone.
문장 3	It allows the receivers to buy anything they want the most.
결론 문장	So(=Thanks to this) I don't need to worry about whether they like it or not.

해석 ▶ 특별한 행사 때 가족들을 만날 때 어떤 선물을 가져가나요?

저는 가족을 만날 때 보통 특별한 선물로 많은 돈을 가져가곤 합니다.

이 선물은 모두에게 가장 유용한 것이라고 생각합니다.

받는 사람이 가장 원하는 것을 구매할 수 있기 때문입니다.

그래서 저는 그들이 선물을 좋아할지 걱정할 필요가 없습니다.

❻3. What do people usually do, when they have a family gathering on a special occasion?

🔊 **제2 공식 활동 예시**

결론 문장은 선택 활동으로, 반드시 말해 볼 필요는 없어요.

제1 공식 대입 conversation → endless conversations about our daily lives

문장 1	Endless conversations about our daily lives are the most common thing we do.
문장 2	We usually have it, while making some traditional foods like Song-Peon or Man-Du.
문장 3	This time helps us catch up on and understand each other very well.
결론 문장	I enjoy putting our hands together to make many kinds of delicious food.

해석 ▶ 보통 가족들이 특별한 날에 모일 때, 사람들은 주로 무엇을 하나요?

우리의 일상에 대한 끝없는 대화가 우리가 하는 가장 일반적인 것입니다.

우리는 종종 송편이나 만두와 같은 전통적인 음식을 만들면서 대화를 합니다.

이 시간은 서로의 이야기를 듣고 이해하는 데 큰 도움이 됩니다.

저는 우리가 손을 모아서 많은 종류의 맛있는 음식 만드는 것을 즐깁니다.

TV

*클래스유 인강 30강 참고

영어 제2 공식을 적용하여 앞 문장의 명사를 이어지는 문장의 주어(대명사)로 활용한 뒤, 문장으로 말하세요.

1. 주제와 관련된 대상 'what'을 '명사'로 찾고 단수/복수 또는 소유격인지 확인하세요.

   이때 명사 대신 동명사를 쓰면 안 됩니다.

2. 제1 공식(형+명+전)을 적용하여 위의 대상을 명사구로 구체화하세요.

   이때 전치사 대신 to 부정사를 쓰거나, 형용사 대신 분사를 쓰면 안 됩니다.

3. 영어식 기본 4동사등을 활용하여 구체화한 명사구를 문장1로 완성하세요.

   이때 명사구 안의 단어는 문맥에 따라 그 순서와 품사 또는 추가 단어를 유연하게 활용할 수 있습니다.

   문장① 글로 작성하지 말고 먼저 말해 보세요.

4. 영어 제2 공식 (별칭. 대명사로 문장 연결하기)

   문장 1의 명사 하나를 선택한 뒤 이어지는 문장의 주어(대명사)로 활용하여 문장2, 3을 완성하세요.

   문장② 주어 = 대명사 또는 The + 앞 문장의 명사 글로 작성하지 말고 먼저 말해 보세요.

   문장③ 주어 = 대명사 또는 The + 앞 문장의 명사 글로 작성하지 말고 먼저 말해 보세요.

영어 제2 공식 활용할 때, 아래의 내용에 유의하세요.

1) 앞 문장의 명사는 주어 대신 목적어나 보어로 활용할 수 있지만, 주어로 활용할 때가 가장 쉽습니다.

2) 앞 문장의 명사를 이어지는 문장에서 대명사로 활용하여 내용을 부연하거나 논리적으로 전개하는 것이 목적입니다.

3) 대명사로 문장 연결하기에 초점을 맞추다 보면 완성된 문장은 내가 전하려는 메시지와 다를 수 있습니다.

🔊 제2 공식 활동 예시

* 명사를 정확하게 언급하기 위해 활동 예시는 주어를 대명사가 아닌 The + 명사로만 활용했습니다.

1. screen → a screen

2. on a screen → vivid colours on the screen

3. TV has vivid colours on the screen.

or, TV has vivid colours with its high quality on the screen.

4-1. (가능 주어 : The colour/The screen)

The screen gives us very beautiful scenes.

4-2. (가능 주어 : The beautiful scenes)

These beautiful scenes are perfect(= ideal) for romance and drama genres.

🔊 완성된 문장 1, 2, 3 예시

TV has vivid colours with its high quality on the screen.

The screen gives us very beautiful scenes.

These beautiful scenes are ideal for romance and drama genres.

해석 ▶ TV는 고화질 화면과 함께 선명한 색상을 가지고 있습니다.

이 화면은 우리에게 아름다운 장면을 제공합니다.

이러한 아름다운 장면은 로맨스와 드라마 장르에 적합합니다.

미션 ▶ 다음의 오픽 & 토익스피킹 빈출 질문 한 개에 답하거나, 제시된 '활동 예시'의 주어에 동그라미 치면서 소리 내어 말해 보세요.

영어 제2 공식을 다음에 이어지는 질문에 적용하세요.

❶1. How often do you read newspapers or magazines?

🔊 제2 공식 활동 예시

결론 문장은 선택 활동으로, 반드시 말해 볼 필요는 없어요.

제1 공식 대입 Morning → every morning as a routine

문장 1 Reading newspapers before breakfast is my everyday morning routine.

문장 2 It takes 30 minutes to go through the articles in all sections.

문장 3 Especially, the latest news helps me predict trends in my working field.

결론 문장 So(or Thanks to this advantage), I try not to skip this habit.

> 해석 ▶ 신문이나 잡지를 얼마나 자주 보십니까?
> 아침 식사 전에 신문을 읽는 것은 제 아침 일상입니다.
> 모든 섹션의 기사를 훑어보는 데는 30분이 걸립니다.
> 특히 최신 뉴스는 내 직업 분야의 트렌드를 예측하는 데 도움이 됩니다.
> 그래서 나는 이 습관을 스킵하지 않으려고 노력합니다.

❶2. Do you read newspapers or online news?

🔊 제2 공식 활동 예시

결론 문장은 선택 활동으로, 반드시 말해 볼 필요는 없어요.

제1 공식 대입 online news → online breaking news except the news in the morning

문장 1 Aside from my morning routine, I follow up with breaking news online.

문장 2 The news is updated so quickly after an accident or incident,

문장 3 that I can understand any event happening all over the world in real-time.

| 결론 문장 | So(=That's why), it is also my another daily routine to check online news frequently. |

해석 ▶ 신문을 보시나요, 아니면 온라인 뉴스를 보시나요?

저는 아침 일상 외에도 온라인 뉴스를 따라가고 있습니다.

사고나 사건 발생 후 뉴스가 매우 빠르게 업데이트되어

전 세계에서 일어나는 사건에 대해 실시간으로 이해할 수 있습니다.

그래서, 온라인 뉴스를 자주 확인하는 것은 저의 또 다른 하루의 루틴입니다.

❸3. What magazines do you usually read? What is your favourite or the most popular magazine in your country?

🔊 제2 공식 활동 예시

결론 문장은 선택 활동으로, 반드시 말해 볼 필요는 없어요.

제1 공식 대입 New York Times → the most famous magazine in my country

문장 1	My favourite magazine is the New York Times.
문장 2	This magazine(=It) is the most famous and well-known magazine in my country.
문장 3	It extensively tells about what is happening around the world.
결론 문장	It helps me have a deep understanding of various issues as well as the author's insight.

해석 ▶ 어떤 잡지를 보는 게 일반적인가요? 국내에서 가장 좋아하는 잡지나 유명한 잡지는 무엇인가요?

제가 가장 좋아하는 잡지는 뉴욕 타임즈입니다.

이 잡지는 우리나라에서 가장 유명하고 잘 알려진 잡지입니다.

전 세계에서 일어나는 사건들을 광범위하게 다루고 있습니다.

이 잡지는 저자의 통찰력과 함께 다양한 이슈들을 깊이 이해하는 데 도움이 됩니다.

FORMAL SUIT

*클래스유 인강 30강 참고

영어 제2 공식을 적용하여 앞 문장의 명사를 이어지는 문장의 주어(대명사)로 활용한 뒤, 문장으로 말하세요.

1. 주제와 관련된 대상 'what'을 '명사'로 찾고 단수/복수 또는 소유격인지 확인하세요.

   이때 명사 대신 동명사를 쓰면 안 됩니다.

2. 제1 공식(형+명+전)을 적용하여 위의 대상을 명사구로 구체화하세요.

   이때 전치사 대신 to 부정사를 쓰거나, 형용사 대신 분사를 쓰면 안 됩니다.

3. 영어식 기본 4동사등을 활용하여 구체화한 명사구를 문장1로 완성하세요.

   이때 명사구 안의 단어는 문맥에 따라 그 순서와 품사 또는 추가 단어를 유연하게 활용할 수 있습니다.

   문장 ① 글로 작성하지 말고 먼저 말해 보세요.

4. 영어 제2 공식 (별칭. 대명사로 문장 연결하기)

   문장 1의 명사 하나를 선택한 뒤 이어지는 문장의 주어(대명사)로 활용하여 문장2, 3을 완성하세요.

   문장 ② 주어 = 대명사 또는 The + 앞 문장의 명사 글로 작성하지 말고 먼저 말해 보세요.

   문장 ③ 주어 = 대명사 또는 The + 앞 문장의 명사 글로 작성하지 말고 먼저 말해 보세요.

영어 제2 공식 활용할 때, 아래의 내용에 유의하세요.

1) 앞 문장의 명사는 주어 대신 목적어나 보어로 활용할 수 있지만, 주어로 활용할 때가 가장 쉽습니다.

2) 앞 문장의 명사를 이어지는 문장에서 대명사로 활용하여 내용을 부연하거나 논리적으로 전개하는 것이 목적입니다.

3) 대명사로 문장 연결하기에 초점을 맞추다 보면 완성된 문장은 내가 전하려는 메시지와 다를 수 있습니다.

◀)) 제2 공식 활동 예시

* 명사를 정확하게 언급하기 위해 활동 예시는 주어를 대명사가 아닌 The + 명사로만 활용했습니다.
* strict, formal 같은 형용사만 생각날 수 있지만 계속하여 고민해 보세요.

1. business → business

2. for business → a good piece of clothes for business like meeting

3. A formal suit is an appropriate choice of attire for a business meeting.

or, A formal suit gives me a good piece of clothes for business.

4-1. (가능 주어 : The clothes/The business)

The clothes can give a good impression/feeling to the attendees of the meeting.

4-2. (가능 주어 : The attendees/The meeting)

The attendees(=They) may give(=pay) more attention to the person in a formal suit.

◀)) 완성된 문장 1, 2, 3 예시

A formal suit is an appropriate choice of attire for a business meeting.

The clothes can give a good impression to the attendees of the meeting.

They may pay more attention to the person in a formal suit.

해석 ▶ 비즈니스 미팅에는 정장이 적합한 의복입니다.

이 의복은 미팅 참석자들에게 좋은 인상을 줄 수 있습니다.

정장을 입은 사람이 더 많이 주목받을 수 있습니다.

미션 ▶ 다음의 오픽 & 토익스피킹 빈출 질문 한 개에 답하거나, 제시된 '활동 예시'의 주어에 동그라미 치면서 소리 내어 말해 보세요.

영어 제2 공식을 다음에 이어지는 질문에 적용하세요.

◉1. Do you think fashion is important to people in your country?

◀)) 제2 공식 활동 예시

....

결론 문장은 선택 활동으로, 반드시 말해 볼 필요는 없어요.

제1 공식 대입 teenagers → sensitive teenagers for their look

문장 1	Yes, I think fashion is very important to sensitive teenagers in my country.
문장 2	They care about their appearance very much.
문장 3	They believe that it can tell others who they are effectively.
결론 문장	For this reason, most middle and high school students are interested in fashion.

....

해석 ▶ 당신의 나라 사람들에게 패션은 중요한가요?

예, 저는 우리나라의 예민한 십 대들에게 패션은 매우 중요하다고 생각합니다.

그들은 자신의 외모에 대해 매우 신경 쓰고 있습니다.

그들은 패션을 통해 자신이 누구인지 효과적으로 알릴 수 있다고 믿습니다.

그래서 대부분의 중고등학생이 자신의 패션에 관심이 있습니다.

◉2. Do you create your own fashion style or follow the fashion trend?

◀)) 제2 공식 활동 예시

....

결론 문장은 선택 활동으로, 반드시 말해 볼 필요는 없어요.

제1 공식 대입 a creator → a fashion creator of my nickname

문장 1	In my case, the word 'fashion creator' is more proper for me.
문장 2	I consider the situation where I wear the clothes, not the trends.

문장 3	Different clothes for different <u>purposes</u> are appropriate.
결론 문장	I believe each situation helps me decide the colour or style of the dress.

해석 ▶ 당신은 자신만의 패션 스타일을 만드시나요, 아니면 패션 트렌드를 따르시나요?

제 경우에는 '패션 크리에이터'라는 표현이 더 어울릴 것 같아요.

저는 옷을 입는 상황을 고려하고 판단하는 편입니다. 패션 트렌드보다는요.

다른 상황에 맞는 다른 옷들이 적합합니다.

저는 각 상황이 옷의 색상이나 스타일을 결정하는 데 도움을 준다고 믿습니다.

❶3. **What do people think about your fashion style?**

◀) 제2 공식 활동 예시

결론 문장은 선택 활동으로, 반드시 말해 볼 필요는 없어요.

제1 공식 대입 a vintage girl → a vintage girl in classic wears

문장 1	People think of me as a vintage girl.
문장 2	I usually wear <u>classic clothes</u> on both special occasions and school days.
문장 3	As I mentioned before, <u>my clothes</u> are different in different situations.
결론 문장	This fashion style lets people think of me as a well-mannered person as well.

해석 ▶ 당신의 패션 스타일에 대해 사람들은 어떻게 생각하나요?

사람들은 나를 빈티지 소녀로 생각합니다.

저는 보통 특별한 행사나 학교 일상에서 클래식한 옷을 입습니다.

앞서 말했듯이, 제 옷은 상황에 따라 다릅니다.

이 패션 스타일은 사람들이 저를 예의 바른 사람으로 생각하게 합니다.

SMALL SCHOOL
* 클래스유 인강 31강 참고

영어 제2 공식을 적용하여 앞 문장의 명사를 이어지는 문장의 주어(대명사)로 활용한 뒤, 문장으로 말하세요.

1. 주제와 관련된 대상 'what'을 '명사'로 찾고 단수/복수 또는 소유격인지 확인하세요.

   이때 명사 대신 동명사를 쓰면 안 됩니다.

2. 제1 공식(형+명+전)을 적용하여 위의 대상을 명사구로 구체화하세요.

   이때 전치사 대신 to 부정사를 쓰거나, 형용사 대신 분사를 쓰면 안 됩니다.

3. 영어식 기본 4동사등을 활용하여 구체화한 명사구를 문장1로 완성하세요.

   이때 명사구 안의 단어는 문맥에 따라 그 순서와 품사 또는 추가 단어를 유연하게 활용할 수 있습니다.

   〔문장①〕 글로 작성하지 말고 먼저 말해 보세요.

4. 영어 제2 공식 (별칭. 대명사로 문장 연결하기)

   문장 1의 명사 하나를 선택한 뒤 이어지는 문장의 주어(대명사)로 활용하여 문장2, 3을 완성하세요.

   〔문장②〕 주어 = 대명사 또는 The + 앞 문장의 명사 글로 작성하지 말고 먼저 말해 보세요.

   〔문장③〕 주어 = 대명사 또는 The + 앞 문장의 명사 글로 작성하지 말고 먼저 말해 보세요.

   영어 제2 공식 활용할 때, 아래의 내용에 유의하세요.

   1) 앞 문장의 명사는 주어 대신 목적어나 보어로 활용할 수 있지만, 주어로 활용할 때가 가장 쉽습니다.

   2) 앞 문장의 명사를 이어지는 문장에서 대명사로 활용하여 내용을 부연하거나 논리적으로 전개하는 것이 목적입니다.

   3) 대명사로 문장 연결하기에 초점을 맞추다 보면 완성된 문장은 내가 전하려는 메시지와 다를 수 있습니다.

🔊 제2 공식 활동 예시

* 명사를 정확하게 언급하기 위해 활동 예시는 주어를 대명사가 아닌 The + 명사로만 활용했습니다.

1. teacher → a teacher

2. a teacher at a small school → one teacher with various teaching materials at a small school

3. A small school usually has only one teacher with various teaching materials.

4-1. (가능 주어 : The teacher/The materials)

The materials are interesting things to help young students learn.

or, The materials are useful things for young students to learn interestingly.

4-2. (가능 주어 : The teacher/The students)

In fact, the teachers in many small schools tend to study to improve their teaching materials.

🔊 완성된 문장 1, 2, 3 예시

A small school usually has only one teacher with various teaching materials.

The materials are useful things for young students to learn interestingly.

In fact, the teachers in many small schools tend to study to improve their teaching materials.

해석 ▶ 작은 학교는 보통 한 명의 교사만 있으며 다양한 교육자료를 보유하고 있습니다.

이러한 자료들은 학생들이 재미있게 배울 수 있는 유용한 것들입니다.

실제로, 많은 작은 학교 교사들은 자신들의 교육자료를 개선하기 위해 공부하는 경향이 있습니다.

미션 ▶ 다음의 오픽 & 토익스피킹 빈출 질문 한 개에 답하거나, 제시된 '활동 예시'의 주어에 동그라미 치면서 소리 내어 말해 보세요.

영어 제2 공식을 다음에 이어지는 질문에 적용하세요.

01. Was your high school big or small?

🔊 제2 공식 활동 예시

결론 문장은 선택 활동으로, 반드시 말해 볼 필요는 없어요.

제1 공식 대입 a school → a big high school with over 10 classes for one grade each.

문장 1   My high school was very big with over 10 classes for each grade.

문장 2   Each class had over 50 students with one homeroom teacher.

문장 3   I know this number is hard to imagine now.

결론 문장   But the classrooms with so many students were full of interesting events.

해석 ▶ 당신의 고등학교는 컸나요, 작았나요?

제 고등학교는 학년마다 10개 이상의 반을 가진 매우 큰 규모였습니다.

각 반에는 50명 이상의 학생이 있었고, 담임선생님 한 명이 있었습니다.

이 숫자는 지금은 상상하기 어려운 수준이라는 것을 알고 있습니다.

하지만 이렇게 많은 학생이 모인 교실에서는 흥미로운 사건들이 가득했습니다.

02. What was your favourite subject?

🔊 제2 공식 활동 예시

결론 문장은 선택 활동으로, 반드시 말해 볼 필요는 없어요.

제1 공식 대입 Science → interesting science with a lot of experiments

문장 1   My favourite subject was science with a lot of exciting experiments.

문장 2   The experiments showed me big changes and helped me discover something new.

문장 3   These interesting results brought endless curiosity to me.

결론 문장   Such unexpected situations always make me feel alive.

해석 ▶ 당신이 좋아하는 과목은 무엇이었나요?

저는 많은 흥미로운 실험들이 있는 과학이 가장 좋아하는 과목입니다.

실험들은 큰 변화를 보여주며 새로운 것을 발견하는 데 도움을 주었습니다.

이러한 흥미로운 결과들은 저에게 끝없는 호기심을 가져왔습니다.

이러한 예상치 못한 상황들은 항상 저를 살아있게 만들어줍니다.

❷3. Do you want to learn something new with your friends or alone with a teacher?

🔊 제2 공식 활동 예시

결론 문장은 선택 활동으로, 반드시 말해 볼 필요는 없어요.

제1 공식 대입 Friends → very close friends with different interests

문장 1   I want to learn something new with my close friends having different interests from me.

문장 2   They might have different knowledge and information based on their different interests.

문장 3   This difference would be very helpful to solve problems that I don't know how to approach.

결론 문장   I believe there is power in differences, and that two are better than one.

해석 ▶ 당신은 친구들과 함께 새로운 것을 배우고 싶은가요, 아니면 혼자서 선생님과 배우고 싶은가요?

저는 서로 다른 관심사를 가진 친구들과 함께 새로운 것을 배우고 싶습니다.

그들은 자신들의 관심사에 따라 다른 지식과 정보를 가질 수 있습니다.

이러한 차이는 제가 어떻게 접근할 지 모르는 문제를 해결하는 데 매우 도움이 될 것입니다.

저는 다름에는 힘이 있다고 믿으며, 하나 보다는 둘이 더 낫다고 확신합니다.

WINTER

* 클래스유 인강 31강 참고

영어 제2 공식을 적용하여 앞 문장의 명사를 이어지는 문장의 주어(대명사)로 활용한 뒤, 문장으로 말하세요.

1. 주제와 관련된 대상 'what'을 '명사'로 찾고 단수/복수 또는 소유격인지 확인하세요.

   이때 명사 대신 동명사를 쓰면 안 됩니다.

2. 제1 공식(형+명+전)을 적용하여 위의 대상을 명사구로 구체화하세요.

   이때 전치사 대신 to 부정사를 쓰거나, 형용사 대신 분사를 쓰면 안 됩니다.

3. 영어식 기본 4동사등을 활용하여 구체화한 명사구를 문장1로 완성하세요.

   이때 명사구 안의 단어는 문맥에 따라 그 순서와 품사 또는 추가 단어를 유연하게 활용할 수 있습니다.

   문장① 글로 작성하지 말고 먼저 말해 보세요.

4. 영어 제2 공식 (별칭. 대명사로 문장 연결하기)

   문장 1의 명사 하나를 선택한 뒤 이어지는 문장의 주어(대명사)로 활용하여 문장2, 3을 완성하세요.

   문장② 주어 = 대명사 또는 The + 앞 문장의 명사 글로 작성하지 말고 먼저 말해 보세요.

   문장③ 주어 = 대명사 또는 The + 앞 문장의 명사 글로 작성하지 말고 먼저 말해 보세요.

   영어 제2 공식 활용할 때, 아래의 내용에 유의하세요.

   1) 앞 문장의 명사는 주어 대신 목적어나 보어로 활용할 수 있지만, 주어로 활용할 때가 가장 쉽습니다.

   2) 앞 문장의 명사를 이어지는 문장에서 대명사로 활용하여 내용을 부연하거나 논리적으로 전개하는 것이 목적입니다.

   3) 대명사로 문장 연결하기에 초점을 맞추다 보면 완성된 문장은 내가 전하려는 메시지와 다를 수 있습니다.

🔊 제2 공식 활동 예시

* 명사를 정확하게 언급하기 위해 활동 예시는 주어를 대명사가 아닌 The + 명사로만 활용했습니다.

1. snow → snow

2. snow at a ski resort → a lot of widely spread snow at a ski resort

3. A winter resort has a lot of widely spread snow.

4-1. (가능 주어 : The resort / The snow)

The snow is good enough for people to enjoy skiing.

or, The snow has good quality for people to enjoy skiing.

4-2. (가능 주어 : The resort / The quality / The ski)

The resort is always crowded with ski lovers during the winter season.

🔊 완성된 문장 1, 2, 3 예시

A winter resort has a lot of widely spread snow.

The snow has good quality for people to enjoy skiing.

The resort is always crowded with ski lovers during the winter season.

해석 ▶ 겨울 리조트는 넓게 펼쳐진 눈을 많이 가지고 있습니다.
이 눈은 스키를 즐길 수 있는 좋은 질을 가지고 있습니다.
이 리조트는 겨울철에는 항상 스키 애호가들로 붐비는 곳입니다.

미션 ▶ 다음의 오픽 & 토익스피킹 빈출 질문 한 개에 답하거나, 제시된 '활동 예시'의 주어에 동그라미 치면서 소리 내어 말해 보세요.

영어 제2 공식을 다음에 이어지는 질문에 적용하세요.

◎1. What is the season and weather like in your country?

🔊 제2 공식 활동 예시

결론 문장은 선택 활동으로, 반드시 말해 볼 필요는 없어요.

제1 공식 대입 four seasons → four distinctive seasons during a year

문장 1	Korea has four distinctive seasons each year.
문장 2	Every year begins with a very cold winter.
문장 3	This season is followed by warm spring, hot summer, and cool fall, each lasting for three months.
결론 문장	People consider fall to be the best season due to its beautiful coloured leaves.

해석 ▶ 당신 나라의 계절과 날씨는 어떤가요?

한국은 연중 네 가지 명확한 계절을 가지고 있습니다.

매년 매우 추운 겨울로 시작합니다.

이 계절은 따뜻한 봄, 더운 여름, 서늘한 가을로 이어지고, 각 계절은 세 달씩 지속됩니다.

사람들은 아름다운 단풍때문에 가을을 최고의 계절로 여깁니다.

◎2. What season do people in your country like to enjoy the most?

🔊 제2 공식 활동 예시

결론 문장은 선택 활동으로, 반드시 말해 볼 필요는 없어요.

제1 공식 대입 summer → hot summer in July and August

문장 1	Summer in July and August is the best season to enjoy, despite its hot weather.
문장 2	This temperature allows people to go outside and enjoy water sports.
문장 3	The water sports cool us down in the middle of hot summer days.

| 결론 문장 | Venues like swimming pools, seas or valleys get crowded during these months. |

해석 ▶ 당신의 나라에서 사람들이 가장 즐기는 계절은 무엇인가요?

7월과 8월의 여름은 뜨거운 날씨에도 불구하고 즐기기 가장 좋은 계절입니다.

이 기온은 사람들이 밖에서 물놀이를 즐길 수 있게 해줍니다.

물놀이는 뜨거운 여름 날씨 중간에 우리를 시원하게 해줍니다.

수영장, 바다, 계곡과 같은 장소들은 해당 월에 붐비게 됩니다.

❸3. Are there any changes in the country's seasonal characteristics recently?

🔊 제2 공식 활동 예시

결론 문장은 선택 활동으로, 반드시 말해 볼 필요는 없어요.

제1 공식 대입 change → dramatic change in the highs and lows of the two seasons

문장 1	The most significant change is the dramatic increase in temperature variation between the two seasons.
문장 2	Summer is getting hotter while winter is going the opposite way.
문장 3	People have to endure scorching summer days and severe freezing winds.
결론 문장	We have to take some action globally and think about the next generation.

해석 ▶ 최근에는 나라의 계절 특성에 어떤 변화가 있었나요?

가장 큰 차이점은 두 계절의 최고와 최저 기온의 급격한 변화입니다.

여름은 더욱더 더워지고 겨울은 그 반대로 바뀌고 있습니다.

사람들은 강렬한 여름날과 심각하게 추운 바람을 견뎌내야 합니다.

우리는 다음 세대를 생각하면서 세계적으로 어떤 조치를 취해야합니다.

FASHION INDUSTRY
＊클래스유 인강 32강 참고

영어 제2 공식을 적용하여 앞 문장의 명사를 이어지는 문장의 주어(대명사)로 활용한 뒤, 문장으로 말하세요.

1. 주제와 관련된 대상 'what'을 '명사'로 찾고 단수/복수 또는 소유격인지 확인하세요.
   이때 명사 대신 동명사를 쓰면 안 됩니다.
2. 제1 공식(형+명+전)을 적용하여 위의 대상을 명사구로 구체화하세요.
   이때 전치사 대신 to 부정사를 쓰거나, 형용사 대신 분사를 쓰면 안 됩니다.
3. 영어식 기본 4동사등을 활용하여 구체화한 명사구를 문장1로 완성하세요.
   이때 명사구 안의 단어는 문맥에 따라 그 순서와 품사 또는 추가 단어를 유연하게 활용할 수 있습니다.
   문장① 글로 작성하지 말고 먼저 말해 보세요.
4. 영어 제2 공식 (별칭. 대명사로 문장 연결하기)
   문장 1의 명사 하나를 선택한 뒤 이어지는 문장의 주어(대명사)로 활용하여 문장2, 3을 완성하세요.
   문장② 주어 = 대명사 또는 The + 앞 문장의 명사 글로 작성하지 말고 먼저 말해 보세요.
   문장③ 주어 = 대명사 또는 The + 앞 문장의 명사 글로 작성하지 말고 먼저 말해 보세요.

영어 제2 공식 활용할 때, 아래의 내용에 유의하세요.

1) 앞 문장의 명사는 주어 대신 목적어나 보어로 활용할 수 있지만, 주어로 활용할 때가 가장 쉽습니다.
2) 앞 문장의 명사를 이어지는 문장에서 대명사로 활용하여 내용을 부연하거나 논리적으로 전개하는 것이 목적입니다.
3) 대명사로 문장 연결하기에 초점을 맞추다 보면 완성된 문장은 내가 전하려는 메시지와 다를 수 있습니다.

🔊 제2 공식 활동 예시

* 명사를 정확하게 언급하기 위해 활동 예시는 주어를 대명사가 아닌 The + 명사로만 활용했습니다.
* fast 같은 형용사만 생각날 수 있지만 계속하여 고민해 보세요.

1. speed → the speed

2. the fast speed in its change

3. The change in the fashion industry has its fast speed.

or, The fashion industry changes so rapidly.

4-1. (가능 주어 : The speed/change)

The speed is made(has been led) by many SPA brands.

or, Many SPA brands around the world have led this fast change.

4-2. (가능 주어 : The change/brands)

In fact, these brands produce a vast amount of clothing almost every second.

🔊 완성된 문장 1, 2, 3 예시

The fashion industry changes so rapidly.

Many SPA brands around the world have led this fast change.

In fact, these brands produce a vast amount of clothing almost every second.

해석 ▶ 패션 산업은 매우 빠르게 변화합니다.

세계 각지의 많은 SPA 브랜드들이 이러한 신속한 변화를 이끌어내고 있습니다.

실제로 이러한 브랜드들은 매 순간마다 방대한 양의 의류를 생산하고 있습니다.

미션 ▶ 다음의 오픽 & 토익스피킹 빈출 질문 한 개에 답하거나, 제시된 '활동 예시'의 주어에 동그라미 치면서 소리 내어 말해 보세요.

영어 제2 공식을 다음에 이어지는 질문에 적용하세요.

Q1. Are you a tech and gadget lover?

🔊 **제2 공식 활동 예시**

결론 문장은 선택 활동으로, 반드시 말해 볼 필요는 없어요.

제1 공식 대입 a gadget lover → a famous gadget lover among my friends

문장 1   I think so, many of my friends call me a gadget lover.

문장 2   Buying the latest electronic models is one of my hobbies.

문장 3   I enjoy shopping for a new device(=it) at least once every 2-3 weeks.

결론 문장   It's a little financially burdensome, but I enjoy having the latest gadgets.

해석 ▶ 당신은 기술과 기기를 좋아하는 사람인가요?
제 생각에는 그렇습니다. 제 친구 중 많은 사람이 저를 기기 애호가라고 부릅니다.
최신 전자제품을 사는 것은 제 취미 중 하나입니다.
저는 2~3주마다 새로운 기기를 쇼핑하는 것을 즐깁니다.
경제적으로 조금 부담스러운 측면이 있지만, 저는 최신 가전제품을 즐기는 편입니다.

Q2. What are some important technological advances you are aware of?

🔊 **제2 공식 활동 예시**

결론 문장은 선택 활동으로, 반드시 말해 볼 필요는 없어요.

제1 공식 대입 meeting platforms → online meeting platforms with global attendees

문장 1   The advance in online meeting platforms is very important for doing
           global business.

문장 2   Many virtual meeting programmes have emerged with the outbreak of
           COVID-19.

| 문장 3 | During the shutdown policy, many businessmen could work from home in various fields. |
| 결론 문장 | It has made the business environment more flexible in terms of distance. |

해석 ▶ 당신은 어떤 중요한 기술적 발전을 알고 계신가요?

온라인 회의 플랫폼의 발전은 글로벌 비즈니스에 매우 중요합니다.

많은 가상 회의 프로그램이 COVID-19의 발생과 함께 등장했습니다.

다양한 분야에서 많은 비즈니스맨들이 재택으로 일할 수 있게 되었습니다.

그것은 거리적 측면에서 비즈니스 환경을 더 유연하게 만들었습니다.

Ｑ3. What would be the most remarkable technological advancement in the near future?

🔊 제2 공식 활동 예시

결론 문장은 선택 활동으로, 반드시 말해 볼 필요는 없어요.

제1 공식 대입 cars → auto-driving cars on the road

문장 1	Auto-driving cars on the road may be the most remarkable advancement in the future.
문장 2	In fact, auto driving taxis are already a common public transport service in some US states.
문장 3	The taxis drive passengers from one place to another with no serious accidents.
결론 문장	The auto-driving taxi service company believes it will make our streets much safer.

해석 ▶ 가까운 미래에 가장 주목할 만한 기술적 발전은 무엇일까요?

도로 위 자율주행차는 미래에서 가장 주목할 만한 발전일 것입니다.

실제로 미국 어떤 주에서는 이미 자율주행 택시가 일반적인 대중교통 서비스로 사용되고 있습니다.

이 택시들은 심각한 사고 없이 승객들을 한 곳에서 다른 곳으로 운전합니다.

자율주행 택시 서비스 업체는 이것이 우리 도로를 더 안전하게 만들 것이라고 믿습니다.

INTERNET SHOPPING

* 클래스유 인강 32강 참고

영어 제2 공식을 적용하여 앞 문장의 명사를 이어지는 문장의 주어(대명사)로 활용한 뒤, 문장으로 말하세요.

1. 주제와 관련된 대상 'what'을 '명사'로 찾고 단수/복수 또는 소유격인지 확인하세요.

   이때 명사 대신 동명사를 쓰면 안 됩니다.

2. 제1 공식(형+명+전)을 적용하여 위의 대상을 명사구로 구체화하세요.

   이때 전치사 대신 to 부정사를 쓰거나, 형용사 대신 분사를 쓰면 안 됩니다.

3. 영어식 기본 4동사등을 활용하여 구체화한 명사구를 문장1로 완성하세요.

   이때 명사구 안의 단어는 문맥에 따라 그 순서와 품사 또는 추가 단어를 유연하게 활용할 수 있습니다.

   문장 ① 글로 작성하지 말고 먼저 말해 보세요.

4. 영어 제2 공식 (별칭. 대명사로 문장 연결하기)

   문장 1의 명사 하나를 선택한 뒤 이어지는 문장의 주어(대명사)로 활용하여 문장2, 3을 완성하세요.

   문장 ② 주어 = 대명사 또는 The + 앞 문장의 명사 글로 작성하지 말고 먼저 말해 보세요.

   문장 ③ 주어 = 대명사 또는 The + 앞 문장의 명사 글로 작성하지 말고 먼저 말해 보세요.

   영어 제2 공식 활용할 때, 아래의 내용에 유의하세요.

   1) 앞 문장의 명사는 주어 대신 목적어나 보어로 활용할 수 있지만, 주어로 활용할 때가 가장 쉽습니다.

   2) 앞 문장의 명사를 이어지는 문장에서 대명사로 활용하여 내용을 부연하거나 논리적으로 전개하는 것이 목적입니다.

   3) 대명사로 문장 연결하기에 초점을 맞추다 보면 완성된 문장은 내가 전하려는 메시지와 다를 수 있습니다.

🔊 제2 공식 활동 예시

* 명사를 정확하게 언급하기 위해 활동 예시는 주어를 대명사가 아닌 The + 명사로만 활용했습니다.

1. mobile → a mobile

2. a mobile in my hand → a very small and handy mobile in my hand

3. Internet shopping starts from (=begins with) a very small and handy mobile in my hand.

or, A very small and handy mobile in my hand helps me enjoy internet shopping.

4-1. (가능 주어 : The mobile/hand)

The mobile can allows me to access internet shopping malls from many countries around the world.

4-2. (가능 주어 : The shopping malls/Many countries)

The various shopping malls give(=deliver) me various(=endless) products conveniently.

🔊 완성된 문장 1, 2, 3 예시

Internet shopping begins with a very small and handy mobile in my hand.

The mobile can allow me to access the internet shopping malls from many countries around the world.

The various shopping malls deliver endless products conveniently.

해석 ▶ 인터넷 쇼핑은 손안의 작고 편리한 모바일 기기로부터 시작됩니다.
이 모바일 기기는 전 세계 다양한 나라들의 인터넷 쇼핑몰에 접속할 수 있도록 해줍니다.
많은 나라의 다양한 쇼핑몰에서는 편리하게 끝없는 제품들을 배송해 줍니다.

미션 ▶ 다음의 오픽 & 토익스피킹 빈출 질문 한 개에 답하거나, 제시된 '활동 예시'의 주어에 동그라미 치면서 소리 내어 말해 보세요.

영어 제2 공식을 다음에 이어지는 질문에 적용하세요.

Q1. What kind of banking services do you use?

🔊 **제2 공식 활동 예시**

결론 문장은 선택 활동으로, 반드시 말해 볼 필요는 없어요.

제1 공식 대입 money transfer service → convenient money transfer services on line

문장 1   One of the convenient services I use frequently is online money transfer.

문장 2   To use this service, I must first visit a bank and open a bank account.

문장 3   Actually, I visited Seoul Bank last month.

결론 문장   Once I got there, I filled out many forms to identify myself and set up my online banking, including entering my PIN number for security.

해석 ▶ 어떤 종류의 은행 서비스를 이용하시나요?

제가 자주 이용하는 은행 서비스 중 하나는 온라인 송금 서비스입니다.

이 서비스를 이용하려면 먼저 은행을 방문하여 계좌를 개설해야 합니다.

실제로 저는 지난달 서울은행을 방문했습니다.

은행에 도착하자마자, 신원 확인을 위해 많은 서류들을 작성하고, 보안을 위한 PIN번호를 입력하는 것을 포함 온라인 설정을 했습니다.

Q2. Describe how to use an ATM to withdraw money from your account.

🔊 **제2 공식 활동 예시**

결론 문장은 선택 활동으로, 반드시 말해 볼 필요는 없어요.

제1 공식 대입 steps → several steps for the money out of my bank account

문장 1   Withdrawing money from my bank account involves several steps.

문장 2	First, insert my ATM card into <u>the machine</u> and enter my account PIN.
문장 3	After verifying my identity, <u>the machine</u> asks for the amount of money to withdraw.
결론 문장	After a few seconds, the correct amount of money will be dispensed.

해석 ▶ ATM을 이용하여 계좌에서 돈을 인출하는 방법을 설명해 주세요.

은행 계좌에서 돈을 인출하거나 저축하는 방법에는 몇 가지 단계가 필요합니다.

먼저 ATM 카드를 기계에 넣고 계좌에 PIN 번호를 입력합니다.

내 신원을 확인한 후, 기계는 현금 얼마를 인출할 지를 물어봅니다.

몇 초 후에 정확한 금액이 제공됩니다.

❸3. Do you have any financial plans, such as saving up for something?

🔊 제2 공식 활동 예시

결론 문장은 선택 활동으로, 반드시 말해 볼 필요는 없어요.

제1 공식 대입	savings plan → a new savings plan from this January
문장 1	I started a new savings plan in January of this year.
문장 2	The savings plan of 300,000 won per month is for <u>my new laptop</u>.
문장 3	My current balance of 1.2 million won will reach 3 million won for <u>my future laptop</u>.
결론 문장	My account has very little interest, but I think some are better than none.

해석 ▶ 무언가를 위해 돈을 저축하는 계획이 있나요?

올해 1월에 새로운 저축 계획을 시작했습니다.

매달 30만원 씩 저축하는 계획은 저의 새로운 노트북을 위한 것입니다.

제 현재 잔액 120만 원은 앞으로의 노트북 구매를 위해 300만 원까지 적립될 예정입니다.

제 계좌의 이자율은 매우 낮지만, 아무것도 없는 것보다는 나은 것 같습니다.

A SENSE OF HUMOUR

* 클래스유 인강 33강 참고

영어 제2 공식을 적용하여 앞 문장의 명사를 이어지는 문장의 주어(대명사)로 활용한 뒤, 문장으로 말하세요.

1. 주제와 관련된 대상 'what'을 '명사'로 찾고 단수/복수 또는 소유격인지 확인하세요.
   이때 명사 대신 동명사를 쓰면 안 됩니다.

2. 제1 공식(형+명+전)을 적용하여 위의 대상을 명사구로 구체화하세요.
   이때 전치사 대신 to 부정사를 쓰거나, 형용사 대신 분사를 쓰면 안 됩니다.

3. 영어식 기본 4동사등을 활용하여 구체화한 명사구를 문장1로 완성하세요.
   이때 명사구 안의 단어는 문맥에 따라 그 순서와 품사 또는 추가 단어를 유연하게 활용할 수 있습니다.

   문장① 글로 작성하지 말고 먼저 말해 보세요.

4. 영어 제2 공식 (별칭. 대명사로 문장 연결하기)
   문장 1의 명사 하나를 선택한 뒤 이어지는 문장의 주어(대명사)로 활용하여 문장2, 3을 완성하세요.

   문장② 주어 = 대명사 또는 The + 앞 문장의 명사 글로 작성하지 말고 먼저 말해 보세요.
   문장③ 주어 = 대명사 또는 The + 앞 문장의 명사 글로 작성하지 말고 먼저 말해 보세요.

영어 제2 공식 활용할 때, 아래의 내용에 유의하세요.

1) 앞 문장의 명사는 주어 대신 목적어나 보어로 활용할 수 있지만, 주어로 활용할 때가 가장 쉽습니다.

2) 앞 문장의 명사를 이어지는 문장에서 대명사로 활용하여 내용을 부연하거나 논리적으로 전개하는 것이 목적입니다.

3) 대명사로 문장 연결하기에 초점을 맞추다 보면 완성된 문장은 내가 전하려는 메시지와 다를 수 있습니다.

🔊 제2 공식 활동 예시

* 명사를 정확하게 언급하기 위해 활동 예시는 주어를 대명사가 아닌 The + 명사로만 활용했습니다.

1. smile → a smile

2. a smile at the first meeting -> a friendly smile during the first official meeting.

3. A sense of humour can make a friendly smile at the first meeting.

4-1. (가능 주어 : The smile/The meeting)

　　　The smile can come along with another smile from others.

4-2. (가능 주어 : The smiles/The other smile)

　　　These shared smiles can give a positive mood for a smooth conversation.

🔊 완성된 문장 1, 2, 3 예시

A sense of humour can make a friendly smile during the first official meeting.

The smile can come along with another smile from others.

These shared smiles can give a positive mood for a smooth conversation.

해석 ▶ 첫 번째 공식적인 만남에서 유머 감각은 친근한 미소를 만들어 줄 수 있습니다.

　　　미소는 다른 사람들로부터 또다른 미소를 따라오게 만들 수 있습니다.

　　　이같이 공유된 미소는 원활한 대화를 위한 긍정적인 분위기를 조성해 줄 수 있습니다.

미션 ▶ 다음의 오픽 & 토익스피킹 빈출 질문 한 개에 답하거나, 제시된 '활동 예시'의 주어에 동그라미 치면서 소리 내어 말해 보세요.

영어 제2 공식을 다음에 이어지는 질문에 적용하세요.

◉1. What kind of job would you like to have in the future?

🔊 **제2 공식 활동 예시**

결론 문장은 선택 활동으로, 반드시 말해 볼 필요는 없어요.

제1 공식 대입   politician → a dream job of the politician in my area

문장 1   My dream job is to be a politician in my local area.

문장 2   My town needs some advances in education, culture, and public welfare.

문장 3   I believe that a politician can put some changes in them, hearing from the locals.

결론 문장   I want to dedicate myself to improving the quality of life for the people in my community.

해석 ▶ 앞으로 어떤 직업을 가지고 싶은가요?
제 꿈의 직업은 지역의 정치인이 되는 것이 꿈입니다.
우리 동네는 교육, 문화 및 공공복지 등 여러 분야에서 개선이 필요합니다.
정치인은 지역 주민의 의견을 들어 변화를 가져올 수 있다고 믿습니다.
저는 지역 주민들의 삶의 질을 향상시키는 데 전념하고 싶습니다.

◉2. Do you think that being a politician is a demanding job, and what challenges do you face?

🔊 **제2 공식 활동 예시**

결론 문장은 선택 활동으로, 반드시 말해 볼 필요는 없어요.

제1 공식 대입   lots of interests → demand of lots of interests in many residents.

문장 1   Being a politician is a demanding job that requires a strong interest in

문장 2	All the residents have different <u>needs and demands</u>, even within the same town.
문장 3	Hearing all their <u>voices</u> requires a significant amount of time and effort in various ways.
결론 문장	However, their satisfaction with any improvement is very rewarding to me.

해석 ▶ 정치인이라는 직업은 힘든 일이라고 생각하시나요? 그리고 어떤 어려움이 있나요?

정치인은 지역 주민의 다양한 요구를 수용하는 데 강한 관심이 필요한 힘든 직업입니다.

동네에 거주하는 모든 주민은 서로 다른 요구와 요청을 가지고 있습니다.

그들의 모든 목소리에 귀 기울이는 것은 다양한 방법으로 많은 시간과 노력이 필요합니다.

하지만 지역 내 개선 사항에 대한 주민들의 만족은 저에게 큰 보람이 됩니다.

Q3. What are the requirements and characteristics necessary for the job?

🔊 제2 공식 활동 예시

결론 문장은 선택 활동으로, 반드시 말해 볼 필요는 없어요.

제1 공식 대입 open mind → widely open mind to everything

문장 1	A open mind is the top priority for politicians.
문장 2	It allows them to listen to every voice with <u>different opinions or points of view</u>.
문장 3	Ultimately, <u>all the diversity</u> can make the town very dynamic and active, after all.
결론 문장	I believe this characteristic begins with having curiosity about any small differences.

해석 ▶ 그 일을 하는 데 필요한 요구사항과 특성은 무엇인가요?

정치인이 가져야 할 가장 중요한 특성은 개방적인 마음입니다.

이는 서로 다른 의견이나 시각을 가진 사람들의 의견을 들어줄 수 있게 합니다.

결국 다양성은 지역을 활기차고 활발하게 만들 수 있습니다.

저는 이러한 특성은 작은 차이에 대한 호기심부터 시작한다고 믿습니다.

GOVERNMENT

* 클래스유 인강 33강 참고

영어 제2 공식을 적용하여 앞 문장의 명사를 이어지는 문장의 주어(대명사)로 활용한 뒤, 문장으로 말하세요.

1. 주제와 관련된 대상 'what'을 '명사'로 찾고 단수/복수 또는 소유격인지 확인하세요.

   이때 명사 대신 동명사를 쓰면 안 됩니다.

2. 제1 공식(형+명+전)을 적용하여 위의 대상을 명사구로 구체화하세요.

   이때 전치사 대신 to 부정사를 쓰거나, 형용사 대신 분사를 쓰면 안 됩니다.

3. 영어식 기본 4동사등을 활용하여 구체화한 명사구를 문장1로 완성하세요.

   이때 명사구 안의 단어는 문맥에 따라 그 순서와 품사 또는 추가 단어를 유연하게 활용할 수 있습니다.

   문장① 글로 작성하지 말고 먼저 말해 보세요.

4. 영어 제2 공식 (별칭. 대명사로 문장 연결하기)

   문장 1의 명사 하나를 선택한 뒤 이어지는 문장의 주어(대명사)로 활용하여 문장2, 3을 완성하세요.

   문장② 주어 = 대명사 또는 The + 앞 문장의 명사 글로 작성하지 말고 먼저 말해 보세요.

   문장③ 주어 = 대명사 또는 The + 앞 문장의 명사 글로 작성하지 말고 먼저 말해 보세요.

영어 제2 공식 활용할 때, 아래의 내용에 유의하세요.

1) 앞 문장의 명사는 주어 대신 목적어나 보어로 활용할 수 있지만, 주어로 활용할 때가 가장 쉽습니다.

2) 앞 문장의 명사를 이어지는 문장에서 대명사로 활용하여 내용을 부연하거나 논리적으로 전개하는 것이 목적입니다.

3) 대명사로 문장 연결하기에 초점을 맞추다 보면 완성된 문장은 내가 전하려는 메시지와 다를 수 있습니다.

🔊 제2 공식 활동 예시

* 명사를 정확하게 언급하기 위해 활동 예시는 주어를 대명사가 아닌 The + 명사로만 활용했습니다.

1. tax → taxes

2. taxes for several purposes -> regular and irregular taxes for various purposes

3. The government takes(=collects) regular and irregular taxes for various purposes.

4-1. (가능 주어 : The taxes/The purposes)

The taxes come from people in each country.

4-2. (가능 주어 : The purposes/The people)

Naturally, the people(=they) have expectations of receiving various benefits from the government.

🔊 완성된 문장 1, 2, 3 예시

The government collects regular and irregular taxes for various purposes.

The taxes come from people in each country.

Naturally, they have expectations of receiving various benefits from the government.

해석 ▶ 정부는 각종 목적을 위해 규칙적으로 그리고 불규칙적으로 세금을 징수합니다.

세금은 각 나라의 국민에게서 모집됩니다.

자연스럽게, 국민들은 정부로부터 다양한 혜택을 받을 거라 기대하게 됩니다.

미션 ▶ 다음의 오픽 & 토익스피킹 빈출 질문 한 개에 답하거나, 제시된 '활동 예시'의 주어에 동그라미 치면서 소리 내어 말해 보세요.

영어 제2 공식을 다음에 이어지는 질문에 적용하세요.

Q1. What type of pollution is a serious problem in your country?

🔊 제2 공식 활동 예시

결론 문장은 선택 활동으로, 반드시 말해 볼 필요는 없어요.

제1 공식 대입 air pollution → serious air pollution in Korea

문장 1   Air pollution is the most serious problem in Korea.

문장 2   This pollution gets <u>worse</u> every year.

문장 3   Greenhouse gases generated from various manufacturing processes hit <u>a new record</u> on the hottest day in my country.

결론 문장   As climate change gets more severe, more people are becoming aware of the environmental issues.

해석 ▶ 당신의 나라에서 어떤 유형의 오염이 심각한가요?
        대기 오염은 한국에서 가장 심각한 문제입니다.
        이 오염은 매년 악화됩니다.
        다양한 제조 과정에서 생성된 온실가스는 가장 뜨거운 날이라는 새로운 기록을 세우게 만들었습니다.
        기후 변화가 심해짐에 따라, 더 많은 사람이 환경 문제에 대해 경각심을 가지고 있습니다.

Q2. What can individuals do to help prevent pollution?

🔊 제2 공식 활동 예시

결론 문장은 선택 활동으로, 반드시 말해 볼 필요는 없어요.

제1 공식 대입 effort → small effort of every individual

문장 1   I believe that even small individual effort can make a significant difference.

문장 2	Replacing driving with public transportation is one simple way to reduce greenhouse gases.
문장 3	Cutting the use of disposable containers is also possible.
결론 문장	I believe that this effort can help slow the rate of global warming.

해석 ▶ 개인이 오염을 막기위해 무엇을 할 수 있나요?

저는 작은 개인 노력도 큰 차이를 만들 수 있다고 생각합니다.

대중교통을 이용하여 운전을 대체하는 것이 온실가스를 줄이는 가장 간단한 방법입니다.

일회용 용기 사용을 줄이는 것도 가능합니다.

저는 이러한 노력이 지구 온난화의 속도를 늦출 수 있다고 믿습니다.

❸3. What is the government doing to encourage people to protect the environment?

🔊 제2 공식 활동 예시

결론 문장은 선택 활동으로, 반드시 말해 볼 필요는 없어요.

제1 공식 대입 education → repetition of education in school and society

문장 1	I believe that repeatedly educating students and society is a starting point.
문장 2	Along with education, campaigns can increase our interest in these issues.
문장 3	These continuous social movements can allow the problems to face a bright future.
결론 문장	Enlightening people is as important as educating them in solving this problem.

해석 ▶ 정부는 어떻게 사람들이 환경 보호를 하도록 장려하고 있나요?

학생과 사회의 반복적인 교육이 시작점이라고 생각합니다.

교육과 함께 캠페인들이 통해 이 문제에 대한 우리의 관심을 높일 수 있습니다.

지속적인 사회 운동들은 문제들이 밝은 미래로 나아가도록 해 줍니다.

이 문제를 해결하는데 사람들을 일깨우는 것이 그들을 교육하는 것만큼 중요합니다.

듣기
습관교정

6
주 차

비교/필사하며
말하기

6주 차 활동에 필요한 음원 모음

6주차

듣지 못한 부분 눈과 손으로 채우기

🔊 **증상**

Q 저는 비교하며 말하기, 필사하며 말하기가 필요할까요?

A 다음의 증상을 가진 당신이라면 비교하며 말하기, 필사하며 말하기가 필요합니다.

증상① 원문을 보면 중요한 단어와 문법에만 눈길이 가고, 자동으로 한국어로 해석된다.

증상② 원문을 봐도 내 영어 말하기 방식과 원어민의 말하기 방식의 차이를 구분하기 어렵다.

증상③ 원음을 반복해서 들어봐도 관사나 전치사 그리고 문법적인 세부 내용은 들리지 않는다.

🔊 **원인**

Q 저는 왜 이런 증상을 가지고 있는 걸까요?

A 영어 학습과 공부에 익숙한 우리들은 원문을 보면 자동으로 해석하려는 경향이 있습니다. 뿐만 아니라, 우리는 영어를 눈으로 읽고 해석하여 한국어로 이해한 후, 문제의 정답을 찾는 훈련에 오랜 시간 익숙해져 있습니다. 이러한 습관으로 인해 원문을 눈으로 보는 것

만으로는 내가 원어민과 어떤 다른 표현을 활용하는지 그 차이를 인지하기가 어려울 수 있습니다.

또한 영어로 말할 기회가 많지 않아서 내가 자주 활용하는 영어 구문이나 문장이 없고, 그래서 영어 문장을 읽어도 내가 말하는 방식과 어떻게 다른지 구별하기 어렵습니다. 특히 관사나 수 일치 부분은 비강세 단어라서 영어로 듣기가 어렵고, 한국어로 정확하게 해석하지도 않기 때문에 눈으로 봐도 그것을 인지하기는 어렵습니다. 이렇게 귀로 구분해서 듣고 눈으로 인지하기 어려운 부분을 회화로 활용하지 못하는 것은 어쩌면 너무나 당연한 결과입니다.

🔊 교정 방법

Q 어떻게 교정해야 저의 이런 증상들이 좋아질까요?

A 원문을 보면 자동으로 한국어로 해석이 되는 습관 때문에, 원어민과 내가 어떻게 다르게 말하는지, 관사나 전치사 같은 문장의 디테일을 잘 활용했는지 구분하기 어려워하는 증상을 교정하기 위해서는 먼저 내가 어떻게 말하는지를 확인해야 합니다. 다시 말해, 내가 영어로 어떻게 말하는지를 경험해 봐야 원어민이 말한 스크립트를 보면서 나의 말하기 방식과 비교해 볼 수 있습니다.

특히 비교하기 전에는 원문과 비교할 수 있는 '나의 문장'이 있어야 합니다. 이것이 앞서 '요약하여 말하기'에서 내가 완성한 문장이며, 이 문장엔 틀린 문법이나 어휘 등 오류가 있을 수 있습니다. 바로 이렇게 평소에 습관적으로 틀리는 나의 문장이 있어야 원문과 비교하여 보완할 수 있습니다. 또한 이렇게 눈으로 비교하며 보완한 문장을 내 입과 귀에 충분히 익숙하게 만든 후에야 그 부분을 비로소 귀로 듣고 회화로 활용할 수 있게 됩니다.

한 가지 더! 내가 몰랐던 문법이나 들을 수 없었던 비강세 등의 단어는 꼭 손으로 써봐야 합니다. 듣기, 말하기, 읽기, 쓰기의 언어 습득 과정에서 쓰기는 가장 마지막 단계입니다. 들을 수 없어서 말할 수 없었던 부분들은 대부분 눈으로 보면 채울 수 있습니다. 하지만 눈으로 봐도 이해되지 않는 부분이 있는데, 이 부분은 언어 습득의 마지막 단계 '쓰기'로 채워야 합니다. 쓰면서 모르는 부분을 이해한 후에야 그 부분을 비로소 귀로 듣고 회화로 활용할 수 있게 됩니다. 물론 쓰기로 습득한 부분은 언어습득 과정 상, 들을 수 있을때까지 시간이 다소 걸릴 수는 있습니다. 하지만 '아는 만큼 들린다'는 말에서 알 수 있듯, 쓰기로 습득한 단어도 결국은 들을 수 있게 됩니다.

* 관련 이야기는 <생각이 바뀌다 습관이 바뀌다> 챕터 4의 '비교하며 말하기'에서 확인할 수 있습니다.

내가 들을 수 없어서 회화로 활용하지 못한 부분은 눈으로 채우고, 눈으로 봐도 모르는 부분은 쓰면서 채워야 합니다. 그러기 위해서는 먼저 '내가 어떤 부분을 듣지 못해서 회화로 활용하지 못하는지'부터 확인해야 합니다. 그래서 6주차 비교하며/필사하며 말하기 과정 전에 반드시 '공감하여 듣기'와, 나의 언어로 실제로 말해보는 '요약하여 말하기' 과정이 선행돼야 합니다. 다음의 가이드에따라 비교하며/필사하며 말하기를 진행해 보세요.

1. **비교하며 말하기 전** 공감하여 듣기를 3번 진행하세요.

    1) 첫 번째 듣기 : 뼈대 단어 3~4개를 기억해서 검은색으로 적으세요.

    2) 두 번째 듣기 : 단어 3~4개를 기억해서 뼈대 단어 앞뒤에 파란색으로 적으세요.

    3) 세 번째 듣기 : 단어 3~4개를 기억해서 빨간색으로 적고 가능한 구문을 완성하세요.

2. **비교하며 말하기 전** 요약하여 말하기로 내가 활용할 수 있는 문장을 확인하세요.

    원음에서 들은 단어와 구문을 빌려서 내가 활용할 수 있는 문장으로 말하세요. (별칭. 아무말 대잔치)

3. **비교하며 말하기** 들을 수 없어서 회화로 활용할 수 없었던 단어와 구문은 원문을 보면서 채우고, 반복하여 말하세요.

    1) 내가 듣지 못해서 회화로 활용할 수 없었던 단어와 구문을 눈으로 확인하면서 밑줄 치세요. 특히 내가 회화로 활용하고 싶어 '욕심나는 구문'은 동그라미(또는 볼드 처리)로 추가 표시하세요.

    2) '욕심나는 구문'은 내 귀와 입에 익숙해지도록 그 구간을 10번 반복하여 말하세요. (별칭. 대본 연습하기) 이 과정은 들을 수 없어서 회화로 활용할 수 없었던 단어와 구문을 들을 수 있게 만들어 줍니다.

    비교하며 말할 때, 아래 내용에 유의하세요.

    1) 내가 회화로 활용할 수 있는 호흡의 단위로 끊어서 대본 연습하세요. 절대로 문장 단위로 읽으며 해석하지 않습니다.

    2) 대본 연습에 연기는 필수입니다. 문장을 대사로 생각하고 이 대사를 어떤 상황에서 누구에게 말하는지를 명확하게 하세요. 대상이 명확해지면 강조하여 전하려는 메시지에 강세가 들어갑니다. 이 강세 단어에 표시해도 좋습니다.

3) 회화로 활용하고 싶어 '욕심나는 구문'은 감정을 넣어 연기하며 허공에서 꼭꼭 씹어먹으세요. 단어와 구문이 내 귀와 입에 익숙해지고 구문이 입에 엉키지 않을 때까지! 입에 단내가 나도록 구간을 반복하여 말하세요.

4. 필사하며 말하기 들을 수 없어서 회화로 활용할 수 없었고, 눈으로 봐도 채워지지 않는 부분은 손으로 채우면서 말하세요.

1) 귀와 눈으로 채우지 못했던 문장의 디테일(관사, 시제, 수 일치 등)은 체크 표시하세요.

2) 눈으로 봐도 이해되지 않는 부분은 몰랐던 어휘와 문법입니다. 따로 정리한 후 공부하세요. 이 부분은 들을 수 없어서 회화로 활용하지 못했을 뿐만 아니라, 눈으로 보면서도 채우지 못했던 부분입니다. 이런 부분은 영어를 활용하면서 5번 이상 익힌 후에나 듣고 회화로 활용할 수 있게 됩니다.

'비교하며 말하기'의 목적은 내가 틀리게 말한 부분을 바로 잡는 것이 아니라, 내가 영어를 말하는 방식과 원어민이 말하는 방식의 차이를 확인하고 나에게 익숙하지 않은 원어민의 표현과 문장 구조를 내 입과 귀에 익숙하게 만들어 들리게 만드는 것입니다.

또한 '필사하며 말하기'는 귀로 듣고 눈으로 봐도 채우기 어려운 비강세 관사, 전치사, 수 일치 등의 기능어들과 내가 모르는 문법들을 쓰고 말하면서 채우고, 이를 익힌 후에 귀로 듣고 회화로 활용할 수 있게 합니다. 이러한 목적의 비교 & 필사하며 말하기를 익히기 위해, 다음에 이어지는 예시 문제와 추가 연습 문제를 활용해서 내가 활용할 수 없었던 영어를 채워보세요.

 **예시 문제** **NEIGHBOR** * 클래스유 인강 34강 참고

중급 음원 '파일명 6-0'을 공감하여 듣고 요약하여 말한 후, 비교 & 필사하며 말하세요.

1. **비교하며 말하기 전** 공감하여 듣기를 3번 진행하세요.

   1) 첫 번째 듣기 : 뼈대 단어 3~4개를 기억해서 검은색으로 적으세요.

   2) 두 번째 듣기 : 단어 3~4개를 기억해서 뼈대 단어 앞뒤에 파란색으로 적으세요.

   3) 세 번째 듣기 : 단어 3~4개를 기억해서 빨간색으로 적고 구문을 완성하세요.

2. **비교하며 말하기 전** 요약하여 말하기로 내가 활용할 수 있는 문장을 확인하세요. 원음에서 들은 단어와 구문을 빌려서 내가 활용할 수 있는 문장으로 말하세요. (별칭. 아무 말 대잔치)

3. **비교하며 말하기** 들을 수 없어서 회화로 활용할 수 없었던 단어와 구문은 원문을 보면서 채우고, 반복하여 말하세요.

   1) 내가 듣지 못해서 회화로 활용할 수 없었던 단어와 구문을 눈으로 확인하면서 밑줄 치세요. 특히 내가 회화로 활용하고 싶어 '욕심나는 구문'은 동그라미(또는 볼드 처리)로 추가 표시하세요.

   2) '욕심나는 구문'은 내 귀와 입에 익숙해지도록 그 구간을 10번 반복하여 말하세요. (별칭. 대본 연습하기) 이 과정은 들을 수 없어서 회화로 활용할 수 없었던 단어와 구문이 들리게 만들어 줍니다.

   비교하며 말할 때, 아래 내용에 유의하세요.

   1) 내가 회화로 활용할 수 있는 호흡의 단위로 끊어서 대본 연습하세요. 절대로 문장 단위로 읽으며 해석하지 않습니다.

   2) 대본 연습에 연기는 필수입니다. 문장을 대사로 생각하고 이 대사를 어떤 상황에서 누구에게 말하는지를 명확하게 하세요. 대상이 명확해지면 강조하여 전하려는 메시지에 강세가 들어갑니다. 이 강세 단어에 표시해도 좋습니다.

   3) 회화로 활용하고 싶어 '욕심나는 구문'은 감정을 넣어 연기하며 허공에서 꼭꼭 씹어먹으세요. 단어와 구문이 내 귀와 입에 익숙해지고 구문이 입에 엉키지 않을 때까지! 입에 단내가 나도록 구간을 반복하여 말하세요.

4. **필사하며 말하기** 들을 수 없어서 회화로 활용할 수 없었고, 눈으로 봐도 채워지지 않는 부분은 손으로 채우면서 말하세요.

   1) 귀와 눈으로 채우지 못했던 문장의 디테일(관사, 시제, 수 일치 등)은 체크 표시하세요.

   2) 눈으로 봐도 이해되지 않는 부분은 몰랐던 어휘와 문법입니다. 따로 정리한 후 공부하세요. 이 부분은 들을 수 없어서 회화로 활용하지 못했을 뿐만 아니라, 눈으로 보면서도 채우지 못했던 부분입니다. 이런 부분은 영어를 활용하면서 5번 이상 익힌 후에나 듣고 회화로 활용할 수 있게 됩니다.

🔊 비교/필사하며 말하기 활동 예시

| 공감하여 듣기 |

to meet, park

spacious

beautiful scenery, leaves

forget sadness, peace of mind

regularly, Sunday morning

| 요약하여 말하기 |

The place to meet is a park.

It is very spacious.

It has beautiful scenery and leaves.

I can forget sadness and have peace of mind.

I meet regularly my friends on Sunday morning.

A níce pláce for ús to meét is the párk. It is véry spácious. **It álso hás** beáutiful scénery and lúsh leáves. When we are **thére**, we can **fórget the sádness and háve peáce of mínd**. Thát's whý we meét régularly in the párk évery Súnday mórning.

| 필사하며 말하기 |

A nice place 'for' us 'to' meet is the park. It is very spacious. It also has beautiful scenery and 'lush' leaves. When we are there, we can forget the sadness and have peace of mind. That's why we meet regularly in the park every Sunday morning.

눈으로 봐도 이해가 되지 않는 문법들과 몰랐던 단어 정리한 후 공부하기

- for us to meet : for 의미상의 주어 to 동사 원형
- lush leaves : lush 잎이 무성한

A nice place for us to meet is the park. It is very spacious. It also has beautiful scenery and lush leaves. When we are there, we can forget the sadness and have peace of mind. That's why we meet regularly in the park every Sunday morning.

해석 ▶ 우리가 만나기 좋은 장소는 공원입니다. 공원은 매우 넓고 아름다운 경치와 울창한 나뭇잎을 가지고 있습니다. 우리는 거기 있을 때 슬픔을 잊고 마음이 편안해집니다. 그래서 우리는 매주 일요일 아침에 정기적으로 공원에서 만납니다.

HOUSE

* 클래스유 인강 35강 참고

중급 음원 '파일명 6-1'을 공감하여 듣고 요약하여 말한 후, 비교 & 필사하며 말하세요.

* 6-1 음원이 어렵다면 초급 음원 '파일명 2-1'으로 비교 & 필사하며 말해 보세요.

1. **비교하며 말하기 전** 공감하여 듣기를 3번 진행하세요.

   1) 첫 번째 듣기 : 뼈대 단어 3~4개를 기억해서 검은색으로 적으세요.

   2) 두 번째 듣기 : 단어 3~4개를 기억해서 뼈대 단어 앞뒤에 파란색으로 적으세요.

   3) 세 번째 듣기 : 단어 3~4개를 기억해서 빨간색으로 적고 가능한 구문을 완성하세요.

2. **비교하며 말하기 전** 요약하여 말하기로 내가 활용할 수 있는 문장을 확인하세요.

   원음에서 들은 단어와 구문을 빌려서 내가 활용할 수 있는 문장으로 말하세요. (별칭. 아무
   말 대잔치)

3. **비교하며 말하기** 들을 수 없어서 회화로 활용할 수 없었던 단어와 구문은 원문을 보면서 채
   우고, 반복하여 말하세요.

   1) 내가 듣지 못해서 회화로 활용할 수 없었던 단어와 구문을 눈으로 확인하면서 밑줄 치
   세요. 특히 내가 회화로 활용하고 싶어 '욕심나는 구문'은 동그라미(또는 볼드 처리)로 추
   가 표시하세요.

   2) '욕심나는 구문'은 내 귀와 입에 익숙해지도록 그 구간을 10번 반복하여 말하세요. (별
   칭. 대본 연습하기) 이 과정은 들을 수 없어서 회화로 활용할 수 없었던 단어와 구문을 들
   을 수 있게 만들어 줍니다.

   비교하며 말할 때, 아래 내용에 유의하세요.

   1) 내가 회화로 활용할 수 있는 호흡의 단위로 끊어서 대본 연습하세요. 절대로 문장 단위
   로 읽으며 해석하지 않습니다.

   2) 대본 연습에 연기는 필수입니다. 문장을 대사로 생각하고 이 대사를 어떤 상황에서 누
   구에게 말하는지를 명확하게 하세요. 대상이 명확해지면 강조하여 전하려는 메시지에
   강세가 들어갑니다. 이 강세 단어에 표시해도 좋습니다.

3) 회화로 활용하고 싶어 '욕심나는 구문'은 감정을 넣어 연기하며 허공에서 꼭꼭 씹어먹으세요. 단어와 구문이 내 귀와 입에 익숙해지고 구문이 입에 엉키지 않을 때까지! 입에 단내가 나도록 구간을 반복하여 말하세요.

4. **필사하며 말하기** 들을 수 없어서 회화로 활용할 수 없었고, 눈으로 봐도 채워지지 않는 부분은 손으로 채우면서 말하세요.

   1) 귀로도 눈으로도 채우지 못했던 문장의 디테일(관사, 시제, 수 일치 등)은 체크 표시하세요.

   2) 눈으로 봐도 이해되지 않는 부분은 몰랐던 어휘와 문법입니다. 따로 정리한 후 공부하세요. 이 부분은 들을 수 없어서 회화로 활용하지 못했을 뿐만 아니라, 눈으로 보면서도 채우지 못했던 부분입니다. 이런 부분은 영어를 활용하면서 5번 이상 익힌 후에나 듣고 회화로 활용할 수 있게 됩니다.

🔊 비교/필사하며 말하기 활동 예시

| 공감하여 듣기 |

~~safe~~ shape of the house, change

various features ~~bought~~

all of my family, warm and comfortable

| 요약하여 말하기 |

The shape of the house has changed.

The houses have various features.

All of our family feel warm and comfortable.

| 비교하며 말하기 |

The shápe of the hoúse has chánged **over the yeárs**. **In addítion** to básic convénience, it **provídes** our fámily **with** a varíety of feátures. Bút **above áll**, hóme is a **pláce that mákes**, **áll, my whóle fámily feél wárm and cómfortable.**

| 필사하며 말하기 |

The shape of the house 'has' chang'ed' over the year's'. In addition to basic convenience, it 'provides' our family 'with' a variety of features. But above all, home is 'a place that' 'makes', all, my whole family 'feel' warm and comfortable.

눈으로 봐도 이해가 되지 않는 문법들과 몰랐던 단어 정리한 후 공부하기

- have changed : have + p.p 현재 완료
- the shape + has : 단수 주어 + has 3인칭 단수 동사
- over the years : 여러 해라는 뜻의 복수 명사
- provide A with B : A(사람)에게 B(사물)을 제공하다
- a place that S + V : 주격 관계 대명사
- make someone + 동사 원형 : make 사역동사의 활용

The shape of the house has changed over the years. In addition to basic convenience, it provides our family with a variety of features. But above all, home is a place that makes, all, my whole family feel warm and comfortable.

해석 ▶ 집의 모양은 수년에 걸쳐 변했습니다. 기본적인 편의성뿐만 아니라 우리 가족에게 다양한 기능을 제공합니다. 그러나 무엇보다도 집은 온 가족이 따뜻하고 편안하게 느끼는 공간입니다.

미션 ▶ 다음 연습 문제 2를 가이드대로 공감하여 듣고 요약하여 말한 후, 비교 & 필사하며 말하세요.

PARK

중급 음원 '파일명 6-2'을 공감하여 듣고 요약하여 말한 후, 비교 & 필사하며 말하세요.

* 6-2음원이 어렵다면 초급 음원 '파일명 2-2'으로 비교 & 필사하며 말해 보세요.

1. **비교하며 말하기 전** 공감하여 듣기를 3번 진행하세요.

   1) 첫 번째 듣기 : 뼈대 단어 3~4개를 기억해서 검은색으로 적으세요.

   2) 두 번째 듣기 : 단어 3~4개를 기억해서 뼈대 단어 앞뒤에 파란색으로 적으세요.

   3) 세 번째 듣기 : 단어 3~4개를 기억해서 빨간색으로 적고 가능한 구문을 완성하세요.

2. **비교하며 말하기 전** 요약하여 말하기로 내가 활용할 수 있는 문장을 확인하세요.

   원음에서 들은 단어와 구문을 빌려서 내가 활용할 수 있는 문장으로 말하세요. (별칭. 아무 말 대잔치)

3. **비교하며 말하기** 들을 수 없어서 회화로 활용할 수 없었던 단어와 구문은 원문을 보면서 채우고, 반복하여 말하세요.

   1) 내가 듣지 못해서 회화로 활용할 수 없었던 단어와 구문을 눈으로 확인하면서 밑줄 치세요. 특히 내가 회화로 활용하고 싶어 '욕심나는 구문'은 동그라미(또는 볼드 처리)로 추가 표시하세요.

   2) '욕심나는 구문'은 내 귀와 입에 익숙해지도록 그 구간을 10번 반복하여 말하세요. (별칭. 대본 연습하기) 이 과정은 들을 수 없어서 회화로 활용할 수 없었던 단어와 구문을 들을 수 있게 만들어 줍니다.

   비교하며 말할 때, 아래 내용에 유의하세요.

   1) 내가 회화로 활용할 수 있는 호흡의 단위로 끊어서 대본 연습하세요. 절대로 문장 단위로 읽으며 해석하지 않습니다.

   2) 대본 연습에 연기는 필수입니다. 문장을 대사로 생각하고 이 대사를 어떤 상황에서 누구에게 말하는지를 명확하게 하세요. 대상이 명확해지면 강조하여 전하려는 메시지에 강세가 들어갑니다. 이 강세 단어에 표시해도 좋습니다.

3) 회화로 활용하고 싶어 '욕심나는 구문'은 감정을 넣어 연기하며 허공에서 꼭꼭 씹어먹으세요. 단어와 구문이 내 귀와 입에 익숙해지고 구문이 입에 엉키지 않을 때까지! 입에 단내가 나도록 구간을 반복하여 말하세요.

4. **필사하며 말하기**: 들을 수 없어서 회화로 활용할 수 없었고, 눈으로 봐도 채워지지 않는 부분은 손으로 채우면서 말하세요.

1) 귀로도 눈으로도 채우지 못했던 문장의 디테일들(관사, 시제, 수 일치 등)은 체크 표시하세요.

2) 눈으로 봐도 이해되지 않는 부분은 몰랐던 어휘와 문법입니다. 따로 정리한 후 공부하세요. 이 부분은 들을 수 없어서 회화로 활용하지 못했을 뿐만 아니라, 눈으로 보면서도 채우지 못했던 부분입니다. 이런 부분은 영어를 활용하면서 5번 이상 익힌 후에나 듣고 회화로 활용할 수 있게 됩니다.

🔊 비교/필사하며 말하기 나의 활동

| 공감하여 듣기 |

| 요약하여 말하기 |

| 비교하며 말하기 |

Náture, súch as a párk with mány tree's, provídes ús with frésh áir. Wálking through the párk can stímulate our creatívity. Strólling in a párk requíres mínimal méntal énergy. It gíves our mínds roóm to trý new thíngs.

| 필사하며 말하기 |

눈으로 봐도 이해가 되지 않는 문법들과 몰랐던 단어 정리한 후 공부하기

Nature, such as a park with many trees, provides us with fresh air. Walking through the park can stimulate our creativity. Strolling in a park requires minimal mental energy. It gives our minds room to try new things.

해석 ▶ 자연, 예를 들면 나무가 많은 공원은 우리에게 신선한 공기를 제공합니다. 공원을 거닐며 창의력을 자극받고 영감을 받을 수 있습니다. 공원에서 산책하기에는 최소한의 정신적 에너지만 필요합니다. 새로운 시도를 해볼 수 있는 여유로운 마음의 공간을 만들어줍니다.

MUSIC

* 클래스유 인강 36강 참고

중급 음원 '파일명 6-3'을 공감하여 듣고 요약하여 말한 후, 비교 & 필사하며 말하세요.

* 6-3음원이 어렵다면 초급 음원 '파일명 2-3'으로 비교 & 필사하며 말해 보세요.

1. **비교하며 말하기 전** 공감하여 듣기를 3번 진행하세요.

   1) 첫 번째 듣기 : 뼈대 단어 3~4개를 기억해서 검은색으로 적으세요.

   2) 두 번째 듣기 : 단어 3~4개를 기억해서 뼈대 단어 앞뒤에 파란색으로 적으세요.

   3) 세 번째 듣기 : 단어 3~4개를 기억해서 빨간색으로 적고 가능한 구문을 완성하세요.

2. **비교하며 말하기 전** 요약하여 말하기로 내가 활용할 수 있는 문장을 확인하세요.

   원음에서 들은 단어와 구문을 빌려서 내가 활용할 수 있는 문장으로 말하세요. (별칭. 아무 말 대잔치)

3. **비교하며 말하기** 들을 수 없어서 회화로 활용할 수 없었던 단어와 구문은 원문을 보면서 채우고, 반복하여 말하세요.

   1) 내가 듣지 못해서 회화로 활용할 수 없었던 단어와 구문을 눈으로 확인하면서 밑줄 치세요. 특히 내가 회화로 활용하고 싶어 '욕심나는 구문'은 동그라미(또는 볼드 처리)로 추가 표시하세요.

   2) '욕심나는 구문'은 내 귀와 입에 익숙해지도록 그 구간을 10번 반복하여 말하세요. (별칭. 대본 연습하기) 이 과정은 들을 수 없어서 회화로 활용할 수 없었던 단어와 구문을 들을 수 있게 만들어 줍니다.

   비교하며 말할 때, 아래 내용에 유의하세요.

   1) 내가 회화로 활용할 수 있는 호흡의 단위로 끊어서 대본 연습하세요. 절대로 문장 단위로 읽으며 해석하지 않습니다.

   2) 대본 연습에 연기는 필수입니다. 문장을 대사로 생각하고 이 대사를 어떤 상황에서 누구에게 말하는지를 명확하게 하세요. 대상이 명확해지면 강조하여 전하려는 메시지에 강세가 들어갑니다. 이 강세 단어에 표시해도 좋습니다.

3) 회화로 활용하고 싶어 '욕심나는 구문'은 감정을 넣어 연기하며 허공에서 꼭꼭 씹어먹
   으세요. 단어와 구문이 내 귀와 입에 익숙해지고 구문이 입에 엉키지 않을 때까지! 입
   에 단내가 나도록 구간을 반복하여 말하세요.

4. **필사하며 말하기** 들을 수 없어서 회화로 활용할 수 없었고, 눈으로 봐도 채워지지 않는 부분
   은 손으로 채우면서 말하세요.

   1) 귀와 눈으로 채우지 못했던 문장의 디테일(관사, 시제, 수 일치 등)은 체크 표시하세요.

   2) 눈으로 봐도 이해되지 않는 부분은 몰랐던 어휘와 문법입니다. 따로 정리한 후 공부하
      세요. 이 부분은 들을 수 없어서 회화로 활용하지 못했을 뿐만 아니라, 눈으로 보면서도
      채우지 못했던 부분입니다. 이런 부분은 영어를 활용하면서 5번 이상 익힌 후에나 듣고
      회화로 활용할 수 있게 됩니다.

🔊 비교/필사하며 말하기 활동 예시

| 공감하여 듣기 |

no doubt, music, power

change mood, imagination

loss stress rate

what language, touch

| 요약하여 말하기 |

There's no doubt, music has power.

It can change mood and help imagination.

It also loss stress rate.

What language music has, it can touch you.

| 비교하며 말하기 |

There is nó dóubt, músic trúly hás the pówer to heál indeéd. Sómetimes, it

chánges our moód or stimulátes our imaginátion. **It has been próved** that músic

álso **lówers our stréss ráte. Nó mátter whát** lánguage **músic úses, it may toúch**

<u>yoú</u>.

| 필사하며 말하기 |

There is no doubt, music truly 'has' 'the' power to heal indeed. Sometimes, it change's' our mood or stimulate's' our imagination. It 'has been proved' that music also lower's' our stress rate. No matter 'what language music uses', it may touch you.

눈으로 봐도 이해가 되지 않는 문법들과 몰랐던 단어 정리한 후 공부하기

- music + has: 단수 주어 + has 3인칭 단수 동사
- the power : 일반적인 개념이 아닌 특정한 명사 앞에 정관사
- it + changes : 단수 주어 + 3인칭 단수 동사의 's'
- has been proved : (have + p.p) + (be + p.p) 현재 완료 수동
- What S + V : 의문사절

There is no doubt, music truly has the power to heal indeed. Sometimes, it changes our mood or stimulates our imagination. It has been proved that music also lowers our stress rate. No matter what language music uses, it may touch you.

해석 ▶ 의심할 여지없이, 음악은 진정으로 치유의 힘을 지니고 있습니다. 때로는 우리의 기분을 변화시키거나 상상력을 자극합니다. 음악은 스트레스 수준을 낮추는 것으로 입증되어 있습니다. 음악이 사용하는 언어와 관계없이 우리를 감동시킬 수 있습니다.

미션 ▶ 다음 연습 문제 4를 가이드대로 공감하여 듣고 요약하여 말한 후, 비교 & 필사하며 말하세요.

MOVIE

중급 음원 '파일명 6-4'을 공감하여 듣고 요약하여 말한 후, 비교 & 필사하며 말하세요.

* 6-4음원이 어렵다면 초급 음원 '파일명 2-4'으로 비교 & 필사하며 말해 보세요.

1. **비교하며 말하기 전** 공감하여 듣기를 3번 진행하세요.

    1) 첫 번째 듣기 : 뼈대 단어 3~4개를 기억해서 검은색으로 적으세요.

    2) 두 번째 듣기 : 단어 3~4개를 기억해서 뼈대 단어 앞뒤에 파란색으로 적으세요.

    3) 세 번째 듣기 : 단어 3~4개를 기억해서 빨간색으로 적고 가능한 구문을 완성하세요.

2. **비교하며 말하기 전** 요약하여 말하기로 내가 활용할 수 있는 문장을 확인하세요.

    원음에서 들은 단어와 구문을 빌려서 내가 활용할 수 있는 문장으로 말하세요. (별칭. 아무말 대잔치)

3. **비교하며 말하기** 들을 수 없어서 회화로 활용할 수 없었던 단어와 구문은 원문을 보면서 채우고, 반복하여 말하세요.

    1) 내가 듣지 못해서 회화로 활용할 수 없었던 단어와 구문을 눈으로 확인하면서 밑줄 치세요. 특히 내가 회화로 활용하고 싶어 '욕심나는 구문'은 동그라미(또는 볼드 처리)로 추가 표시하세요.

    2) '욕심나는 구문'은 내 귀와 입에 익숙해지도록 그 구간을 10번 반복하여 말하세요. (별칭. 대본 연습하기) 이 과정은 들을 수 없어서 회화로 활용할 수 없었던 단어와 구문을 들을 수 있게 만들어 줍니다.

    비교하며 말할 때, 아래 내용에 유의하세요.

    1) 내가 회화로 활용할 수 있는 호흡의 단위로 끊어서 대본 연습하세요. 절대로 문장 단위로 읽으며 해석하지 않습니다.

    2) 대본 연습에 연기는 필수입니다. 문장을 대사로 생각하고 이 대사를 어떤 상황에서 누구에게 말하는지를 명확하게 하세요. 대상이 명확해지면 강조하여 전하려는 메시지에 강세가 들어갑니다. 이 강세 단어에 표시해도 좋습니다.

3) 회화로 활용하고 싶어 '욕심나는 구문'은 감정을 넣어 연기하며 허공에서 꼭꼭 씹어먹
으세요. 단어와 구문이 내 귀와 입에 익숙해지고 구문이 입에 엉키지 않을 때까지! 입
에 단내가 나도록 구간을 반복하여 말하세요.

4. **필사하며 말하기** 들을 수 없어서 회화로 활용할 수 없었고, 눈으로 봐도 채워지지 않는 부분
은 손으로 채우면서 말하세요.

1) 귀와 눈으로 채우지 못했던 문장의 디테일(관사, 시제, 수 일치 등)은 체크 표시하세요.

2) 눈으로 봐도 이해되지 않는 부분은 몰랐던 어휘와 문법입니다. 따로 정리한 후 공부하
세요. 이 부분은 들을 수 없어서 회화로 활용하지 못했을 뿐만 아니라, 눈으로 보면서도
채우지 못했던 부분입니다. 이런 부분은 영어를 활용하면서 5번 이상 익힌 후에나 듣고
회화로 활용할 수 있게 됩니다.

🔊 **비교/필사하며 말하기 나의 활동**

| 공감하여 듣기 |

| 요약하여 말하기 |

| 비교하며 말하기 |

I enjóy wátching móvies on weekénds. Sómetimes stóries in móvies cóme from our reál líves. While sóme móvies toúch mé a lót, óthers convéy sérious méssages to socíety. Móvies enáble mé to expérience díverse emótions.

| 필사하며 말하기 |

눈으로 봐도 이해가 되지 않는 문법들과 몰랐던 단어 정리한 후 공부하기

I enjoy watching movies on weekends. Sometimes stories in movies come from our real lives. While some movies touch me a lot, others convey serious messages to society. Movies enable me to experience diverse emotions.

해석 ▶ 저는 주말에 영화를 보는 것을 즐깁니다. 가끔 영화 속 이야기들은 우리의 현실에서 옵니다. 어떤 영화는 저를 많이 감동시키고, 다른 영화는 사회에 대한 진지한 메시지를 전달합니다. 영화는 제가 다양한 감정을 경험하게 합니다.

BEACH

* 클래스유 인강 37강 참고

중급 음원 '파일명 6-5'을 공감하여 듣고 요약하여 말한 후, 비교 & 필사하며 말하세요.

* 6-5음원이 어렵다면 초급 음원 '파일명 2-5'으로 비교 & 필사하며 말해 보세요.

1. **비교하며 말하기 전** 공감하여 듣기를 3번 진행하세요.

   1) 첫 번째 듣기 : 뼈대 단어 3~4개를 기억해서 검은색으로 적으세요.

   2) 두 번째 듣기 : 단어 3~4개를 기억해서 뼈대 단어 앞뒤에 파란색으로 적으세요.

   3) 세 번째 듣기 : 단어 3~4개를 기억해서 빨간색으로 적고 가능한 구문을 완성하세요.

2. **비교하며 말하기 전** 요약하여 말하기로 내가 활용할 수 있는 문장을 확인하세요.

   원음에서 들은 단어와 구문을 빌려서 내가 활용할 수 있는 문장으로 말하세요. (별칭. 아무말 대잔치)

3. **비교하며 말하기** 들을 수 없어서 회화로 활용할 수 없었던 단어와 구문은 원문을 보면서 채우고, 반복하여 말하세요.

   1) 내가 듣지 못해서 회화로 활용할 수 없었던 단어와 구문을 눈으로 확인하면서 밑줄 치세요. 특히 내가 회화로 활용하고 싶어 '욕심나는 구문'은 동그라미(또는 볼드 처리)로 추가 표시하세요.

   2) '욕심나는 구문'은 내 귀와 입에 익숙해지도록 그 구간을 10번 반복하여 말하세요. (별칭. 대본 연습하기) 이 과정은 들을 수 없어서 회화로 활용할 수 없었던 단어와 구문을 들을 수 있게 만들어 줍니다.

   비교하며 말할 때, 아래 내용에 유의하세요.

   1) 내가 회화로 활용할 수 있는 호흡의 단위로 끊어서 대본 연습하세요. 절대로 문장 단위로 읽으며 해석하지 않습니다.

   2) 대본 연습에 연기는 필수입니다. 문장을 대사로 생각하고 이 대사를 어떤 상황에서 누구에게 말하는지를 명확하게 하세요. 대상이 명확해지면 강조하여 전하려는 메시지에 강세가 들어갑니다. 이 강세 단어에 표시해도 좋습니다.

3) 회화로 활용하고 싶은 '욕심나는 구문'에 감정을 넣어 연기하며 허공에서 꼭꼭 씹어먹으세요. 단어와 구문이 내 귀와 입에 익숙해지고 구문이 입에 엉키지 않을 때까지! 입에 단내가 나도록 구간을 반복하여 말하세요.

4. **필사하며 말하기** 들을 수 없어서 회화로 활용할 수 없었고, 눈으로 봐도 채워지지 않는 부분은 손으로 채우면서 말하세요.

1) 귀로도 눈으로도 채우지 못했던 문장의 디테일들(관사, 시제, 수 일치 등)은 체크 표시하세요.

2) 눈으로 봐도 이해되지 않는 부분은 몰랐던 어휘와 문법입니다. 따로 정리한 후 공부하세요. 이 부분은 들을 수 없어서 회화로 활용하지 못했을 뿐만 아니라, 눈으로 보면서도 채우지 못했던 부분입니다. 이런 부분은 영어를 활용하면서 5번 이상 노출 된 후에나 듣고 회화로 활용할 수 있게 됩니다.

🔊 비교/필사하며 말하기 활동 예시

| 공감하여 듣기 |

summer beach, exciting

fier?y high temperature, create hot beach atmosphere

sunset horizon, turn beach, climax

| 요약하여 말하기 |

Summer beach is exciting.

Fiery and high temperature create hot beach atmosphere.

Sunset horizon turning the evening is the climax.

| 비교하며 말하기 |

Súmmer beáches **are fúll of excítement** for mány. **The fíery sún and hót témperatures** creáte a hót béach átmosphere. **The súnset on the horízon túrns the seá réd** in the évening. **Thís is the clímax of the súmmer oceánic víew.**

Summer beaches 'are full of' excitement for many. The fiery sun and hot temperature's' create 'a' hot beach atmosphere. The sunset on the horizon turn's' the sea red in the evening. This is the climax of 'the' summer oceanic view.

눈으로 봐도 이해가 되지 않는 문법들과 몰랐던 단어 정리한 후 공부하기

- be full of : ~이 가득한
- temperatures : 복수 명사로 활용
- a ~ atmosphere : 가산명사 atmosphere
- The sunset + turns : 단수 주어 + 3인칭 단수 동사의 's'
- the view : 일반적인 개념이 아닌 특정한 명사 앞에 정관사

Summer beaches are full of excitement for many. The fiery sun and hot temperatures create a hot beach atmosphere. The sunset on the horizon turns the sea red in the evening. This is the climax of the summer oceanic view.

해석 ▶ 여름 해변은 많은 사람들의 흥분으로 가득 차 있습니다. 뜨거운 태양과 강렬한 온도는 뜨거운 해변 분위기를 만듭니다. 수평선의 석양은 저녁에 바다를 붉게 물들입니다. 이것이 여름 바다 뷰의 절정입니다.

미션 ▶ 다음 연습 문제 6을 가이드대로 공감하여 듣고 요약하여 말한 후, 비교 & 필사하며 말하세요.

YOGA

중급 음원 '파일명 6-6'을 공감하여 듣고 요약하여 말한 후, 비교 & 필사하며 말하세요.

* 6-6음원이 어렵다면 초급 음원 '파일명 2-6'으로 비교 & 필사하며 말해 보세요.

1. **비교하며 말하기 전** 공감하여 듣기를 3번 진행하세요.

   1) 첫 번째 듣기 : 뼈대 단어 3~4개를 기억해서 검은색으로 적으세요.

   2) 두 번째 듣기 : 단어 3~4개를 기억해서 뼈대 단어 앞뒤에 파란색으로 적으세요.

   3) 세 번째 듣기 : 단어 3~4개를 기억해서 빨간색으로 적고 가능한 구문을 완성하세요.

2. **비교하며 말하기 전** 요약하여 말하기로 내가 활용할 수 있는 문장을 확인하세요.

   원음에서 들은 단어와 구문을 빌려서 내가 활용할 수 있는 문장으로 말하세요. (별칭. 아무
   말 대잔치)

3. **비교하며 말하기** 들을 수 없어서 회화로 활용할 수 없었던 단어와 구문은 원문을 보면서 채
   우고, 반복하여 말하세요.

   1) 내가 듣지 못해서 회화로 활용할 수 없었던 단어와 구문을 눈으로 확인하면서 밑줄 치
   세요. 특히 내가 회화로 활용하고 싶어 '욕심나는 구문'은 동그라미(또는 볼드 처리)로 추
   가 표시하세요.

   2) '욕심나는 구문'은 내 귀와 입에 익숙해지도록 그 구간을 10번 반복하여 말하세요. (별
   칭. 대본 연습하기) 이 과정은 들을 수 없어서 회화로 활용할 수 없었던 단어와 구문을 들
   을 수 있게 만들어 줍니다.

   비교하며 말할 때, 아래 내용에 유의하세요.

   1) 내가 회화로 활용할 수 있는 호흡의 단위로 끊어서 대본 연습하세요. 절대로 문장 단위
   로 읽으며 해석하지 않습니다.

   2) 대본 연습에 연기는 필수입니다. 문장을 대사로 생각하고 이 대사를 어떤 상황에서 누
   구에게 말하는지를 명확하게 하세요. 대상이 명확해지면 강조하여 전하려는 메시지에
   강세가 들어갑니다. 이 강세 단어에 표시해도 좋습니다.

3) 회화로 활용하고 싶어 '욕심나는 구문'에 감정을 넣어 연기하며 허공에서 꼭꼭 씹어먹으세요. 단어와 구문이 내 귀와 입에 익숙해지고 구문이 입에 엉키지 않을 때까지! 입에 단내가 나도록 구간을 반복하여 말하세요.

4. **필사하며 말하기** 들을 수 없어서 회화로 활용할 수 없었고, 눈으로 봐도 채워지지 않는 부분을 손으로 채우면서 말하세요.

1) 귀와 눈으로 채우지 못했던 문장의 디테일(관사, 시제, 수 일치 등)은 체크 표시하세요.

2) 눈으로 봐도 이해되지 않는 부분은 몰랐던 어휘와 문법입니다. 따로 정리한 후 공부하세요. 이 부분은 들을 수 없어서 회화로 활용하지 못했을 뿐만 아니라, 눈으로 보면서도 채우지 못했던 부분입니다. 이런 부분은 영어를 활용하면서 5번 이상 익힌 후에나 듣고 회화로 활용할 수 있게 됩니다.

🔊 **비교/필사하며 말하기 나의 활동**

| 공감하여 듣기 |

| 요약하여 말하기 |

| 비교하며 말하기 |

Yóga tráins básic breáthing téchniques. I can leárn hów to breáthe through my nóse and moúth. Sómetimes I hóld onto my breáth for a coúnt of a féw séconds. Thís téchnique hélps with my mémory recáll and emótional júdgment.

| 필사하며 말하기 |

눈으로 봐도 이해가 되지 않는 문법들과 몰랐던 단어 정리한 후 공부하기

Yoga trains basic breathing techniques. I can learn how to breathe through my nose and mouth. Sometimes I hold onto my breath for a count of a few seconds. This technique helps with my memory recall and emotional judgment.

해석 ▶ 요가는 기본적인 숨쉬기 기술을 교육합니다. 저는 코와 입으로 숨 쉬는 방법을 배울 수 있습니다. 때로는 몇 초를 세는 동안 숨을 참는 기술을 사용합니다. 이 기술은 기억력 회상과 감정 판단에 도움이 됩니다.

연습 문제 ❼

TRANSPORT

* 클래스유 인강 38강 참고

중급 음원 '파일명 6-7'을 공감하여 듣고 요약하여 말한 후, 비교 & 필사하며 말하세요.

* 6-7음원이 어렵다면 초급 음원 '파일명 2-7'으로 비교 & 필사하며 말해 보세요.

1. **비교하며 말하기 전** 공감하여 듣기를 3번 진행하세요.

   1) 첫 번째 듣기 : 뼈대 단어 3~4개를 기억해서 검은색으로 적으세요.

   2) 두 번째 듣기 : 단어 3~4개를 기억해서 뼈대 단어 앞뒤에 파란색으로 적으세요.

   3) 세 번째 듣기 : 단어 3~4개를 기억해서 빨간색으로 적고 가능한 구문을 완성하세요.

2. **비교하며 말하기 전** 요약하여 말하기로 내가 활용할 수 있는 문장을 확인하세요.

   원음에서 들은 단어와 구문을 빌려서 내가 활용할 수 있는 문장으로 말하세요. (별칭. 아무 말 대잔치)

3. **비교하며 말하기** 들을 수 없어서 회화로 활용할 수 없었던 단어와 구문은 원문을 보면서 채우고, 반복하여 말하세요.

   1) 내가 듣지 못해서 회화로 활용할 수 없었던 단어와 구문을 눈으로 확인하면서 밑줄 치세요. 특히 내가 회화로 활용하고 싶어 '욕심나는 구문'은 동그라미(또는 볼드 처리)로 추가 표시하세요.

   2) '욕심나는 구문'은 내 귀와 입에 익숙해지도록 그 구간을 10번 반복하여 말하세요. (별칭. 대본 연습하기) 이 과정은 들을 수 없어서 회화로 활용할 수 없었던 단어와 구문을 들을 수 있게 만들어 줍니다.

   비교하며 말할 때, 아래 내용에 유의하세요.

   1) 내가 회화로 활용할 수 있는 호흡의 단위로 끊어서 대본 연습하세요. 절대로 문장 단위로 읽으며 해석하지 않습니다.

   2) 대본 연습에 연기는 필수입니다. 문장을 대사로 생각하고 이 대사를 어떤 상황에서 누구에게 말하는지를 명확하게 하세요. 대상이 명확해지면 강조하여 전하려는 메시지에 강세가 들어갑니다. 이 강세 단어에 표시해도 좋습니다.

3) 회화로 활용하고 싶어 '욕심나는 구문'은 감정을 넣어 연기하며 허공에서 꼭꼭 씹어먹으세요. 단어와 구문이 내 귀와 입에 익숙해지고 구문이 입에 엉키지 않을 때까지! 입에 단내가 나도록 구간을 반복하여 말하세요.

4. **필사하며 말하기** 들을 수 없어서 회화로 활용할 수 없었고, 눈으로 봐도 채워지지 않는 부분은 손으로 채우면서 말하세요.

1) 귀와 눈으로 채우지 못했던 문장의 디테일(관사, 시제, 수 일치 등)은 체크 표시하세요.

2) 눈으로 봐도 이해되지 않는 부분은 몰랐던 어휘와 문법입니다. 따로 정리한 후 공부하세요. 이 부분은 들을 수 없어서 회화로 활용하지 못했을 뿐 아니라, 눈으로 보면서도 채우지 못했던 부분입니다. 이런 부분은 영어를 활용하면서 5번 이상 익힌 후에나 듣고 회화로 활용할 수 있게 됩니다.

🔊 비교/필사하며 말하기 활동 예시

| 공감하여 듣기 |

public transport, cities, country

transportation options, busy train, buses and subways

new mobility, share-bicycle

| 요약하여 말하기 |

Public transport is in cities and county.

There are many transportation options like **busy train, bus**es and subways.

People have new mobility service to share the bicycles.

| 비교하며 말하기 |

Públic tránsport loóks **dífferent** in cíties and the cóuntryside. The cí·ty hás móre fléxible públic transportátion óptions súch as búsy streéts tráins, búses, and súbways. Mány cíties have recéntly **introdúced** néw mobílity like sháred bícycles and scoóters.

| 필사하며 말하기 |

Public transport look's' different in citie's' and 'the' countryside. 'The' city has more flexible public transportation option's' such as busy streets trains, buses, and subways. Many cities 'have' recently introduc'ed' new mobility like shared bicycle's' and scooter's'.

눈으로 봐도 이해가 되지 않는 문법들과 몰랐던 단어 정리한 후 공부하기

- Public transport + looks : 단수 주어 + 3인칭 단수 동사의 's'
- cities, options, streets, trains, buses, subways, bicycles, scooters : 복수 명사로 활용
- the countryside, the city : 일반적인 개념이 아닌 특정한 명사 앞에 정관사
- have introduced : have p.p. 현재 완료

Public transport looks different in cities and the countryside. The city has more flexible public transportation options such as busy streets trains, buses, and subways. Many cities have recently introduced new mobility like shared bicycles and scooters.

해석 ▶ 도시와 시골에서 대중교통은 서로 다르게 보입니다. 도시는 혼잡한 도로 위의 기차, 버스, 지하철과 같이 더욱 유연한 대중교통 옵션을 갖추고 있습니다. 많은 도시들은 최근 공유 자전거와 스쿠터 같은 새로운 이동 수단을 도입하고 있습니다.

미션 ▶ 다음 연습 문제 8을 가이드대로 공감하여 듣고 요약하여 말한 후, 비교 & 필사하며 말하세요.

OVERSEA TRIP

중급 음원 '파일명 6-8'을 공감하여 듣고 요약하여 말한 후, 비교 & 필사하며 말하세요.

* 6-8음원이 어렵다면 초급 음원 '파일명 2-8'으로 비교 & 필사하며 말해 보세요.

1. **비교하며 말하기 전** 공감하여 듣기를 3번 진행하세요.

    1) 첫 번째 듣기 : 뼈대 단어 3~4개를 기억해서 검은색으로 적으세요.

    2) 두 번째 듣기 : 단어 3~4개를 기억해서 뼈대 단어 앞뒤에 파란색으로 적으세요.

    3) 세 번째 듣기 : 단어 3~4개를 기억해서 빨간색으로 적고 가능한 구문을 완성하세요.

2. **비교하며 말하기 전** 요약하여 말하기로 내가 활용할 수 있는 문장을 확인하세요.

    원음에서 들은 단어와 구문을 빌려서 내가 활용할 수 있는 문장으로 말하세요. (별칭. 아무 말 대잔치)

3. **비교하며 말하기** 들을 수 없어서 회화로 활용할 수 없었던 단어와 구문은 원문을 보면서 채우고, 반복하여 말하세요.

    1) 내가 듣지 못해서 회화로 활용할 수 없었던 단어와 구문을 눈으로 확인하면서 밑줄 치세요. 특히 내가 회화로 활용하고 싶어 '욕심나는 구문'은 동그라미(또는 볼드 처리)로 추가 표시하세요.

    2) '욕심나는 구문'은 내 귀와 입에 익숙해지도록 그 구간을 10번 반복하여 말하세요. (별칭. 대본 연습하기) 이 과정은 들을 수 없어서 회화로 활용할 수 없었던 단어와 구문을 들을 수 있게 만들어 줍니다.

    비교하며 말할 때, 아래 내용에 유의하세요.

    1) 내가 회화로 활용할 수 있는 호흡의 단위로 끊어서 대본 연습하세요. 절대로 문장 단위로 읽으며 해석하지 않습니다.

    2) 대본 연습에 연기는 필수입니다. 문장을 대사로 생각하고 이 대사를 어떤 상황에서 누구에게 말하는지를 명확하게 하세요. 대상이 명확해지면 강조하여 전하려는 메시지에 강세가 들어갑니다. 이 강세 단어에 표시해도 좋습니다.

3) 회화로 활용하고 싶어 '욕심나는 구문'은 감정을 넣어 연기하며 허공에서 꼭꼭 씹어먹으세요. 단어와 구문이 내 귀와 입에 익숙해지고 구문이 입에 엉키지 않을 때까지! 입에 단내가 나도록 구간을 반복하여 말하세요.

4. 필사하며 말하기 들을 수 없어서 회화로 활용할 수 없었고, 눈으로 봐도 채워지지 않는 부분은 손으로 채우면서 말하세요.

1) 귀와 눈으로 채우지 못했던 문장의 디테일(관사, 시제, 수 일치 등)은 체크 표시하세요.

2) 눈으로 봐도 이해되지않는 부분은 몰랐던 어휘와 문법입니다. 따로 정리한 후 공부하세요. 이 부분은 들을 수 없어서 회화로 활용하지 못했을 뿐 아니라, 눈으로 보면서도 채우지 못했던 부분입니다. 이런 부분은 영어를 활용하면서 5번 이상 익힌 후에나 듣고 회화로 활용할 수 있게 됩니다.

🔊 **비교/필사하며 말하기 나의 활동**

| 공감하여 듣기 |

| 요약하여 말하기 |

| 비교하며 말하기 |

Tráveling to mány coúntries cósts mé a lót of móney. Cútting the búdget is óne of the tráveler's chállenges. Óne of the wáys to sáve móney is to bríng líght lúggage. Tráveling with lightwéight and símple bágs cáuses nó addítional shípping chárge.

| 필사하며 말하기 |

눈으로 봐도 이해가 되지 않는 문법들과 몰랐던 단어 정리한 후 공부하기

Traveling to many countries costs me a lot of money. Cutting the budget is one of the traveler's challenges. One of the ways to save money is to bring light luggage. Traveling with lightweight and simple bags causes no additional shipping charge.

해석 ▶ 여러 나라를 여행하는 것은 돈이 많이 듭니다. 예산을 줄이는 것은 여행자에게 도전 중 하나입니다. 돈을 절약하는 방법 중 하나는 가벼운 짐을 가져오는 것입니다. 가볍고 간단한 가방으로 여행하면 추가 운송 요금이 발생하지 않습니다.

INTERNET

* 클래스유 인강 39강 참고

중급 음원 '파일명 6-9'을 공감하여 듣고 요약하여 말한 후, 비교 & 필사하며 말하세요.

* 6-9음원이 어렵다면 초급 음원 '파일명 2-9'으로 비교 & 필사하며 말해 보세요.

1. **비교하며 말하기 전** 공감하여 듣기를 3번 진행하세요.

   1) 첫 번째 듣기 : 뼈대 단어 3~4개를 기억해서 검은색으로 적으세요.

   2) 두 번째 듣기 : 단어 3~4개를 기억해서 뼈대 단어 앞뒤에 파란색으로 적으세요.

   3) 세 번째 듣기 : 단어 3~4개를 기억해서 빨간색으로 적고 가능한 구문을 완성하세요.

2. **비교하며 말하기 전** 요약하여 말하기로 내가 활용할 수 있는 문장을 확인하세요.

   원음에서 들은 단어와 구문을 빌려서 내가 활용할 수 있는 문장으로 말하세요. (별칭. 아무말 대잔치)

3. **비교하며 말하기** 들을 수 없어서 회화로 활용할 수 없었던 단어와 구문은 원문을 보면서 채우고, 반복하여 말하세요.

   1) 내가 듣지 못해서 회화로 활용할 수 없었던 단어와 구문을 눈으로 확인하면서 밑줄 치세요. 특히 내가 회화로 활용하고 싶어 '욕심나는 구문'은 동그라미(또는 볼드 처리)로 추가 표시하세요.

   2) '욕심나는 구문'은 내 귀와 입에 익숙해지도록 그 구간을 10번 반복하여 말하세요. (별칭. 대본 연습하기) 이 과정은 들을 수 없어서 회화로 활용할 수 없었던 단어와 구문을 들을 수 있게 만들어 줍니다.

   비교하며 말할 때, 아래 내용에 유의하세요.

   1) 내가 회화로 활용할 수 있는 호흡의 단위로 끊어서 대본 연습하세요. 절대로 문장 단위로 읽으며 해석하지 않습니다.

   2) 대본 연습에 연기는 필수입니다. 문장을 대사로 생각하고 이 대사를 어떤 상황에서 누구에게 말하는지를 명확하게 하세요. 대상이 명확해지면 강조하여 전하려는 메시지에 강세가 들어갑니다. 이 강세 단어에 표시해도 좋습니다.

3) 회화로 활용하고 싶어 '욕심나는 구문'은 감정을 넣어 연기하며 허공에서 꼭꼭 씹어먹으세요. 단어와 구문이 내 귀와 입에 익숙해지고 구문이 입에 엉키지 않을 때까지! 입에 단내가 나도록 구간을 반복하여 말하세요.

4. **필사하며 말하기** 들을 수 없어서 회화로 활용할 수 없었고, 눈으로 봐도 채워지지 않는 부분은 손으로 채우면서 말하세요.

1) 귀와 눈으로 채우지 못했던 문장의 디테일(관사, 시제, 수 일치 등)은 체크 표시하세요.

2) 눈으로 봐도 이해되지 않는 부분은 몰랐던 어휘와 문법들입니다. 따로 정리한 후 공부하세요. 이 부분은 들을 수 없어서 회화로 활용하지 못했을 뿐만 아니라, 눈으로 보면서도 채우지 못했던 부분입니다. 이런 부분은 영어를 활용하면서 5번 이상 익힌 후에나 듣고 회화로 활용할 수 있게 됩니다.

🔊 비교/필사하며 말하기 활동 예시

| 공감하여 듣기 |

internet, information, however, fake, action

nowadays, people access internet, a lot of information

however, fake, users' fictional

some site, action, fact-check story

| 요약하여 말하기 |

Nowadays people access the internet and they can get a lot of information.

However, Some information is fake and they are users' fictional story.

Some internet sites take an action and give us fact-check story.

| 비교하며 말하기 |

Nówadays, people **háve áccess** / to the **ínternet, where they can gét** a lót of informátion. Howéver, sóme of ít is **gróundless informátion** called fáke néws. It **is fóunded on the úser's fíctional** or **lúcrative stóry**. Sóme ínternet sítes are **táking an áction** to **fáct-chéck stóries**.

| 필사하며 말하기 |

Nowadays, people have access to the 'internet, where' they can get a lot of information. However, some of it is groundless information called fake news. It 'is founded' on the user's fictional or 'lucrative story'. Some internet site's 'are tak'ing' an action to fact-check storie's'.

눈으로 봐도 이해가 되지 않는 문법들과 몰랐던 단어 정리한 후 공부하기

- internet, where : 관계 부사
- is founded : be + p.p. 수동태
- lucrative : 뜻을 모르는 단어 '수익성 있는, 수지타산이 맞는'
- sites, stories : 복수 명사로 활용
- are taking : be + ~ing 현재 진행형

Nowadays, people have access to the internet, where they can get a lot of information. However, some of it is groundless information called fake news. It is founded on the user's fictional or lucrative story. Some internet sites are taking an action to fact-check stories.

해석 ▶ 요즘에는 인터넷을 통해 많은 정보를 얻을 수 있습니다. 그러나 그중 일부는 허구의 정보로서 가짜 뉴스라 불립니다. 이것은 사용자의 상상력이나 이익을 바탕으로 만들어진 이야기입니다. 일부 인터넷 사이트들은 이야기에 대해 사실 확인을 하는 조치를 취하고 있습니다.

미션 ▶ 다음 연습 문제 10을 가이드대로 공감하여 듣고 요약하여 말한 후, 비교 & 필사하며 말하세요.

COFFEE SHOP

중급 음원 '파일명 6-10'을 공감하여 듣고 요약하여 말한 후, 비교 & 필사하며 말하세요.

* 6-10음원이 어렵다면 초급 음원 '파일명 2-10'으로 비교 & 필사하며 말해 보세요.

1. **비교하며 말하기 전** 공감하여 듣기를 3번 진행하세요.

   1) 첫 번째 듣기 : 뼈대 단어 3~4개를 기억해서 검은색으로 적으세요.

   2) 두 번째 듣기 : 단어 3~4개를 기억해서 뼈대 단어 앞뒤에 파란색으로 적으세요.

   3) 세 번째 듣기 : 단어 3~4개를 기억해서 빨간색으로 적고 가능한 구문을 완성하세요.

2. **비교하며 말하기 전** 요약하여 말하기로 내가 활용할 수 있는 문장을 확인하세요.

   원음에서 들은 단어와 구문을 빌려서 내가 활용할 수 있는 문장으로 말하세요. (별칭. 아무 말 대잔치)

3. **비교하며 말하기** 들을 수 없어서 회화로 활용할 수 없었던 단어와 구문은 원문을 보면서 채우고, 반복하여 말하세요.

   1) 내가 듣지 못해서 회화로 활용할 수 없었던 단어와 구문을 눈으로 확인하면서 밑줄 치세요. 특히 내가 회화로 활용하고 싶어 '욕심나는 구문'은 동그라미(또는 볼드 처리)로 추가 표시하세요.

   2) '욕심나는 구문'은 내 귀와 입에 익숙해지도록 그 구간을 10번 반복하여 말하세요. (별칭. 대본 연습하기) 이 과정은 들을 수 없어서 회화로 활용할 수 없었던 단어와 구문을 들을 수 있게 만들어 줍니다.

   비교하며 말할 때, 아래 내용에 유의하세요.

   1) 내가 회화로 활용할 수 있는 호흡의 단위로 끊어서 대본 연습하세요. 절대로 문장 단위로 읽으며 해석하지 않습니다.

   2) 대본 연습에 연기는 필수입니다. 문장을 대사로 생각하고 이 대사를 어떤 상황에서 누구에게 말하는지를 명확하게 하세요. 대상이 명확해지면 강조하여 전하려는 메시지에 강세가 들어갑니다. 이 강세 단어에 표시해도 좋습니다.

3) 회화로 활용하고 싶어 '욕심나는 구문'은 감정을 넣어 연기하며 허공에서 꼭꼭 씹어먹으세요. 단어와 구문이 내 귀와 입에 익숙해지고 구문이 입에 엉키지 않을 때까지! 입에 단내가 나도록 구간을 반복하여 말하세요.

4. 필사하며 말하기 들을 수 없어서 회화로 활용할 수 없었고, 눈으로 봐도 채워지지 않는 부분은 손으로 채우면서 말하세요.

1) 귀와 눈으로 채우지 못했던 문장의 디테일(관사, 시제, 수 일치 등)은 체크 표시하세요.

2) 눈으로 봐도 이해되지않는 부분은 몰랐던 어휘와 문법입니다. 따로 정리한 후 공부하세요. 이 부분은 들을 수 없어서 회화로 활용하지 못했을 뿐만 아니라, 눈으로 보면서도 채우지 못했던 부분입니다. 이런 부분은 영어를 활용하면서 5번 이상 익힌 후에나 듣고 회화로 활용할 수 있게 됩니다.

🔊 **비교/필사하며 말하기 나의 활동**

| 공감하여 듣기 |

| 요약하여 말하기 |

| 비교하며 말하기 |

I kíck off the dáy with a cúp of cóffee. The cóffee shóp hélps mé to cóncentrate on wórk. The báckground nóise in the cóffee shóp excítes my creatívity. Howéver, enjóying cóffee or cóffee shóp relátively tákes a lárge súm of móney.

| 필사하며 말하기 |

눈으로 봐도 이해가 되지 않는 문법들과 몰랐던 단어 정리한 후 공부하기

I kick off the day with a cup of coffee. The coffee shop helps me to concentrate on work. The background noise in the coffee shop excites my creativity. However, enjoying coffee or coffee shop relatively takes a large sum of money.

해석 ▶ 저는 하루를 커피 한 잔으로 시작합니다. 커피숍은 저의 업무 집중력을 돕습니다. 커피숍에서의 배경 소음은 제 창의성을 자극합니다. 하지만 커피나 커피숍을 즐기는 것은 상대적으로 큰 비용이 듭니다.

영어식
생각교정

7
주차

메시지의
이미지화

7주 차 활동에 필요한 음원 모음

7 주차

메시지를
이미지로 구체화하기

🔊 증상

Q 저는 메시지의 이미지화가 필요할까요?

A 다음의 증상을 가진 당신이라면 메시지의 이미지화가 필요합니다.

증상① 영어로 일상 대화는 할 수 있지만, 나의 의견을 구체적이며 논리적으로 말하기는 어렵다.

증상② 영어로 말을 잘해야 하는 발표나 인터뷰와 같은 상황에서는 스크립트 없이 말하기가 어렵다.

증상③ 내 의견을 영어로 표현하려면 복잡한 개념들이 엉켜서 한국어로도 정리하기 어렵다.

🔊 원인

Q 저는 왜 이런 증상을 가지고 있는 걸까요?

A 한국어는 포괄적이고 종합적인 개념들을 풀어내는 방식으로 메시지를 전달합니다. 반면 영어는 작은 부분에서 시작해서 전반적인 문맥으로 확장하는 방식입니다. 이는 우리가 주

소를 '서울특별시 서초구 강남대로'와 같이 큰 범위부터 작은 범위로 말하는 반면, '강남대로 서초구 서울특별시'와 같이 작은 범위부터 큰 범위로 말하는 영어권 사람들의 방식만 봐도 알 수 있습니다. 바로 이런 근본적인 차이가 복잡한 사고가 담겨있는 나의 생각을 영어로 말하기 어렵게 만드는 주요 원인입니다.

한 점인 대상을 찾아 그 대상이 담긴 상황을 구체화 하는 방식으로 의견을 전달하는 영어에 우리의 복잡하고 종합적인 사고를 넣기는 무척 어렵습니다. 하지만 대상과 상황을 구체화하는 이들의 방식이 우리가 어렸을 적 그림으로 많은 메시지를 전달했던 방식과 닮아 있다는 것을 이해한다면 한결 가볍게 다가올 것입니다. 당장 우리의 복잡한 개념 모두를 그림에 담아낼 수는 없겠지만, 교정영어 가이드대로 연습한다면 우리의 생각을 이미지로 구체화 하는 것이 가능해 집니다.

🔊 교정 방법

❓ 어떻게 교정해야 저의 이런 증상들이 좋아질까요?

🅐 종합적이며 추상적인 개념을 풀어서 설명하기보다는 작은 한 점에서 대상을 찾고 상황을 구체화하는 방법은 나의 메시지를 구체적이고 논리적인 영어로 말할 수 있게 도와줍니다. 더욱이 우리는 이렇게 한 점에서 시작해서 그림을 그리듯 나의 메시지를 구체화 하는 방법을 이미 잘 알고 있습니다. 그것은 바로 육하원칙입니다. 육하원칙을 이용하면 이미지 속 한 점에서 시작해 구체적이고 논리적인 영어로 말하기를 잘 할 수 있습니다.

여러분이 알고 있는 육하원칙은 무엇인가요? 네, '언제, 어디서, 누가, 무엇을, 어떻게, 왜'가 맞습니다. 그럼 영어식 육하원칙은 무엇일까요? 5Whs & 1H라고 하는데, 바로 'What & Who, Where & When and How & Why'입니다. 그런데 여기서 우리가 짚어야 할 부분은 육하원칙마저 우리와 영어는 그 접근의 순서가 다르다는 것입니다. 우리는 전체적인 상황인 '언제', '어디서'를 먼저 보는 반면, 영어는 '무엇', '누가'처럼 작은 점, 구체적인 대상을 먼저 명확하게 합니다. 따라서 앞으로 육하원칙을 활용하여 이미지를 구체화할 때에도 교정영어의 가이드에 따라 순서대로 적용하는 것이 중요합니다.

우리가 영어로 말을 잘하기 위해서는 다음의 3 요소를 활용해야 합니다.

> **한국어로 정리된 메시지(how/why) + 구체적인 대상과 상황(이미지) +
> 교정영어 생각교정 스킬(MHGT & 대명사의 활용 외)**

우리는 영어로 말할 때, 한국어로 정리된 메시지만 활용합니다. 물론 한국어로 정리된 메시지 모두를 영어로 말할 수 있다면 굳이 이미지가 필요 없습니다. 하지만 그것은 현실적으로 불가능하고, 또 그것을 모두 영어로 말할 수 있다고 해도 영어식 영어가 아닌 한국식 영어일 가능성이 높습니다. 그래서 우리는 잠시 한국어로 정리된 메시지는 소거하고, 이미지로 메시지를 구체화하는 회로를 만드는데 집중해야 합니다. 그리고 이 메시지를 영어식 영어로 구사하기 위해 교정영어 생각교정 스킬도 활용해야 합니다.

또 중요한 점은 여러분이 메시지의 이미지화를 처음 배우는 것이기 때문에 언어를 처음 습득하는 과정과 똑같이 배워야 한다는 것입니다. 우리는 앞서 활동을 통해, 영어를 영어로 습득하기 위해 영어를 '단어' 단위부터 한국어 해석없이 듣고 있습니다. 영어 '단어'를 듣고, 그 '단어' 앞뒤를 채워서 '구문'으로 완성하고, 그 '구문'으로 전달된 대략적인 메시지를 활용하여 '문장'으로 말해보았습니다.

메시지를 이미지로 구체화하는 방법도 이와 같습니다. 메시지를 전달하기 위해 육하원칙의 What(무엇), Where(어디), Who(누구), When(언제)에 해당하는 대상과 상황을 단어로 정리합니다. 이때 영어식 사고를 담을 수 있도록 동사가 아닌 명사만 활용합니다. 그리고 이 명사들의 관계를 꼼꼼하게 관찰하여 형용사+명사+전치사의 명사구로 완성합니다. 이렇게 명사구로 대상과 상황을 구체화했다면 How(어떻게)와 Why(왜)라는 메시지도 구체화할 수 있는데, 메시지는 대부분 한국어로 정리되어 있기 때문에 명사구뿐만 아니라 동사구를 활용해도 됩니다.

이미지로 메시지를 구체화하는 것은 한 번도 경험해 보지 못한 과정입니다. 절대 빠르지 않게, 천천히 그리고 하루에 하나씩 이 과정을 음미하면서 다음에 이어지는 예시 문제와 추가 연습 문제를 연습해 보세요.

잠깐! 여러분이라면 다음의 지원자 중 누구와 함께 일하고 싶습니까?

Q 여러분은 다음의 지원자 중 '자신의 철학'에 대해 어떻게 답변하는 지원자와 일을 하고 싶은가요?

지원자 1 : 포괄적인 개념으로 답변 시작

"제 좌우명은 '진취적인 삶을 살자!'입니다. 어느 상황에서든 새로운 것을 할 기회가 주어진다면 저는 주저없이 그 기회를 제 것으로 만듭니다. 그래서 저는 지금까지 많은 것을 배웠고 성장해 왔습니다."

지원자 2 : 구체적인 대상으로 답변 시작

"'아프리카에서 살리라'는 문장은 제 인생철학을 담고 있습니다. 인적이 드문 아프리카 사막에, 오아시스를 만들고 야자수를 심고 싶습니다. 쉼터를 짓고 그곳을 관광명소로 만들며 사는 것은 무에서 유를 창조하는 제 인생철학을 가장 잘 나타냅니다."

A 저는 지원자2와 일하고 싶습니다. 구체적인 상황의 정확한 대상을 찾아 자신의 이야기를 들려줄 뿐만 아니라, 애써 복잡한 개념을 설명하지 않고도 그림을 보는 듯이 메시지를 잘 전달하고 있기 때문입니다.

＊ 지원자 2처럼 나의 메시지를 설명하려 하지 않고 그림 그리듯 들려주는 것! 그림 안에 담긴 어렵지 않은 단어와 구문으로 말하는 것! 이것이 이미지로 메시지를 구체화하여 어렵지 않은 단어로 구체적이며 논리적으로 말하는 영어식 말하기 방식입니다.

우리는 이미지를 활용하여 나의 메시지를 구체적이고 논리적으로 전달하는 방식에 익숙하지 않습니다. 그러나 영어권 원어민은 작은 대상을 관찰하고 그와 관련된 상황을 이해하는 방식으로 메시지를 전달합니다. 구체적이며 논리적인 영어 말하기에 익숙해지기 위해 다음 가이드를 적용하세요.

1. **단어 단위** 명사 한 단어로 대략적인 대상과 상황을 언급하세요.

   1) what 무엇, 어떤 대상이 보이는지 확인하세요.

   2) where 그 대상이 있는 곳은 어디인지 장소적 상황을 확인하세요.

   3) who/what 그 주변 대상은 누구 또는 무엇인지 확인하세요.

   4) when 시간, 기간, 기점, 시점 등 시간적 상황은 어떻게 되는지 확인하세요.

   * 이 단계는 첫 번째 공감하여 듣기 후 단어 3~4개를 들었을 때와 같이 전체적인 메시지 파악은 어렵습니다.

2. **구문 단위** 명사구로 대상과 상황을 구체화하고 동사구로 메시지도 구체화하세요. 이때 명사구는 **'영어 제1 공식 = 형용사 + 명사 + 전치사'**를 대입하세요.

   1) what 무엇이 정확히 어떤 대상인지 명사구로 언급하세요.

   2) where 그 대상이 있는 장소적 상황을 명사구로 구체화하세요.

   3) who/what 그 대상 주변에 있는 또 다른 대상이 정확히 누구 또는 무엇인지 명사구로 언급하세요.

   4) when 이 상황이 시간적으로 어떤 상황인지 명사구로 구체화하세요. 이렇게 이미지 안의 대상과 상황이 정확하게 정해지면 메시지도 함께 구체화할 수 있습니다.

   5) why 목적, 결론, 결과, 주장 등 넓은 영역의 '왜'라는 메시지를 동사구로 언급하세요.

   6) how 방법, 과정, 원인, 근거 등 넓은 영역의 '어떻게'라는 메시지를 동사구로 언급하세요.

   * 이 단계는 세 번 공감하여 듣기 후 구문 3~4개로 대략적인 메시지를 이해할 수 있는 상태와 같습니다.

3. **문장 단위** 구체화한 이미지와 그 안에 담긴 메시지를 영어 문장을 활용해서 전달하세요. 구문을 문장으로 완성하기 어렵다면 **영어식 기본 4동사인 Make, Have, Give, or Take**를 활용하세요. 특히 영어식 기본 4동사는 사물 주어를 활용하여 영어식 문장을 완성할 수 있도록 합니다.

4. **문단 단위** 영어로 나의 메시지를 구체적이고 논리적으로 전개하기 위해 다음의 요소를 활용하세요.

요소 1. 메시지와 관련된 대상과 상황이 담겨 있는 이미지 속의 단어와 구문

요소 2. 내가 하고 싶은 말 즉, 메시지가 담겨 있는 단어와 구문

요소 3. **앞 문장의 명사를 이어지는 문장에서 대명사로 연결 = '영어 제2 공식'**

영어로 구체적이고 논리적으로 말할 때, 아래 내용에 유의하세요.

1) 메시지와 이미지 관련한 단어와 구문은 그 표현과 순서 모두 유연하게 변형하여 활용하세요. 정리해 둔 단어와 구문을 순서대로 똑같이 활용할 필요는 없습니다.

2) 이렇게 유연하게 활용하여 영어로 말하면 더 구체적인 이미지나 메시지가 됩니다.

3) 이미지나 메시지를 확장하거나 구체화할 수는 있지만 절대로 하나의 이미지를 벗어나면 안 됩니다.

4) 이때 한 문장에는 하나의 아이디어를 담아 단문 + 전치사의 구조로 완성하세요. 만약 이 호흡의 문장 활용이 편하면 접속사를 활용하여 복문으로 말해도 좋습니다.

5) 이미지 속 단어와 구문 그리고 메시지가 담긴 단어와 구문을 활용하면서 앞 문장의 명사를 이어지는 문장의 대명사로 활용하세요.

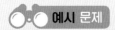

Please share your know-how to have a successful conversation.
위의 주제를 활용하여 메시지를 이미지화하여 구체적이고 논리적으로 말하세요.

1. 단어 단위

1) friend

2) no matter where

3) conversations

4) morning

위의 영어 단어를 한국어와 함께 활용하여 대략적인 대상과 상황을 파악하세요.

no matter where인데 morning에 friend와 conversations을 하고 있다.

2. 구문 단위

이때 명사구는 '**영어 제1 공식 = 형용사 + 명사 + 전치사**'를 대입

1) my various friends or close friends with all our worries and problems

2) no matter where we are, only between you and me

3) warm and sincere conversations, with my big ears and warm heart

4) after work or even early on weekends

5) keep listening with uninterrupted eye contact and follow-up questions

6) a successful conversation with solutions or hints for my problems

위의 영어 구문을 바탕으로 메시지가 어떤 구체적인 이미지와 함께 전달되는지 파악하세요.

my various friends 또는 close friends와 our worries and problems를 가지고 no matter where we are인채로 you and me만 있으면 after work or even early on weekends에 uninterrupted eye contact와 follow-up questions을 가지고 keep listening한다. 그래서 solutions or hints for my problems을 찾게되는 a successful conversation을 할 수 있다.

3. 문장과 문단 단위

이때 **영어식 기본 4동사**와 '**영어 제2 공식 = 앞 문장의 명사는 이어지는 문장의 대명사**'를 대입

I have various friends with whom I can share all my worries and problems. No matter where we are, if there is you and me, our conversations are always possible. I always try to have warm and sincere conversations with my friends, having my big ears and warm heart. I often make time to chat with my friends after work or even early on weekends. When I talk to them, they keep listening with uninterrupted eye contact and ask follow-up questions to show their interest. The successful conversation with my friend provides me with some useful solutions and hints for my problems.

해석 ▶ 저는 다양한 친구들이 있으며 그들과 함께 모든 걱정과 문제를 공유합니다. 어디에서나 당신과 나만 있다면 대화는 항상 가능합니다. 저는 항상 큰 귀와 따뜻한 마음을 가진채로 친구들과 따뜻하고 진실된 대화를 나누려고 노력합니다. 저는 종종 일이 끝난 후나 주말 일찍 친구들과 대화를 나누기 위해 시간을 내곤 합니다. 제 친구들과 이야기할 때, 그들은 끊임없이 눈을 마주치고 그들의 관심을 보여주기 위해 추가 질문도 합니다. 이런 친구와의 성공적인 대화는 제 문제에 대한 유용한 해결책과 힌트를 제공해 줍니다.

HOUSE & COOKING
* 클래스유 인강 41강 참고

구체적이고 논리적으로 말하기 전, 각 주제 관련 어휘를 음원으로 듣고 이미지화하세요.

2 주 차 연습 문제 1 주제. House (음원 파일명. 7-1-1)

house	apartment
• have a front yard, gardening, flowering, growing plants, raising vegetables or a pet, playing on the grass, having a barbecue with my neighbors • have spacious places, in some cases, have several floors including a basement and several steps, everyday light workout • tend to live a bit far from my neighbors, easy to keep my privacy, no one invades my privacy, keep my private room • my own garage & driveway, no car park problems (issues), have no difficulty to park my car	• many neighbors, feel safe, with many eyes watching me and get some helping hands when I'm in difficulties, have a fun time together • a maintenance office, just pay for maintenance fee and offer several kinds of services like rubbish disposal, security, and recycling services and facilities • an elevator, no need to step up and down, just get on the lift and press buttons, leads to fewer walks, getting to a nearby store fast, full hands with plastic bags, I can move them with less power. It lifts all my belongings conveniently.
renting a house	**buying a house**
• no need to manage all things by myself and request many things from the landlord (landlady), less stress and cost for managing or maintaining a house, live with less budget compared to owning a house • have a trial of living in an area before choosing a future town to live in	• no need to have frequent moving, can avoid burden things like packing and unpacking, save time and money, can expect stable life • decorate the interior according to my taste and design my own house based on my preferences

4 주 차 연습 문제 1 주제, Eating out vs. Cooking at home (음원 파일명. 7-1-2)

eating out	cooking at home
• no need to go grocery shopping, no cooking and washing dishes, just order some dishes and be served, only enjoy dishes with my people, save time to prepare • no need to purchase several kinds of ingredients for a single meal, more economic • new and different dishes in a different atmosphere, delicious dishes cooked by chefs, worldwide menus that I cannot cook, especially on a special day	• need no time to prepare for going out, no need to dress up, no lines to wait in at a restaurant, no opening and closing times, can enjoy my meal anytime I want and save time • one dish with all family members is cheaper than ordering individual dishes at a restaurant, making lots of foods at home, cost-effective, not too expensive and save money • fresh and high-quality ingredients, can control the amount of fat, calories, and sodium based on my taste and preferences, helps me to eat healthy food

delivery food

• just pick up the phone and order some dishes, deliveryman brings the food to my doorstep or anywhere I request, pay for it, pick it up and enjoy it, very convenient and can save time

• various menus at once from different restaurants, don't need to argue with others having totally different tastes from me, good to share various dishes together

앞서 배운 주제 중 하나를 활용해서 메시지를 이미지화하여 구체적이고 논리적으로 말하세요.

1. **단어 단위** 명사 한 단어로 대략적인 대상과 상황을 언급하세요.

   1) what 무엇, 어떤 대상이 보이는지 확인하세요.

   2) where 그 대상이 있는 곳은 어디인지 장소적 상황을 확인하세요.

   3) who/what 그 주변 대상은 누구 또는 무엇인지 확인하세요.

   4) when 시간, 기간, 기점, 시점 등 시간적 상황은 어떻게 되는지 확인하세요.

      * 이 단계는 첫 번째 공감하여 듣기 후 단어 3~4개를 들었을 때와 같이 전체적인 메시지 파악은 어렵습니다.

2. **구문 단위** 명사구로 대상과 상황을 구체화하고 동사구로 메시지도 구체화하세요. 이때 명사구는 **'영어 제1 공식 = 형용사 + 명사 + 전치사'**를 대입하세요.

   1) what 무엇이 정확히 어떤 대상인지 명사구로 언급하세요.

   2) where 그 대상이 있는 장소적 상황을 명사구로 구체화하세요.

   3) who/what 그 대상 주변에 있는 또 다른 대상이 정확히 누구 또는 무엇인지 명사구로 언급하세요.

   4) when 이 상황이 시간적으로 어떤 상황인지 명사구로 구체화하세요. 이렇게 이미지 안의 대상과 상황이 정확하게 정해지면 메시지도 함께 구체화할 수 있습니다.

   5) why 목적, 결론, 결과, 주장 등 넓은 영역의 '왜'라는 메시지를 동사구로 언급하세요.

   6) how 방법, 과정, 원인, 근거 등 넓은 영역의 '어떻게'라는 메시지를 동사구로 언급하세요.

      * 이 단계는 세 번 공감하여 듣기 후 구문 3~4개로 대략적인 메시지를 이해할 수 있는 상태와 같습니다.

3. **문장 단위** 구체화한 이미지와 그 안에 담긴 메시지를 영어 문장을 활용해서 전달하세요. 구문을 문장으로 완성하기 어렵다면 **영어식 기본 4동사인 Make, Have, Give, or Take**를 활용하세요. 특히 영어식 기본 4동사는 사물 주어를 활용하여 영어식 문장을 완성할 수 있도록 합니다.

4. **문단 단위** 영어로 나의 메시지를 구체적이고 논리적으로 전개하기 위해 다음의 요소를 활용하세요.

   요소 1. 메시지와 관련된 대상과 상황이 담겨 있는 이미지 속의 단어와 구문

   요소 2. 내가 하고 싶은 말 즉, 메시지가 담겨 있는 단어와 구문

   요소 3. 앞 문장의 명사를 이어지는 문장에서 대명사로 연결 = '영어 제2 공식'

영어로 구체적이고 논리적으로 말할 때, 아래 내용에 유의하세요.

1) 메시지와 이미지 관련한 단어와 구문은 그 표현과 순서 모두 유연하게 변형하여 활용하세요. 정리해 둔 단어와 구문을 순서대로 똑같이 활용할 필요는 없습니다.

2) 이렇게 유연하게 활용하여 영어로 말하면 더 구체적인 이미지나 메시지가 됩니다.

3) 이미지나 메시지를 확장하거나 구체화할 수는 있지만 절대로 하나의 이미지를 벗어나면 안 됩니다.

4) 이때 한 문장에는 하나의 아이디어를 담아 단문 + 전치사의 구조로 완성하세요. 만약 이 호흡의 문장 활용이 편하면 접속사를 활용하여 복문으로 말해도 좋습니다.

5) 이미지 속 단어와 구문 그리고 메시지가 담긴 단어와 구문을 활용하면서 앞 문장의 명사를 이어지는 문장의 대명사로 활용하세요.

| 단어 단위 |

1) food

2) my home

3) me alone

4) after work

위의 영어 단어를 한국어와 함께 활용하여 대략적인 대상과 상황을 파악하세요.

me가 alone인데 after work에 food를 at home에서 먹는다.

| 구문 단위 |

이때 명사구는 '영어 제1 공식 = 형용사 + 명사 + 전치사'를 대입

1) food → food in a container → food in a plastic container → very hot food in a plastic container

2) my home → a living room in my room → a comfortable chair in my living room

3) me → me with no one → only me with no one → a single household of myself alone

4) after work → one hour after work → one hour on the way back home → very tired one hour on the way back home

5) very comfortable night time to a single household worker

6) a plastic container니 설거지도 안해도 되고, myself alone이라서 신경쓸 것이 없으니깐

위의 영어 구문을 바탕으로 메시지가 어떤 구체적인 이미지와 함께 전달되는지 파악하세요.

after work에 one hour를 전철을 타고 way back home을 하는데, very tired 한 상태인데 hot food가 plastic container에 오니깐 설거지도 안해도 되고 in my living room의 a comfortable chair에서 a single household 나 혼자 사니깐 myself alone 편안한 저녁시간을 보낼 수 있다.

| 문장과 문단 단위 |

이때 **영어식 기본 4동사**와 **'영어 제2 공식 = 앞 문장의 명사는 이어지는 문장의 대명사'**를 대입

I often enjoy having food delivered after work. On my way back home from work, I order some food while on the underground. The hot food arrives in disposable plastic containers and is waiting for me at my front door when I get home. I just pick it up and have it while sitting in a comfortable chair in my living room. After the meal, there is no need to worry about washing dishes. Being a single household, my evening hours with dinner are the most comfortable times.

해석 ▶ 저는 일을 다녀오고 나서 종종 배달 음식을 즐겨 먹습니다. 집에 돌아오는 지하철에서 음식을 주문합니다. 일회용 플라스틱 용기에 담긴 뜨거운 음식이 문 앞에서 기다리고 있습니다. 그냥 가져다가 거실의 편안한 의자에서 먹습니다. 식사 후에는 설거지 걱정 없이 편안한 저녁을 보낼 수 있습니다. 저는 혼자 사는 일인가구이기 때문에, 저녁과 함께하는 나의 저녁 시간은 가장 편안한 시간입니다.

미션 ▶ 연습 문제 1, 2에 나온 박스의 주제 중 1개를 선택하여 위 활동 예시와 메시지의 이미지화 가이드를 참고하여 영어로 말해 보세요.

7
주차

연습 문제 ❷

PARK & HOLIDAY

구체적이고 논리적으로 말하기 전에 각 주제 관련 어휘를 음원으로 듣고 이미지화하세요.

2 주 차 연습 문제 2 주제. Park (음원 파일명. 7-2-1)

park = outdoor exercise	gym = indoor exercise
• no limitation on time, open 24/7, any kind of exercise is welcomed, anyone can join without a membership or regulations to follow • no need to pay for a membership, free of charge, no charge for using all facilities • enjoy beautiful scenery, breathe fresh air, feel the breeze, and walk along the path and riverside • take my pets as well, leash the dog, meet my neighbours, and share good times and moments	• unaffected by weather conditions, no matter how good it is, everyday workout is possible, with no excuse for skipping • always surrounded by many people, exercising in a very competitive environment, with many eyes watching me, encourage me to do exercise • have many extra services and convenient facilities, such as personal training courses, several group activities, locker rooms, shower booths, and sauna rooms, where one can be cared for more systematically

walking and jogging

• walk along the path, sometimes a track with several raps, with listening to classical music, walk in a slow speed, enjoy scenery as well, slow me down, breathe fresh air, relax my mind, have a spare mind, rearrange many ideas, refresh myself

• jog along the river, run over an hour with listening to dance musics, pump my heart, fast blood circulation, feel energetic, feel tired but gain energy, fresh air as well

party at home	party at a restaurant
• no opening and closing time, can stay all night, cozy sofa, comfortable mood • nice chance to show my private room to my close friends, warm atmosphere, get closer	• even as a host, fully focus on the meal without serving food to the guests • special atmosphere and offers from restaurants, unforgettable memory
present after asking	**present without asking**
• the things in need and that I want to have • no waste of time and money for presents, essential and very useful items	• the big surprise with much bigger joy • much more concern and consideration, much more time and effort, show my heart

Koran traditional food

- 갈비 stands for meat around bones, called Korean BBQ, soy bean sauce marinated, grilled, grab a bite, not hot but mild taste
- 비빔밥 mixture of vegetables with red pepper paste, sesame oil and sesame on the top
- 김치 red pepper powder, salty water soaked Chinese cabbage, slice and cut radishes, grind garlic, fermented food, rich in lactic acid bacteria, go with rice

Korean food culture

- sedentary food culture, rice & soup, the staple dishes for Korean, several side dishes
- all family members gather in my grandmother's house, making Korean dumpling Man- Du on Lunar New Year's Day, or Korean rice cake, Songpyeon on Korean Thanksgiving day, many side dishes such as Korean BBQ bulgogi, Transparent Noodle Japchae, lots of effort and time, all family members gather around the table, put our hands together, help each other with talking, hard work but enjoyable time too, catch up on each other

앞서 배운 주제 중 하나를 활용해서 메시지를 이미지화하여 구체적이고 논리적으로 말하세요.

1. **단어 단위** 명사 한 단어로 대략적인 대상과 상황을 언급하세요.

   1) what 무엇, 어떤 대상이 보이는지 확인하세요.

   2) where 그 대상이 있는 곳은 어디인지 장소적 상황을 확인하세요.

   3) who/what 그 주변 대상은 누구 또는 무엇인지 확인하세요.

   4) when 시간, 기간, 기점, 시점 등 시간적 상황은 어떻게 되는지 확인하세요.

   　　* 이 단계는 첫 번째 공감하여 듣기 후 단어 3~4개를 들었을 때와 같이 전체적인 메시지 파악은 어렵습니다.

2. **구문 단위** 명사구로 대상과 상황을 구체화하고 동사구로 메시지도 구체화하세요. 이때 명사구는 **'영어 제1 공식 = 형용사 + 명사 + 전치사'**를 대입하세요.

   1) what 무엇이 정확히 어떤 대상인지 명사구로 언급하세요.

   2) where 그 대상이 있는 장소적 상황을 명사구로 구체화하세요.

   3) who/what 그 대상 주변에 있는 또 다른 대상이 정확히 누구 또는 무엇인지 명사구로 언급하세요.

   4) when 이 상황이 시간적으로 어떤 상황인지 명사구로 구체화하세요. 이렇게 이미지 안의 대상과 상황이 정확하게 정해지면 메시지도 함께 구체화할 수 있습니다.

   5) why 목적, 결론, 결과, 주장 등 넓은 영역의 '왜'라는 메시지를 동사구로 언급하세요.

   6) how 방법, 과정, 원인, 근거 등 넓은 영역의 '어떻게'라는 메시지를 동사구로 언급하세요.

   　　* 이 단계는 세 번 공감하여 듣기 후 구문 3~4개로 대략적인 메시지를 이해할 수 있는 상태와 같습니다.

3. **문장 단위** 구체화한 이미지와 그 안에 담긴 메시지를 영어 문장을 활용해서 전달하세요. 구문을 문장으로 완성하기 어렵다면 **영어식 기본 4동사인 Make, Have, Give, or Take**를 활용하세요. 특히 영어식 기본 4동사는 사물 주어를 활용하여 영어식 문장을 완성할 수 있도록 합니다.

4. **문단 단위** 영어로 나의 메시지를 구체적이고 논리적으로 전개하기 위해 다음의 요소를 활용하세요.

   요소 1. 메시지와 관련된 대상과 상황이 담겨 있는 이미지 속의 단어와 구문

   요소 2. 내가 하고 싶은 말 즉, 메시지가 담겨 있는 단어와 구문

   요소 3. 앞 문장의 명사를 이어지는 문장에서 대명사로 연결 = '영어 제2 공식'

영어로 구체적이고 논리적으로 말할 때, 아래 내용에 유의하세요.

1) 메시지와 이미지 관련한 단어와 구문은 그 표현과 순서 모두 유연하게 변형하여 활용하세요. 정리해 둔 단어와 구문을 순서대로 똑같이 활용할 필요는 없습니다.

2) 이렇게 유연하게 활용하여 영어로 말하면 더 구체적인 이미지나 메시지가 됩니다.

3) 이미지나 메시지를 확장하거나 구체화할 수는 있지만 절대로 하나의 이미지를 벗어나면 안 됩니다.

4) 이때 한 문장에는 하나의 아이디어를 담아 단문 + 전치사의 구조로 완성하세요. 만약 이 호흡의 문장 활용이 편하면 접속사를 활용하여 복문으로 말해도 좋습니다.

5) 이미지 속 단어와 구문 그리고 메시지가 담긴 단어와 구문을 활용하면서 앞 문장의 명사를 이어지는 문장의 대명사로 활용하세요.

🔊 이미지화 나의 활동 (제시된 주제 Party at a restaurant를 활용해도 좋습니다.)

| 단어 단위 |

1) what

2) where

3) who/what

4) when

위의 영어 단어를 한국어와 함께 활용하여 대략적인 대상과 상황을 파악하세요.

| 구문 단위 |

이때 명사구는 '**영어 제1 공식 = 형용사 + 명사 + 전치사**'를 대입

1) what

2) where

3) who/what

4) when

5) why

6) how

위의 영어 구문을 바탕으로 메시지가 어떤 구체적인 이미지와 함께 전달되는지 파악하세요.

| 문장과 문단 단위 |

이때 **영어식 기본 4동사**와 '**영어 제2 공식 = 앞 문장의 명사는 이어지는 문장의 대명사**'를 대입

MUSIC & NEWS

* 클래스유 인강 42강 참고

7 주차

연습 문제 ❸

구체적이고 논리적으로 말하기 전에 각 주제 관련 어휘를 음원으로 듣고 이미지화하세요.

2 주 차 연습 문제 3 주제. Music (음원 파일명. 7-3-1)

dance music	classical music
• fast tempo; let my heart beat so fast, cheer me up, help me not be so tired and get down, take away my stress, dance to the music, keep working out • check out the music video, learn how to dance, visual fun	• rhythm only, no lyrics, No distraction by meaning • calm and peaceful rhythm, help me focus on something, especially good for studying and falling asleep

concert and musical performance
• jump around the stage, shout and scream at the performance, put my hands up and sing along, dance with many people and folks, fell alive in the crowd, see the singer with my eyes directly

4 주 차 연습 문제 1 주제, Information & Video (음원 파일명. 7-3-2)

information on video (audio-visual material)	information on news papers (readable material)
• the newest and up-to-date news • just watch, understand something with less concentration, do other things together such as having meals or working out, save time and convenient • sound and visual effects, more understandable	• save time, no need to wait for something on air, just open up the page right away • anytime, no programme schedule • read something again and again, clipping news, keep and check them later, repeatedly • handy and portable, carry it everywhere • improve reading and writing skills

recent news

- the news about English, English fever spreads all over the country, people spend a lot of money for English education, early education in English and studying abroad at an early age are serious problems, educational expenditure has been increasing steadily, too much burden of their parents
- the news about the economy, as a job seeker, interested in job opening, however, these days we are in an economic recession, with a high rate of unemployment, every morning, economic news, predict the trend of the economy, government formulate diverse monetary policies to curb inflation, the lower interest rate to boost the economy
- the news about the environment, a number of gasoline-burning cars and manufacturing processes emit carbon dioxide, the thicker density of carbon dioxide, air pollution, contaminated air, the greenhouse effect, global warming, hotter summers with scorching weather and colder winters with blizzards and heavy snow, climate changes, natural disaster, ice burgs on the artic and glaciers on high mountains are melting down, high up the water level, flood, shortage of food problem, scientists hold a key to the environmental problems, developing alternative energy

앞서 배운 주제 중 하나를 활용해서 메시지를 이미지화하여 구체적이고 논리적으로 말하세요.

1. 단어 단위 명사 한 단어로 대략적인 대상과 상황을 언급하세요.

  1) what 무엇, 어떤 대상이 보이는지 확인하세요.

  2) where 그 대상이 있는 곳은 어디인지 장소적 상황을 확인하세요.

  3) who/what 그 주변 대상은 누구 또는 무엇인지 확인하세요.

  4) when 시간, 기간, 기점, 시점 등 시간적 상황은 어떻게 되는지 확인하세요.

  > * 이 단계는 첫 번째 공감하여 듣기 후 단어 3~4개를 들었을 때와 같이 전체적인 메시지 파악은 어렵습니다.

2. 구문 단위 명사구로 대상과 상황을 구체화하고 동사구로 메시지도 구체화하세요. 이때 명사구는 **'영어 제1 공식 = 형용사 + 명사 + 전치사'**를 대입하세요.

  1) what 무엇이 정확히 어떤 대상인지 명사구로 언급하세요.

  2) where 그 대상이 있는 장소적 상황을 명사구로 구체화하세요.

  3) who/what 그 대상 주변에 있는 또 다른 대상이 정확히 누구 또는 무엇인지 명사구로 언급하세요.

  4) when 이 상황이 시간적으로 어떤 상황인지 명사구로 구체화하세요. 이렇게 이미지 안의 대상과 상황이 정확하게 정해지면 메시지도 함께 구체화할 수 있습니다.

  5) why 목적, 결론, 결과, 주장 등 넓은 영역의 '왜'라는 메시지를 동사구로 언급하세요.

  6) how 방법, 과정, 원인, 근거 등 넓은 영역의 '어떻게'라는 메시지를 동사구로 언급하세요.

  > * 이 단계는 세 번 공감하여 듣기 후 구문 3~4개로 대략적인 메시지를 이해할 수 있는 상태와 같습니다.

3. 문장 단위 구체화한 이미지와 그 안에 담긴 메시지를 영어 문장을 활용해서 전달하세요. 구문을 문장으로 완성하기 어렵다면 **영어식 기본 4동사인 Make, Have, Give, or Take**를 활용하세요. 특히 영어식 기본 4동사는 사물 주어를 활용하여 영어식 문장을 완성할 수 있도록 합니다.

4. 문단 단위 영어로 나의 메시지를 구체적이고 논리적으로 전개하기 위해 다음의 요소를 활용하세요.

  요소 1. 메시지와 관련된 대상과 상황이 담겨 있는 이미지 속의 단어와 구문

  요소 2. 내가 하고 싶은 말 즉, 메시지가 담겨 있는 단어와 구문

  요소 3. 앞 문장의 명사를 이어지는 문장에서 대명사로 연결 = '영어 제2 공식'

영어로 구체적이고 논리적으로 말할 때, 아래 내용에 유의하세요.

1) 메시지와 이미지 관련한 단어와 구문은 그 표현과 순서 모두 유연하게 변형하여 활용하세요. 정리해 둔 단어와 구문을 순서대로 똑같이 활용할 필요는 없습니다.

2) 이렇게 유연하게 활용하여 영어로 말하면 더 구체적인 이미지나 메시지가 됩니다.

3) 이미지나 메시지를 확장하거나 구체화할 수는 있지만 절대로 하나의 이미지를 벗어나면 안 됩니다.

4) 이때 한 문장에는 하나의 아이디어를 담아 단문 + 전치사의 구조로 완성하세요. 만약 이 호흡의 문장 활용이 편하면 접속사를 활용하여 복문으로 말해도 좋습니다.

5) 이미지 속 단어와 구문 그리고 메시지가 담긴 단어와 구문을 활용하면서 앞 문장의 명사를 이어지는 문장의 대명사로 활용하세요.

| 단어 단위 |

1) mobile

2) in my hand

3) news list

4) in the morning

위의 영어 단어를 한국어와 함께 활용하여 대략적인 대상과 상황을 파악하세요.

in my hand에 있는 mobile 뉴스 채널의 news list에서 골라서 in the morning 에 본다.

| 구문 단위 |

이때 명사구는 '**영어 제1 공식 = 형용사 + 명사 + 전치사**'를 대입

1) mobile → a small mobile → a small mobile in my hand

2) underground (새롭게 등장) → a busy underground → a busy underground to work

3) news list → news list from news channels → the latest news list from news channels

4) in the morning → morning and evening → morning and evening to and from work

5) fun time with no concentration

6) just watch, interesting scenes, with sound (결국 여기서 video의 장점이 나오는구나)

위의 영어 구문을 바탕으로 메시지가 어떤 구체적인 이미지와 함께 전달되는지 파악하세요.

to and from work인 morning and evening에 in my hand안에 a small mobile로 news channels 들의 the latest news list를 a busy underground 안에서 … (video의 장점과 유사하지만 조금 다른 mobile의 장점으로 마무리하면 되는구나.)

이때 **영어식 기본 4동사**와 **'영어 제2 공식 = 앞 문장의 명사는 이어지는 문장의 대명사'**를 대입

I love getting information through videos. Videos are very convenient when I'm on the underground, which is often crowded with commuters. I don't have to focus solely on the news; I can just listen and watch. The sounds and scenes make the information easy to understand. With a small mobile in my hand, I can access the latest news from various news channels. In short, there is no chance of getting bored.

해석 ▶ 저는 비디오로 정보를 얻는 것을 좋아합니다. 출퇴근자로 붐비는 지하철에서는 비디오가 매우 편리합니다. 뉴스에 집중하지 않아도 되고, 그냥 듣고 보기만 해도 됩니다. 소리와 장면으로 정보를 이해하기 쉬워집니다. 제 손안의 작은 모바일을 통해 다양한 뉴스 채널에서 최신 뉴스를 접할 수 있습니다. 다시 말해서, 지루할 일이 전혀 없습니다.

미션 ▶ 연습 문제 3, 4에 나온 박스의 주제 중 1개를 선택하여 위 활동 예시와 메시지의 이미지화 가이드를 참고하여 영어로 말해 보세요.

MOIVE & FASHION

구체적이고 논리적으로 말하기 전에 각 주제 관련 어휘를 음원으로 듣고 이미지화하세요.

2 주 차 연습 문제 4 주제. Moive (음원 파일명. 7-4-1)

action film	comedy
action-packed, knock-down fighting scenes, crashing, banging, and tracing, full of tension, experience extreme and dramatic sets and scenes, feel like punching the air, relieve my stress, sometimes have a twist at the end of the movie	make me smile and laugh a lot, full of fun, cheer me up, no need to think seriously, help me to forget some woes and concerns from my work or tasks, releases my stress after all, sometimes can be touched with meaningful messages
film at home	movie at a cinema
• no need to go out, pay for tickets or snacks to watch movies • watch a movie anytime I want, fast forward and rewind, can skip some scenes • lie on a sofa, sit back and unwind, comfortable and convenient • can talk with my friends or family even in the middle of a movie, enjoy meals during the film as well, no regulations or manners to follow	• in a cinema, a huge screen, big pictures on it, feel more excited and active, touch me a lot more than watching one at home • snacks like popcorn, soft drinks(sparkling sodas), a bit expensive but must-try items • watch up-to-date films, recently released movie • see a film in the 3D or 4D effect, extra services as a VIP member

4 주 차 연습 문제 4 주제 Fashion (음원 파일명. 7-4-2)

formal suit	casual clothes
• look professional, good first impression, trustworthy looking, easily catch eyes from attendees in a meeting • less comfortable, high tension, more concentration and serious attitude, structural and strategic ideas, better goals	• express their characteristics through their own clothes, free dress code, think flexibly • less expensive than formal suit, less burden to buy new clothes, more clothes in my closet, more options to wear, layer them flexibly, diverse ways to reveal myself

uniform

- save time, don't need to worry about what to wear for school or work, especially in the morning, no need to try to look different every day
- save money, don't need to change clothes every day, no fear of looking different, don't need to purchase lots of clothes regularly
- all in the same clothes, easier to recognise each other and promotes unification with others, good for cooperation
- same look, less concern about appearance, less care for getting stained or dirty, focus on tasks and perform better, such as studying harder

앞서 배운 주제 중 하나를 활용해서 메시지를 이미지화하여 구체적이고 논리적으로 말하세요.

1. **단어 단위** 명사 한 단어로 대략적인 대상과 상황을 언급하세요.

   1) what 무엇, 어떤 대상이 보이는지 확인하세요.

   2) where 그 대상이 있는 곳은 어디인지 장소적 상황을 확인하세요.

   3) who/what 그 주변 대상은 누구 또는 무엇인지 확인하세요.

   4) when 시간, 기간, 기점, 시점 등 시간적 상황은 어떻게 되는지 확인하세요.

   　* 이 단계는 첫 번째 공감하여 듣기 후 단어 3~4개를 들었을 때와 같이 전체적인 메시지 파악은 어렵습니다.

2. **구문 단위** 명사구로 대상과 상황을 구체화하고 동사구로 메시지도 구체화하세요. 이때 명사구는 '**영어 제1 공식 = 형용사 + 명사 + 전치사**'를 대입하세요.

   1) what 무엇이 정확히 어떤 대상인지 명사구로 언급하세요.

   2) where 그 대상이 있는 장소적 상황을 명사구로 구체화하세요.

   3) who/what 그 대상 주변에 있는 또 다른 대상이 정확히 누구 또는 무엇인지 명사구로 언급하세요.

   4) when 이 상황이 시간적으로 어떤 상황인지 명사구로 구체화하세요. 이렇게 이미지 안의 대상과 상황이 정확하게 정해지면 메시지도 함께 구체화할 수 있습니다.

   5) why 목적, 결론, 결과, 주장 등 넓은 영역의 '왜'라는 메시지를 동사구로 언급하세요.

   6) how 방법, 과정, 원인, 근거 등 넓은 영역의 '어떻게'라는 메시지를 동사구로 언급하세요.

   　* 이 단계는 세 번 공감하여 듣기 후 구문 3~4개로 대략적인 메시지를 이해할 수 있는 상태와 같습니다.

3. **문장 단위** 구체화한 이미지와 그 안에 담긴 메시지를 영어 문장을 활용해서 전달하세요. 구문을 문장으로 완성하기 어렵다면 **영어식 기본 4동사인 Make, Have, Give, or Take**를 활용하세요. 특히 영어식 기본 4동사는 사물 주어를 활용하여 영어식 문장을 완성할 수 있도록 합니다.

4. **문단 단위** 영어로 나의 메시지를 구체적이고 논리적으로 전개하기 위해 다음의 요소를 활용하세요.

   요소 1. 메시지와 관련된 대상과 상황이 담겨 있는 이미지 속의 단어와 구문

   요소 2. 내가 하고 싶은 말 즉, 메시지가 담겨 있는 단어와 구문

   요소 3. **앞 문장의 명사를 이어지는 문장에서 대명사로 연결 = '영어 제2 공식'**

영어로 구체적이고 논리적으로 말할 때, 아래 내용에 유의하세요.

1) 메시지와 이미지 관련한 단어와 구문은 그 표현과 순서 모두 유연하게 변형하여 활용하세요. 정리해 둔 단어와 구문을 순서대로 똑같이 활용할 필요는 없습니다.

2) 이렇게 유연하게 활용하여 영어로 말하면 더 구체적인 이미지나 메시지가 됩니다.

3) 이미지나 메시지를 확장하거나 구체화할 수는 있지만 절대로 하나의 이미지를 벗어나면 안 됩니다.

4) 이때 한 문장에는 하나의 아이디어를 담아 단문 + 전치사의 구조로 완성하세요. 만약 이 호흡의 문장 활용이 편하면 접속사를 활용하여 복문으로 말해도 좋습니다.

5) 이미지 속 단어와 구문 그리고 메시지가 담긴 단어와 구문을 활용하면서 앞 문장의 명사를 이어지는 문장의 대명사로 활용하세요.

🔊 **이미지화 나의 활동** [제시된 주제 Wearing a uniform를 활용해도 좋습니다.]

| 단어 단위 |

1) what

2) where

3) who/what

4) when

위의 영어 단어를 한국어와 함께 활용하여 대략적인 대상과 상황을 파악하세요.

| 구문 단위 |

이때 명사구는 **'영어 제1 공식 = 형용사 + 명사 + 전치사'**를 대입

1) what

2) where

3) who/what

4) when

5) why

6) how

위의 영어 구문을 바탕으로 메시지가 어떤 구체적인 이미지와 함께 전달되는지 파악하세요.

| 문장과 문단 단위 |

이때 **영어식 기본 4동사**와 **'영어 제2 공식 = 앞 문장의 명사는 이어지는 문장의 대명사'**를 대입

BEACH & SCHOOL DAYS
*클래스유 인강 43강 참고

구체적이고 논리적으로 말하기 전에 각 주제 관련 어휘를 음원으로 듣고 이미지화하세요.

2 주 차 연습 문제 5 주제. Beach (음원 파일명. 7-5-1)

beach

flock to the beach, lie on a sunbed, enjoy sunbathing, sometimes feel relaxed in the shade under the trees, make a sandcastle with my family on a beach or play beach volleyball with my friends, enjoy swimming & diverse water sports in the sea, around the sunset, experience romantic horizontal views and beautiful oceanic scenery, sunset cruise as well

fisheries market

go to a fisheries market, so many kinds of fresh seafoods, enjoy them at a reasonable price, raw fish called sashimi and sushi, steamed crabs or sea shells, have a full tummy after the meal

activities in a resort

- expensive, high-quality services, courteous staff, a warm welcome and big smile, plenty of facilities, guarantee a comfortable stay, quick response to requests, no need to clean or tidy up
- restaurant, with fresh, high-quality ingredients, prominent chef, gorgeous atmosphere, elegant mood, various dishes from around the world
- no time to feel bored with walking paths, indoor and outdoor sports activities, personal or group coaching at the gym, and a warm sea-water pool
- private beach with beautiful seashore, quiet and wide horizon, enjoy the evening glow with the sunset, go jogging with the sunrise

for children learning a new skill

- good for their mental health, busy studying these days, have a number of stresses, have pressures on their grades, go out and play, get along with friends, have a fun time together, can get rid of their stress
- bad for their physical health too, activities after school consume energy, get tired and exhausted, hard to concentrate on study, chance to get injured, dangerous

something with others	something by myself
• good for making friends, get along with them, few chances of feeling lonely, have lots of fun time, get closer to them • various things, widen points of view, different and creative viewpoints, share many ideas, better options, solve the problem easily, save time too • prepare together, each member with each portion, focus on small parts, the perfect one • lots of interactions with one another, build teamwork, improve communication and networking skills	• no one around me, no distractions by others, no talk, and high concentration • no stress to take care of others, no one that I have to listen to, no conflicts to make a decision, feel free, enjoy freedom • nothing out of my interest, one's taste, spend less time, flexible, anytime, save time • build independence, no help from others, all things by myself, chance to encounter challenging tasks, overcome, get through it, feeling of achievement
different things	**one thing repeatedly**
• different things every time, experience various kinds of things and people, widen points of view and human network, could think very flexibly, good for creativity • unfamiliar things, unpredictable, feel excited and adventurous	• become familiar with something, get used to it, understand that deeply, full of knowledge and information, be an expert and a specialist in it, feel comfortable and confident, save time too

앞서 배운 주제 중 하나를 활용해서 메시지를 이미지화하여 구체적이고 논리적으로 말하세요.

1. **단어 단위** 명사 한 단어로 대략적인 대상과 상황을 언급하세요.

   1) what 무엇, 어떤 대상이 보이는지 확인하세요.

   2) where 그 대상이 있는 곳은 어디인지 장소적 상황을 확인하세요.

   3) who/what 그 주변 대상은 누구 또는 무엇인지 확인하세요.

   4) when 시간, 기간, 기점, 시점 등 시간적 상황은 어떻게 되는지 확인하세요.

   　　* 이 단계는 첫 번째 공감하여 듣기 후 단어 3~4개를 들었을 때와 같이 전체적인 메시지 파악은 어렵습니다.

2. **구문 단위** 명사구로 대상과 상황을 구체화하고 동사구로 메시지도 구체화하세요. 이때 명사구는 **'영어 제1 공식 = 형용사 + 명사 + 전치사'**를 대입하세요.

   1) what 무엇이 정확히 어떤 대상인지 명사구로 언급하세요.

   2) where 그 대상이 있는 장소적 상황을 명사구로 구체화하세요.

   3) who/what 그 대상 주변에 있는 또 다른 대상이 정확히 누구 또는 무엇인지 명사구로 언급하세요.

   4) when 이 상황이 시간적으로 어떤 상황인지 명사구로 구체화하세요. 이렇게 이미지 안의 대상과 상황이 정확하게 정해지면 메시지도 함께 구체화할 수 있습니다.

   5) why 목적, 결론, 결과, 주장 등 넓은 영역의 '왜'라는 메시지를 동사구로 언급하세요.

   6) how 방법, 과정, 원인, 근거 등 넓은 영역의 '어떻게'라는 메시지를 동사구로 언급하세요.

   　　* 이 단계는 세 번 공감하여 듣기 후 구문 3~4개로 대략적인 메시지를 이해할 수 있는 상태와 같습니다.

3. **문장 단위** 구체화한 이미지와 그 안에 담긴 메시지를 영어 문장을 활용해서 전달하세요. 구문을 문장으로 완성하기 어렵다면 **영어식 기본 4동사인 Make, Have, Give, or Take**를 활용하세요. 특히 영어식 기본 4동사는 사물 주어를 활용하여 영어식 문장을 완성할 수 있도록 합니다.

4. **문단 단위** 영어로 나의 메시지를 구체적이고 논리적으로 전개하기 위해 다음의 요소를 활용하세요.

   요소 1. 메시지와 관련된 대상과 상황이 담겨 있는 이미지 속의 단어와 구문

   요소 2. 내가 하고 싶은 말 즉, 메시지가 담겨 있는 단어와 구문

   요소 3. 앞 문장의 명사를 이어지는 문장에서 대명사로 연결 = '영어 제2 공식'

영어로 구체적이고 논리적으로 말할 때, 아래 내용에 유의하세요.

1) 메시지와 이미지 관련한 단어와 구문은 그 표현과 순서 모두 유연하게 변형하여 활용하세요. 정리해 둔 단어와 구문을 순서대로 똑같이 활용할 필요는 없습니다.

2) 이렇게 유연하게 활용하여 영어로 말하면 더 구체적인 이미지나 메시지가 됩니다.

3) 이미지나 메시지를 확장하거나 구체화할 수는 있지만 절대로 하나의 이미지를 벗어나면 안 됩니다.

4) 이때 한 문장에는 하나의 아이디어를 담아 단문 + 전치사의 구조로 완성하세요. 만약 이 호흡의 문장 활용이 편하면 접속사를 활용하여 복문으로 말해도 좋습니다.

5) 이미지 속 단어와 구문 그리고 메시지가 담긴 단어와 구문을 활용하면서 앞 문장의 명사를 이어지는 문장의 대명사로 활용하세요.

| 단어 단위 |

1) wood table

2) a carpenter shop

3) a very skilful carpenter

4) in my free time

위의 영어 단어를 한국어와 함께 활용하여 대략적인 대상과 상황을 파악하세요.

in my free time에 in a carpenter shop에서 a very skilful carpenter옆에서 wood table 을 만드는 새로운 것을 배운다.

| 구문 단위 |

이때 명사구는 **'영어 제1 공식 = 형용사 + 명사 + 전치사'**를 대입

1) a wood table → a wood table for my room → a perfect wood table for my taste

2) a carpenter shop → a small carpenter shop with private lessons

3) a very skilful teacher → a very friendly teacher with lots of carpentry skills

4) my free time → regular visit in my free time → regular visits in my free time after retirement

5) 바쁘던 일상에서 벗어나 after retirement에는 my taste에 집중하며 여유 있고 싶다.

6) with no stress about time limit에 구애받지 않고, slow and enjoyably 과정을 즐기면서

위의 영어 구문을 바탕으로 메시지가 어떤 구체적인 이미지와 함께 전달되는지 파악하세요.

after retirement에 in my free time에 a small carpentry shop을 regular visits해서 carpentry skills을 배우고 싶다. a small carpentry shop에서 a very friendly teacher에게 서 lots of carpentry skills을 배워서 a perfect wood table이나 chair나 작은 가구들을 my taste에 맞게 만드는 private lesson을 듣고 싶다.

이때 영어식 기본 4동사와 '영어 제2 공식 = 앞 문장의 명사는 이어지는 문장의 대명사'를 대입

I think learning something new is a great idea. In fact, after retirement, I plan to take

a private course to improve my carpentry skills. A skilled teacher in a small carpentry

shop will guide me on how to make small furniture that suits my taste. Since there

is no time pressure, I can enjoy the process and take my time to complete each

project. This may become a regular routine and a way to enjoy my retirement with a

clear mind.

해석 ▶ 새로운 것을 배우는 것은 좋은 생각이라고 생각합니다. 사실은 은퇴 후에 저는 목공 기술에 대한 개인 강
좌를 꼭 들을 계획입니다. 작은 목공 공방에서 능숙한 선생님께서 제 취향에 맞는 작은 가구를 만드는 방
법을 안내해 줄 것입니다. 시간에 대한 압박이 없기 때문에, 저는 제작 과정을 즐기며 천천히 완성할 수
있을 것입니다. 이것은 저의 일상 생활이 되고, 충분한 여유로운 마음으로 은퇴 생활을 즐길 수 있는 방법
이 될지도 모릅니다.

미션 ▶ 연습 문제 5, 6에 나온 박스의 주제 중 1개를 선택하여 위 활동 예시와 메시지의 이미지화 가이드를 참고
하여 영어로 말해 보세요.

YOGA & SEASONS

구체적이고 논리적으로 말하기 전에 각 주제 관련 어휘를 음원으로 듣고 이미지화하세요.

2 주 차 연습 문제 6 주제. Yoga (음원 파일명. 7-6-1)

yoga

- no noise, calm mood for high concentration, peaceful background music, take meditation, get rid of any concerns and worries, refresh my mind, good for mental health
- concentrate on the right postures, build my muscles, stretch my arms and legs within my ability, exceed my limitation in flexibility by stretching harder and harder, keep fit, and stay in a good body shape

swimming

- seashore, sit side by side on beach chairs, people in swimming trunks or bikinies, lean against chairs, enjoy the sun, wear sunglasses, lie and read a book.
- bushes around a swimming pool, enjoy sun bathing, a pool side bar, enjoy swimming of breast stroke, butterfly, backstroke, freestyle

Spring

- the warm and mild wind blows, feel the breeze, flower buds and blossom, green sprouts in the field, feeling of start, good to go on a picnic at a park

Summer

- hot and humid, scorching weather, getting hotter and hotter, boiling hot summer days, escape this hot temperature by heading to coastal areas, enjoy sunbathing or under the shade in woods, enjoy forest bathing

Autumn

- turning leaves and falling leaves, beautiful colours covering mountains across the country, well-ripened fruit, golden crops in the field, the gratitude of harvest, the beauty of scarecrow in a golden field, good to go outing or trip, take photos in nature, feel chilly but mild enough for outdoor activities

Winter

- head to a ski resort, enjoy skiing and snowboarding, feel cold, wear warm and thick clothes, and drink hot beverages to warm up on freezing cold days
- snow covering branches and the ground, play with snow, have snowball fights, build a snowman, enjoy skating on a frozen pond, slide down a snowy hill in my town

앞서 배운 주제 중 하나를 활용해서 메시지를 이미지화하여 구체적이고 논리적으로 말하세요.

1. **단어 단위** 명사 한 단어로 대략적인 대상과 상황을 언급하세요.

   1) what 무엇, 어떤 대상이 보이는지 확인하세요.

   2) where 그 대상이 있는 곳은 어디인지 장소적 상황을 확인하세요.

   3) who/what 그 주변 대상은 누구 또는 무엇인지 확인하세요.

   4) when 시간, 기간, 기점, 시점 등 시간적 상황은 어떻게 되는지 확인하세요.

   * 이 단계는 첫 번째 공감하여 듣기 후 단어 3~4개를 들었을 때와 같이 전체적인 메시지 파악은 어렵습니다.

2. **구문 단위** 명사구로 대상과 상황을 구체화하고 동사구로 메시지도 구체화하세요. 이때 명사구는 **'영어 제1 공식 = 형용사 + 명사 + 전치사'**를 대입하세요.

   1) what 무엇이 정확히 어떤 대상인지 명사구로 언급하세요.

   2) where 그 대상이 있는 장소적 상황을 명사구로 구체화하세요.

   3) who/what 그 대상 주변에 있는 또 다른 대상이 정확히 누구 또는 무엇인지 명사구로 언급하세요.

   4) when 이 상황이 시간적으로 어떤 상황인지 명사구로 구체화하세요. 이렇게 이미지 안의 대상과 상황이 정확하게 정해지면 메시지도 함께 구체화할 수 있습니다.

   5) why 목적, 결론, 결과, 주장 등 넓은 영역의 '왜'라는 메시지를 동사구로 언급하세요.

   6) how 방법, 과정, 원인, 근거 등 넓은 영역의 '어떻게'라는 메시지를 동사구로 언급하세요.

   * 이 단계는 세 번 공감하여 듣기 후 구문 3~4개로 대략적인 메시지를 이해할 수 있는 상태와 같습니다.

3. **문장 단위** 구체화한 이미지와 그 안에 담긴 메시지를 영어 문장을 활용해서 전달하세요. 구문을 문장으로 완성하기 어렵다면 **영어식 기본 4동사인 Make, Have, Give, or Take**를 활용하세요. 특히 영어식 기본 4동사는 사물 주어를 활용하여 영어식 문장을 완성할 수 있도록 합니다.

4. **문단 단위** 영어로 나의 메시지를 구체적이고 논리적으로 전개하기 위해 다음의 요소를 활용하세요.

   요소 1. 메시지와 관련된 대상과 상황이 담겨 있는 이미지 속의 단어와 구문

   요소 2. 내가 하고 싶은 말 즉, 메시지가 담겨 있는 단어와 구문

   요소 3. **앞 문장의 명사를 이어지는 문장에서 대명사로 연결 = '영어 제2 공식'**

영어로 구체적이고 논리적으로 말할 때, 아래 내용에 유의하세요.

1) 메시지와 이미지 관련한 단어와 구문은 그 표현과 순서 모두 유연하게 변형하여 활용하세요. 정리해 둔 단어와 구문을 순서대로 똑같이 활용할 필요는 없습니다.

2) 이렇게 유연하게 활용하여 영어로 말하면 더 구체적인 이미지나 메시지가 됩니다.

3) 이미지나 메시지를 확장하거나 구체화할 수는 있지만 절대로 하나의 이미지를 벗어나면 안 됩니다.

4) 이때 한 문장에는 하나의 아이디어를 담아 단문 + 전치사의 구조로 완성하세요. 만약 이 호흡의 문장 활용이 편하면 접속사를 활용하여 복문으로 말해도 좋습니다.

5) 이미지 속 단어와 구문 그리고 메시지가 담긴 단어와 구문을 활용하면서 앞 문장의 명사를 이어지는 문장의 대명사로 활용하세요.

🔊 이미지화 나의 활동 [제시된 주제 My favourite season를 활용해도 좋습니다.]

| 단어 단위 |

1) what

2) where

3) who/what

4) when

위의 영어 단어를 한국어와 함께 활용하여 대략적인 대상과 상황을 파악하세요.

| 구문 단위 |

이때 명사구는 '**영어 제1 공식 = 형용사 + 명사 + 전치사**'를 대입

1) what

2) where

3) who/what

4) when

5) why

6) how

위의 영어 구문을 바탕으로 메시지가 어떤 구체적인 이미지와 함께 전달되는지 파악하세요.

| 문장과 문단 단위 |

이때 **영어식 기본 4동사**와 '**영어 제2 공식 = 앞 문장의 명사를 이어지는 문장의 대명사**'를 대입

TRANSPORT & TECHNOLOGY

*클래스유 인강 44강 참고

구체적이고 논리적으로 말하기 전에 각 주제 관련 어휘를 음원으로 듣고 이미지화하세요.

2주차 연습 문제 7 주제. Transport (음원 파일명. 7-7-1)

bus

- many windows, getting a ride with sightseeing, open the windows, enjoy the breeze, feel the fresh wind
- much more lines compared to the underground lines, take advantage of diverse routes, drop me off right at the destination
- no need to step down and up a lot, few steps that I have to climb up and down, easy to transfer to another line with few walks
- run on bus-only lanes, have no traffic jams, run so fast compared to driving my own car

inbound bus	outbound bus
on the way to work	on the way to my hometown
on the way to school	to visit my grandparents
on the way to and from home	for the journey to the coastal area
on the way back home	

underground or train

- run on schedule, no delay on schedules, can be an on-time person (=punctual person)
- have no traffic jam, hassle-free while I am on a ride
- less motion, easy to do other things such as reading books, watching movies, or doing some paper works

the advantage of a video conference

- hold a video conference anytime, if I have an urgent agenda to deal with, I can hold an irregular meeting for discussion, no matter what time it is, even in the early morning or at late night
- anywhere, no matter where all the attendees are, can gather together online, no need to come to one spot
- based on internet access, can use various functions during the meeting. video clips, mp3 files, and other materials making the agenda more easily understandable

a business gets bigger and bigger	a business gets smaller and smaller
• globalised, wide and diverse market, meet different customers' needs, should be localised and customised, listen to the voice of the locals • raise in wages, seek cheap labor, also very expensive raw material, have to cut delivery or shipping charges, buy low-cost materials in the local area and produce items in the country, will sell the products in the nation, no need to import and export anything	• internet-based enterprises, no requirement for a big office, no need to hire a number of employees, can't control management, without stores, can meet customers directly and have interaction and give them feedback directly, customer services can be done by oneself through the internet • the market needs customised products, the speed of change in trends is very fast, a small company tends to be a very flexible organisation, catch up with any needs in the market easily with direct interaction, produce unique and different items within a limited time

앞서 배운 주제 중 하나를 활용해서 메시지를 이미지화하여 구체적이고 논리적으로 말하세요.

1. **단어 단위** 명사 한 단어로 대략적인 대상과 상황을 언급하세요.

    1) what 무엇, 어떤 대상이 보이는지 확인하세요.

    2) where 그 대상이 있는 곳은 어디인지 장소적 상황을 확인하세요.

    3) who/what 그 주변 대상은 누구 또는 무엇인지 확인하세요.

    4) when 시간, 기간, 기점, 시점 등 시간적 상황은 어떻게 되는지 확인하세요.

    * 이 단계는 첫 번째 공감하여 듣기 후 단어 3~4개를 들었을 때와 같이 전체적인 메시지 파악은 어렵습니다.

2. **구문 단위** 명사구로 대상과 상황을 구체화하고 동사구로 메시지도 구체화하세요. 이때 명사구는 '**영어 제1 공식 = 형용사 + 명사 + 전치사**'를 대입하세요.

    1) what 무엇이 정확히 어떤 대상인지 명사구로 언급하세요.

    2) where 그 대상이 있는 장소적 상황을 명사구로 구체화하세요.

    3) who/what 그 대상 주변에 있는 또 다른 대상이 정확히 누구 또는 무엇인지 명사구로 언급하세요.

    4) when 이 상황이 시간적으로 어떤 상황인지 명사구로 구체화하세요. 이렇게 이미지 안의 대상과 상황이 정확하게 정해지면 메시지도 함께 구체화할 수 있습니다.

    5) why 목적, 결론, 결과, 주장 등 넓은 영역의 '왜'라는 메시지를 동사구로 언급하세요.

    6) how 방법, 과정, 원인, 근거 등 넓은 영역의 '어떻게'라는 메시지를 동사구로 언급하세요.

    * 이 단계는 세 번 공감하여 듣기 후 구문 3~4개로 대략적인 메시지를 이해할 수 있는 상태와 같습니다.

3. **문장 단위** 구체화한 이미지와 그 안에 담긴 메시지를 영어 문장을 활용해서 전달하세요. 구문을 문장으로 완성하기 어렵다면 **영어식 기본 4동사인 Make, Have, Give, or Take**를 활용하세요. 특히 영어식 기본 4동사는 사물 주어를 활용하여 영어식 문장을 완성할 수 있도록 합니다.

4. **문단 단위** 영어로 나의 메시지를 구체적이고 논리적으로 전개하기 위해 다음의 요소를 활용하세요.

    요소 1. 메시지와 관련된 대상과 상황이 담겨 있는 이미지 속의 단어와 구문

    요소 2. 내가 하고 싶은 말 즉, 메시지가 담겨 있는 단어와 구문

    요소 3. **앞 문장의 명사를 이어지는 문장에서 대명사로 연결 = '영어 제2 공식'**

영어로 구체적이고 논리적으로 말할 때, 아래 내용에 유의하세요.

1) 메시지와 이미지 관련한 단어와 구문은 그 표현과 순서 모두 유연하게 변형하여 활용하세요. 정리해 둔 단어와 구문을 순서대로 똑같이 활용할 필요는 없습니다.

2) 이렇게 유연하게 활용하여 영어로 말하면 더 구체적인 이미지나 메시지가 됩니다.

3) 이미지나 메시지를 확장하거나 구체화할 수는 있지만 절대로 하나의 이미지를 벗어나면 안 됩니다.

4) 이때 한 문장에는 하나의 아이디어를 담아 단문 + 전치사의 구조로 완성하세요. 만약 이 호흡의 문장 활용이 편하면 접속사를 활용하여 복문으로 말해도 좋습니다.

5) 이미지 속 단어와 구문 그리고 메시지가 담긴 단어와 구문을 활용하면서 앞 문장의 명사를 이어지는 문장의 대명사로 활용하세요.

🔊 이미지화 활동 예시 (제시된 주제 Travel by plane)

| 단어 단위 |

1) a flying ticket

2) an airport

3) baggage

4) after summer

위의 영어 단어를 한국어와 함께 활용하여 대략적인 대상과 상황을 파악하세요.

after summer에 baggage와 flying ticket을 들고 traveling by plane하러 airport에 간다.

| 구문 단위 |

이때 명사구는 '**영어 제1 공식 = 형용사 + 명사 + 전치사**'를 대입

1) flying ticket → flying ticket with the destination → a very small ticket with my destination

2) airport → an international airpot → an international airport with other travellers or foreigners

3) baggage → baggage with many things → big baggage with many things for plans

4) after summer → the late vacation after summer

5) summer season이 지난 restful한 trip을 즐긴다.

6) restful한 international airport에서 출발 전의 설렘을 즐길 수 있다.

위의 영어 구문을 바탕으로 메시지가 어떤 구체적인 이미지와 함께 전달되는지 파악하세요.

traveling by plane은 주로 after summer가 지난 the late vacation이다. my destination 이 쓰여있는 a very small ticket은 한 손에 있고 plans를 위한 many things들이 my big baggage안에 가득하다. 또, other travellers or foreigners들이 보이는 an international airport는 설렘이 가득하다.

이때 **영어식 기본 4동사**와 **'영어 제2 공식 = 앞 문장의 명사는 이어지는 문장의 대명사'**를 대입

My air travel usually happens after the summer season. Actually, my annual vacation comes later than everyone else's summer vacation. The airport has only a few travellers and foreigners, so it has enough restful moments. Also, a plane ticket with my destination written on it excites me a lot. When I see my luggage filled with many things for my planned activities, I feel so excited about the trip. I love this moment.

해석 ▶ 제 비행은 보통 여름이 끝난 후에 이루어집니다. 사실 제 연례 휴가는 모두의 여름 휴가보다 늦게 시작됩니다. 공항에는 여행객들과 외국인들이 몇 명 없어서 충분한 휴식을 취할 수 있습니다. 또한 목적지가 적힌 비행기 표를 보면 기분이 들뜹니다. 계획된 활동을 위해 짐에 많은 물건들이 들어있는 것을 보면 여행을 기대하게 됩니다. 저는 이 순간을 정말 좋아합니다.

미션 ▶ 연습 문제 7, 8에 나온 박스의 주제 중 1개를 선택하여 위 활동 예시와 메시지의 이미지화 가이드를 참고하여 영어로 말해 보세요.

OVERSEA TRIP & FINANCING

구체적이고 논리적으로 말하기 전에 각 주제 관련 어휘를 음원으로 듣고 이미지화하세요.

2 주 차 연습 문제 8 주제. Oversea trip (음원 파일명. 7-8-1)

flight to another country	boat to another country
• fly fast, save time, gain much more time in a local area, more time for traveling • convenient things are served by cabin crews • no seasick, feel free from it	• much more spacious seats with some entertaining facilities such as swimming pools, theaters, or restaurants • enjoy the horizon with sunset and evening glow or sunrise • no jet lag, no feeling of dry or headache
different things (places)	**one thing (palce) repeatedly**
• different things every time, experience various kinds of things and people, widen points of view and human network, could think very flexibly, good for creativity • unfamiliar things, unpredictable, feel excited and adventurous, unforgettable memories	• become familiar with something, get used to it, understand that deeply, full of knowledge and information, be an expert and a specialist in it, feel comfortable and confident, save time too • have local friends, get mingled with them in authentic culture and life

---

saving money

- earn huge amounts of money from the beginning of work, deposit money in a bank account, withdraw money from it, handle the crisis in their life with money, cope with unknown-unknowns and misfortune more easily, accumulated money at a bank account guarantees stable retirement life, as a medical expense and children raising expense will shoot up in their old age
- can buy every stuff that I want to have, in some cases shopping itself helps someone to get rid of stress, sufficient items around me, bring no inconvenience for living
- make almost everything possible, can enjoy hobbies, can go out and in the country frequently for trips, experience many things, release stress, learn many things from the outbound trip, getting back to work very hard with fresh minds and ideas

---

what to do with a bank teller vs. ATM

- open a bank account with a bank teller, filled in several forms, showed my identification, enter a PIN number, secure my online banking settings, deposit money in my savings account, save money for something, the deposit 1.2 million the minimum balance for free account service, the accounts earn very little interest, but the high-interest rate for a student loan
- insert the ATM(cash) card into the machine, it asks for a PIN, the machine accepts my PIN, the device asks for the required amount, enter multi-digit numbers, a few seconds later, withdraw money from my bank account, or transfer money, take advantage of money wiring service

---

앞서 배운 주제 중 하나를 활용해서 메시지를 이미지화하여 구체적이고 논리적으로 말하세요.

1. **단어 단위** 명사 한 단어로 대략적인 대상과 상황을 언급하세요.

   1) what 무엇, 어떤 대상이 보이는지 확인하세요.

   2) where 그 대상이 있는 곳은 어디인지 장소적 상황을 확인하세요.

   3) who/what 그 주변 대상은 누구 또는 무엇인지 확인하세요.

   4) when 시간, 기간, 기점, 시점 등 시간적 상황은 어떻게 되는지 확인하세요.

   > * 이 단계는 첫 번째 공감하여 듣기 후 단어 3~4개를 들었을 때와 같이 전체적인 메시지 파악은 어렵습니다.

2. **구문 단위** 명사구로 대상과 상황을 구체화하고 동사구로 메시지도 구체화하세요. 이때 명사구는 **'영어 제1 공식 = 형용사 + 명사 + 전치사'**를 대입하세요.

   1) what 무엇이 정확히 어떤 대상인지 명사구로 언급하세요.

   2) where 그 대상이 있는 장소적 상황을 명사구로 구체화하세요.

   3) who/what 그 대상 주변에 있는 또 다른 대상이 정확히 누구 또는 무엇인지 명사구로 언급하세요.

   4) when 이 상황이 시간적으로 어떤 상황인지 명사구로 구체화하세요. 이렇게 이미지 안의 대상과 상황이 정확하게 정해지면 메시지도 함께 구체화할 수 있습니다.

   5) why 목적, 결론, 결과, 주장 등 넓은 영역의 '왜'라는 메시지를 동사구로 언급하세요.

   6) how 방법, 과정, 원인, 근거 등 넓은 영역의 '어떻게'라는 메시지를 동사구로 언급하세요.

   > * 이 단계는 세 번 공감하여 듣기 후 구문 3~4개로 대략적인 메시지를 이해할 수 있는 상태와 같습니다.

3. **문장 단위** 구체화한 이미지와 그 안에 담긴 메시지를 영어 문장을 활용해서 전달하세요. 구문을 문장으로 완성하기 어렵다면 **영어식 기본 4동사인 Make, Have, Give, or Take**를 활용하세요. 특히 영어식 기본 4동사는 사물 주어를 활용하여 영어식 문장을 완성할 수 있도록 합니다.

4. **문단 단위** 영어로 나의 메시지를 구체적이고 논리적으로 전개하기 위해 다음의 요소를 활용하세요.

   요소 1. 메시지와 관련된 대상과 상황이 담겨 있는 이미지 속의 단어와 구문

   요소 2. 내가 하고 싶은 말 즉, 메시지가 담겨 있는 단어와 구문

   요소 3. 앞 문장의 명사를 이어지는 문장에서 대명사로 연결 = '영어 제2 공식'

영어로 구체적이고 논리적으로 말할 때, 아래 내용에 유의하세요.

1) 메시지와 이미지 관련한 단어와 구문은 그 표현과 순서 모두 유연하게 변형하여 활용하세요. 정리해 둔 단어와 구문을 순서대로 똑같이 활용할 필요는 없습니다.

2) 이렇게 유연하게 활용하여 영어로 말하면 더 구체적인 이미지나 메시지가 됩니다.

3) 이미지나 메시지를 확장하거나 구체화할 수는 있지만 절대로 하나의 이미지를 벗어나면 안 됩니다.

4) 이때 한 문장에는 하나의 아이디어를 담아 단문 + 전치사의 구조로 완성하세요. 만약 이 호흡의 문장 활용이 편하면 접속사를 활용하여 복문으로 말해도 좋습니다.

5) 이미지 속 단어와 구문 그리고 메시지가 담긴 단어와 구문을 활용하면서 앞 문장의 명사를 이어지는 문장의 대명사로 활용하세요.

◀» **이미지화 나의 활동** (제시된 주제 The last visit to the bank를 활용해도 좋습니다.)

| 단어 단위 |

1) what

2) where

3) who/what

4) when

위의 영어 단어를 한국어와 함께 활용하여 대략적인 대상과 상황을 파악하세요.

| 구문 단위 |

이때 명사구는 '**영어 제1 공식 = 형용사 + 명사 + 전치사**'를 대입

1) what

2) where

3) who/what

4) when

5) why

6) how

위의 영어 구문을 바탕으로 메시지가 어떤 구체적인 이미지와 함께 전달되는지 파악하세요.

| 문장과 문단 단위 |

이때 **영어식 기본 4동사**와 '**영어 제2 공식 = 앞 문장의 명사는 이어지는 문장의 대명사**'를 대입

INTERNET & CAREER

* 클래스유 인강 45강 참고

구체적이고 논리적으로 말하기 전에 각 주제 관련 어휘를 음원으로 듣고 이미지화하세요.

2 주 차 연습 문제 9 주제. Internet searching (음원 파일명. 7-9-1)

internet searching

- plenty (a wealth) of information or options that we can pick from, compare many of them, find a product at the lowest price, easy to find a reasonable-priced product, save money
- anytime, whenever I want, access the internet even in the early morning or late at night, no opening and closing time, open 24/7 or around the clock
- anywhere, no matter where I am even in another overseas country, even on the move like on a underground or a bus
- easy to search for ideas in a shorter time, just put a keyword in the search box, the computer lists up much relevant information on the screen, ideas from books, sites, reports and so on, trustworthy information from many experts pops up

send e-mail	hand written letters
• take less time than writing a letter by hand, send a letter promptly, instantly, within a short time, the receiver checks it immediately, and fast response as well • attach other materials easily, files and web addresses, many things simultaneously, more understandable, can send a photo or images in his computer, whenever he wants to see, share the information easily • contact a friend in a foreign country via email, don't need to go to the country, save the money for the flight ticket, very economic	put lots of time and effort, preparation time gives a writer time to think about a receiver, can send a writer's heart and sincerity, have much more sentimental value, hardly part with the letters they received, people tend to hoard and keep them, read them later again

politicians

- safe in society is very important, being in a state of anarchy(무정부상태), it's like chaos, there are so many crimes, people feel fearful about going out at night.
- dangerous to live, people are concerned about raising their kids
- politicians are representatives of people, have many interests in people's needs, they can say (they try to speak out people's opinions instead of theirs), they can put some progress on our welfare system, the standard of living (quality of life) will increase.

  Ex) Suppose people want to get a budget for medical care, the politician can (might) insist on it to the government (=make a law about it), if they have a good result, people can have many benefits on the medical field, they can live without any disease or fears for getting sick

teachers

educate general, basic, and essential things to live, no inconvenience to live in a society, lessen the generation gap, connect people from the past to the future like a bridge, a huge effect on the children who are the future of the nation, like parents to them, make their future

scientists

- be in charge of research and development (=study), progress in our technology, do many experiments, study and research, find something new, bring lots of progress in our technology, make innovative products or invent something new, make our lives convenient
- find the formula, concept, and principle, help us to understand something easily, try to explain everything around us, to make something better and us live conveniently

앞서 배운 주제 중 하나를 활용해서 메시지를 이미지화하여 구체적이고 논리적으로 말하세요.

1. **단어 단위** 명사 한 단어로 대략적인 대상과 상황을 언급하세요.

    1) what 무엇, 어떤 대상이 보이는지 확인하세요.

    2) where 그 대상이 있는 곳은 어디인지 장소적 상황을 확인하세요.

    3) who/what 그 주변 대상은 누구 또는 무엇인지 확인하세요.

    4) when 시간, 기간, 기점, 시점 등 시간적 상황은 어떻게 되는지 확인하세요.

      * 이 단계는 첫 번째 공감하여 듣기 후 단어 3~4개를 들었을 때와 같이 전체적인 메시지 파악은 어렵습니다.

2. **구문 단위** 명사구로 대상과 상황을 구체화하고 동사구로 메시지도 구체화하세요. 이때 명사구는 '**영어 제1 공식 = 형용사 + 명사 + 전치사**'를 대입하세요.

    1) what 무엇이 정확히 어떤 대상인지 명사구로 언급하세요.

    2) where 그 대상이 있는 장소적 상황을 명사구로 구체화하세요.

    3) who/what 그 대상 주변에 있는 또 다른 대상이 정확히 누구 또는 무엇인지 명사구로 언급하세요.

    4) when 이 상황이 시간적으로 어떤 상황인지 명사구로 구체화하세요. 이렇게 이미지 안의 대상과 상황이 정확하게 정해지면 메시지도 함께 구체화할 수 있습니다.

    5) why 목적, 결론, 결과, 주장 등 넓은 영역의 '왜'라는 메시지를 동사구로 언급하세요.

    6) how 방법, 과정, 원인, 근거 등 넓은 영역의 '어떻게'라는 메시지를 동사구로 언급하세요.

      * 이 단계는 세 번 공감하여 듣기 후 구문 3~4개로 대략적인 메시지를 이해할 수 있는 상태와 같습니다.

3. **문장 단위** : 구체화한 이미지와 그 안에 담긴 메시지를 영어 문장을 활용해서 전달하세요. 구문을 문장으로 완성하기 어렵다면 **영어식 기본 4동사인 Make, Have, Give, or Take** 를 활용하세요. 특히 영어식 기본 4동사는 사물 주어를 활용하여 영어식 문장을 완성할 수 있도록 합니다.

4. **문단 단위** : 영어로 나의 메시지를 구체적이고 논리적으로 전개하기 위해 다음의 요소를 활용하세요.

    요소 1. 메시지와 관련된 대상과 상황이 담겨 있는 이미지 속의 단어와 구문

    요소 2. 내가 하고 싶은 말 즉, 메시지가 담겨 있는 단어와 구문

    요소 3. **앞 문장의 명사를 이어지는 문장에서 대명사로 연결 = '영어 제2 공식'**

영어로 구체적이고 논리적으로 말할 때, 아래 내용에 유의하세요.

1) 메시지와 이미지 관련한 단어와 구문은 그 표현과 순서 모두 유연하게 변형하여 활용하세요. 정리해 둔 단어와 구문을 순서대로 똑같이 활용할 필요는 없습니다.

2) 이렇게 유연하게 활용하여 영어로 말하면 더 구체적인 이미지나 메시지가 됩니다.

3) 이미지나 메시지를 확장하거나 구체화할 수는 있지만 절대로 하나의 이미지를 벗어나면 안 됩니다.

4) 이때 한 문장에는 하나의 아이디어를 담아 단문 + 전치사의 구조로 완성하세요. 만약 이 호흡의 문장 활용이 편하면 접속사를 활용하여 복문으로 말해도 좋습니다.

5) 이미지 속 단어와 구문 그리고 메시지가 담긴 단어와 구문을 활용하면서 앞 문장의 명사를 이어지는 문장의 대명사로 활용하세요.

🔊 이미지화 활동 예시 (제시된 주제 politicians)

| 단어 단위 |

1) local people

2) my town

3) many fields

4) everyday living

위의 영어 단어를 한국어와 함께 활용하여 대략적인 대상과 상황을 파악하세요.

policitian은 in my town에서 everyday living에 many fields를 의 local people을 위해서 일한다.

| 구문 단위 |

이때 명사구는 '**영어 제1 공식 = 형용사 + 명사 + 전치사**'를 대입

1) local people → local people with some needs → local people with some different needs

2) my town → many places like schools, hospitals restaurants in my town

3) many felids → many fields for kids, the elder, sick people, low-income families and so on

4) everyday living → everyday better living with safety → better and safer lives every day

5) politicians들은 work for the people in each town, city, and country.

6) listen to them and establish many city and country laws

위의 영어 구문을 바탕으로 메시지가 어떤 구체적인 이미지와 함께 전달되는지 파악하세요.

politicians들은 many fields의 일을 various people들을 위해서 한다. kids, the elder, sick people, low-income families 등 다양한 local people들은 different needs를 가지고 있다. 그 needs들의 공통점은 better and safer한 lives를 every day 원한다는 것이다. politicians 들이 각 town, city and country에서 그들을 위해 일 하는데, listen to them해서 establish many city and country laws를 한다.

이때 **영어식 기본 4동사**와 '**영어 제2 공식 = 앞 문장의 명사는 이어지는 문장의 대명사**'를 대입

I believe that politicians should work for the people in every town, city, and country. People have various needs, such as children, the elderly, sick people, low-income families, and so on, and these needs differ. The needs are related to their daily lives, such as living well in places like schools, hospitals, and restaurants in their town. Therefore, politicians should listen to them and establish many city and country laws to meet their needs.

해석 ▶ 저는 정치인들이 각 도시, 시, 국가의 사람들을 위해 일해야 한다고 생각합니다. 어린이, 노인, 병든 사람, 저소득 가족 등 다양한 사람들이 있으며 이들은 서로 다른 필요성을 가지고 있습니다. 이러한 필요성은 그들의 일상생활과 관련이 있으며, 그들은 도시 내 학교, 병원, 음식점 등에서 잘 살고 싶어 하는 것입니다. 따라서 정치인들은 이들에게 귀를 기울이고 그들의 요구에 부응하기 위해 다양한 도시 및 국가 법률을 제정해야 합니다.

미션 ▶ 연습 문제 9, 10에 나온 박스의 주제 중 1개를 선택하여 위 활동 예시와 메시지의 이미지화 가이드를 참고하여 영어로 말해 보세요.

COFFEE SHOP & ENVIRONMENT

구체적이고 논리적으로 말하기 전에 각 주제 관련 어휘를 음원으로 듣고 이미지화하세요.

2 주 차 연습 문제 10 주제. Coffee shop (음원 파일명. 7-10-1)

coffee

rich in caffeine, on the way to work, stop by a coffee shop, order a cup of coffee with a splash of milk, enjoy latte every morning, wakes me up, helps me to be alert

milk

rich in calcium, prevent us from osteoporosis, may help us to grow tall

cafe'

after something like a movie, trip, or workout, go to a café with my friends, take seats upon entering the shop, browse menus on a board, choose a cup of coffee later, love its softness, gather around the table, share my experiences during ooo, show them some pictures or explain what I did exactly, ask some tips for ooo, learn from them for the next ooo, sometimes order any snacks, cakes and so on, enjoy sweet things, enjoy this time together, cozy sofa and mood, background music softens the mood in a café

e-book	print book
• eco-friendly, no need to cut trees to make paper, trees play a big and important role in our environment, help dilute the density of carbon dioxide in the air and save the earth, good for our planet • lots of internet-based functions, helpful to read books, light & easy to carry with many books	• like the smell and texture of the book itself, it makes me concentrate on it, with no distractions like playing online games • check some information later again, use it to prove something, thumb through the pages, gather more information, as it is more understandable and good for one's eyes
advantage of alternative energy	**disadvantage of alternative energy**
• reserve of energy is unlimited and infinitive, use the resources endlessly and eternally, current energy will face high demands and lack of supplies problems. Energy price is shooting up, not affordable so expensive price eventually, not all people use • gasoline-burning cars, emit carbon dioxide causing environmental crises such as severe climate changes (scorching weather, summer is getting hotter and hotter and freezing cold, heavy snow and blizzard), air pollution • melting ice bugs on the Arctic and melting glaciers, raising water levels (global warming, greenhouse effect, destroyed the ozone layer	• not every day and in every condition, we can't generate power, alternative energy highly depends on weather conditions, it is so changeable • no one can guarantee a bright future for alternative energy, studying and developing alternatives is just an ongoing process, improvements are still in the works • it consumes plenty of expense because it's the just beginning time of studying and developing, installing and maintaining the facilities are very expensive, building up infrastructure is high-cost, energy efficiency is very low

앞서 배운 주제 중 하나를 활용해서 메시지를 이미지화하여 구체적이고 논리적으로 말하세요.

1. **단어 단위** : 명사 한 단어로 대략적인 대상과 상황을 언급하세요.

   1) what 무엇, 어떤 대상이 보이는지 확인하세요.

   2) where 그 대상이 있는 곳은 어디인지 장소적 상황을 확인하세요.

   3) who/what 그 주변 대상은 누구 또는 무엇인지 확인하세요.

   4) when 시간, 기간, 기점, 시점 등 시간적 상황은 어떻게 되는지 확인하세요.

   * 이 단계는 첫 번째 공감하여 듣기 후 단어 3~4개를 들었을 때와 같이 전체적인 메시지 파악은 어렵습니다.

2. **구문 단위** : 명사구로 대상과 상황을 구체화하고 동사구로 메시지도 구체화하세요. 이때 명사구는 **'영어 제1 공식 = 형용사 + 명사 + 전치사'**를 대입하세요.

   1) what 무엇이 정확히 어떤 대상인지 명사구로 언급하세요.

   2) where 그 대상이 있는 장소적 상황을 명사구로 구체화하세요.

   3) who/what 그 대상 주변에 있는 또 다른 대상이 정확히 누구 또는 무엇인지 명사구로 언급하세요.

   4) when 이 상황이 시간적으로 어떤 상황인지 명사구로 구체화하세요. 이렇게 이미지 안의 대상과 상황이 정확하게 정해지면 메시지도 함께 구체화할 수 있습니다.

   5) why 목적, 결론, 결과, 주장 등 넓은 영역의 '왜'라는 메시지를 동사구로 언급하세요.

   6) how 방법, 과정, 원인, 근거 등 넓은 영역의 '어떻게'라는 메시지를 동사구로 언급하세요.

   * 이 단계는 세 번 공감하여 듣기 후 구문 3~4개로 대략적인 메시지를 이해할 수 있는 상태와 같습니다.

3. **문장 단위** : 구체화한 이미지와 그 안에 담긴 메시지를 영어 문장을 활용해서 전달하세요. 구문을 문장으로 완성하기 어렵다면 **영어식 기본 4동사인 Make, Have, Give, or Take**를 활용하세요. 특히 영어식 기본 4동사는 사물 주어를 활용하여 영어식 문장을 완성할 수 있도록 합니다.

3. **문단 단위** : 영어로 나의 메시지를 구체적이고 논리적으로 전개하기 위해 다음의 요소를 활용하세요.

   요소 1. 메시지와 관련된 대상과 상황이 담겨 있는 이미지 속의 단어와 구문

   요소 2. 내가 하고 싶은 말 즉, 메시지가 담겨 있는 단어와 구문

   요소 3. **앞 문장의 명사를 이어지는 문장에서 대명사로 연결 = '영어 제2 공식'**

영어로 구체적이고 논리적으로 말할 때, 아래 내용에 유의하세요.

1) 메시지와 이미지 관련한 단어와 구문은 그 표현과 순서 모두 유연하게 변형하여 활용하세요. 정리해 둔 단어와 구문을 순서대로 똑같이 활용할 필요는 없습니다.

2) 이렇게 유연하게 활용하여 영어로 말하면 더 구체적인 이미지나 메시지가 됩니다.

3) 이미지나 메시지를 확장하거나 구체화할 수는 있지만 절대로 하나의 이미지를 벗어나면 안 됩니다.

4) 이때 한 문장에는 하나의 아이디어를 담아 단문 + 전치사의 구조로 완성하세요. 만약 이 호흡의 문장 활용이 편하면 접속사를 활용하여 복문으로 말해도 좋습니다.

5) 이미지 속 단어와 구문 그리고 메시지가 담긴 단어와 구문을 활용하면서 앞 문장의 명사를 이어지는 문장의 대명사로 활용하세요.

🔊 이미지화 나의 활동 [제시된 주제 My favourite coffee or tea를 활용해도 좋습니다.]

| 단어 단위 |

1) what

2) where

3) who/what

4) when

위의 영어 단어를 한국어와 함께 활용하여 대략적인 대상과 상황을 파악하세요.

| 구문 단위 |

이때 명사구는 **'영어 제1 공식 = 형용사 + 명사 + 전치사'**를 대입

1) what

2) where

3) who/what

4) when

5) why

6) how

위의 영어 구문을 바탕으로 메시지가 어떤 구체적인 이미지와 함께 전달되는지 파악하세요.

| 문장과 문단 단위 |

이때 **영어식 기본 4동사**와 **'영어 제2 공식 = 앞 문장의 명사는 이어지는 문장의 대명사'**를 대입

한국어로 정리된 메시지(how/why) + 구체적인 대상과 상황(이미지) +
교정영어 생각교정 스킬(MHGT & 대명사의 활용 외)

첫째. 메시지

영어로 말을 잘하기 위해서는 먼저 전하려는 메시지가 명확해야 합니다. 우리는 한국인이기 때문에 메시지를 한국어로 먼저 정리합니다. 그런 후 정리한 한국어 메시지를 우리가 알고 있는 어휘와 문법을 활용해 영어로 만들게 되는데, 이렇게 영작으로 말하는 것이 순식간에 된다면 나의 메시지를 영어로 말하는 것은 크게 문제되지 않을 수 있습니다.

하지만 대부분의 한국 사람들은 영작식 영어로 말할 때 문법과 어휘의 한계에 부딪히게 되고 적합한 문법과 어휘가 기억나지 않아 어려움을 겪게 됩니다. 더욱이 한국어 메시지는 보통 추상적이고 포괄적으로 정리되어 있기 때문에 그 내용을 영어로 구체적이고 정확하게 전달하는데 어려움을 겪게 됩니다. 이렇듯 한국어 메시지를 명확하게 하기 위해서 '메시지를 이미지로 구체화'하는 연습이 꼭 필요합니다.

- **포괄적인 한국어 메시지와 한국식 영어의 예**

  한국어 메시지 : 나는 맛있게 저녁을 먹어서 너무 즐거워. (맛있어서 즐겁다는 포괄적인 개념)
  한국식 영어 : I am so happy because I have very delicious dinner.

둘째. 이미지

이미지는 구체적인 대상과 상황을 포함하고 있습니다. 이미지 안의 대상과 상황은 개념적인 어휘보다 상대적으로 쉬운 어휘를 사용하는데, 바로 영어권의 원어민들은 이렇게 이미지를 구체화하는 방식으로 말을 합니다. 이런 이유에서 우리가 원어민의 영어를 듣게 되면 '어려운 단어 없이 구체적이고 논리적으로 말을 잘하네'라고 느끼게 됩니다.

하지만 우리는 지금까지 영어로 말을 잘 하기 위해서 이미지가 중요하다는 사실을 알지 못했습니다. 그래서 이미지 안의 작은 한 대상을 찾아 구체화하는 방식으로 나의 메시지를 전달한다는 것 자체를 생각해 본 적도 없고, 해 본 적이 없기 때문에 그 방법이 어렵다고 느끼기도 합니다. 하지만 이것은 단지 우리가 경험해보지 못한 새로운 방식일 뿐입니다. 영어를 모국어로 활용하는 원어민들의 이 방식을 이해하고 익숙하게 하는 것이야말로 영어로 말을 잘하기 위해서 꼭 필요한 요소입니다.

- **구체적인 영어식 접근과 영어식 문장의 예**

  영어식 접근 : various kinds of delicious dishes for my dinner

  영어식 문장 : Various kinds of delicious dishes for dinner never stop me enjoying them.

셋째. 교정영어 생각교정 스킬

'회화 실력은 어휘력이 8할이다'라고 할 정도로, 어휘가 풍부하면 영어로 말하기가 수월합니다. 하지만 아무리 메시지를 단어와 구문으로 정리하고, 구체적인 이미지 속 단어와 구문이 있더라도 이것을 문장으로 말할 수 없다면, 영어로 말을 잘한다고 할 수 없습니다. 구문과 문장으로 의미를 전달할 수는 있어도, 이를 연속된 문장으로 말하는 것은 어려운 문제입니다. 그럼 메시지와 이미지를 기반으로 찾은 단어와 구문을 어떻게 활용해서 말해야 할까요? 앞서 생각교정에서 연습한 영어식 기본 4동사 MHGT를 활용해서 영어식 문장으로 완성하고 이렇게 완성된 문장 안의 명사를 이어지는 문장의 대명사로 활용하여 연결해야 합니다. 그러면 비로소 내가 하려는 말이 중구난방으로 퍼지지 않고 논리적인 영어 문장으로 전달될 수 있습니다.

7주 차 메시지를 이미지화하는 과정에서, 이 3요소를 다시 확인해야 하는 이유는 무엇일까요? 우리가 한국어를 배제하고 메시지의 이미지화만을 강조해서 연습했지만, 사실 영어로 말하기 위해서는 이 모든 요소들이 유연하게 활용되어야 하기 때문입니다.

우리는 '한국어로 정리된 메시지'를 영어로 말하려고 하면, 익숙한 영어 표현을 빠르게 사용하는 경향이 있습니다. 습관적으로 활용하는 이 영어 표현 때문에 오히려 우리는 메시지를 깊이 고민할 시간을 갖지 못하고, 내가 알고 있는 또는 익숙한 영어 단어와 구문만을 활용하게 됩니다. 그래서 7주 차에서 '하고 싶은 한국어'를 철저하게 배제하고 이미지와 그 안의 단어와 구문에만 집중한 것입니다. 하지만 이는 '메시지의 이미지화를 강화'하기 위함일 뿐 영어로 말할 때 이미지만 보면서 말해야 하는 건 아님을 기억해야 합니다.

들기
습관교정

8
주차

쉐도우
스피킹

8주 차 활동에 필요한 음원 모음

쉐도우 스피킹

익숙한 구문
들으면서 말하기

🔊 **증상**

Q 저는 쉐도우 스피킹 훈련이 필요할까요?

A 다음의 증상을 가진 당신이라면 쉐도우 스피킹 훈련이 필요합니다.

> **증상 ①** 영어 쉐도잉을 꾸준히 연습하지만 실제로는 영어 회화 능력이 향상되지 않는다.
> **증상 ②** 영어를 들을 때 문장이 길거나 모르는 단어가 나오면 이후 내용을 이해하기 어렵다.
> **증상 ③** 나는 어떤 방식으로 영어를 들어야 영어 회화 능력을 향상시킬 수 있는지 모른다.

🔊 **원인**

Q 저는 왜 이런 증상을 가지고 있는 걸까요?

A 외국에서 살아본 적도 없고, 유학이나 어학연수를 다녀오지도 않고, 국내에서 영어를 듣기만 했을 뿐인데 영어로 말을 잘하는 사람들이 있습니다. 이들은 '영어를 어떻게 들으면 영어로 말을 잘하게 되는지' 그 기술을 본능적으로, 천성적으로 가지고 태어난 사람들입니다. 이런 사람들은 영어뿐만 아니라 다른 외국어를 습득하는 데 탁월한 능력을 보여주기도 합니다. 하지만 이러한 언어 습득의 기질이나 메커니즘을 이해하지 못하고 있는 경

우 영어를 꾸준히 듣더라도 영어 회화 실력이 향상되지 않을 수 있습니다.

영어로 잘 말하는 사람들의 습관, 일명 쉐도잉을 수년간 해왔지만 여전히 영어 회화 실력이 향상되지 않을 수 있습니다. 이는 내가 정확히 어떻게 들어야 영어를 잘 할 수 있는지 모르기 때문입니다. 만약 동일한 영어 음원을 들어도, 나는 한국어로 해석하느라 시선이 한 곳에 멈추고, 들리는 영어 단어의 소리를 무작정 똑같이 따라 말하기만 하고, 리듬에 맞게 고개를 끄덕이지 못한다면, 영어 회화 실력이 향상되는 듣기 방법을 모르는 상태일 수 있습니다.

🔊 교정 방법

Q 어떻게 교정해야 저의 이런 증상들이 좋아질까요?

A 정확히는 '어떻게 영어를 듣는지'가 아니라 영어에서 '무엇을 들어야 하는지' 모르기 때문에 이런 증상이 발생합니다. 그러므로 먼저 영어를 들을 때 무엇을 들어야 하는지 정확하게 이해하고, 이를 어떻게 들어야 하는지 알고 연습해야 합니다. 교정영어에서는 영어로 재미있게 듣고 말하는 방법을 '쉐도우 스피킹'으로 가이드하는데, 이는 '스피킹'까지 강조한다는 점에서 일반적으로 알려진 쉐도잉의 듣고 따라하기 학습법과는 차이가 있습니다.

교정영어 쉐도우 스피킹은 다음의 3가지를 정확하게 듣고 말하도록 가이드합니다. 첫째, 내가 원래 잘 듣고 자주 사용하는 단어와 구문. 둘째, 내가 알고는 있었지만 한동안 사용하지 않아 기억이 흐릿해진 단어와 구문. 셋째, 내가 잘 몰라서 회화로 사용하기 어려웠던 단어와 구문입니다. 이렇게 3가지를 영어로 듣고 말하면 영어로 말하는 것이 즐거워질 뿐만 아니라, 즐거운 습관을 꾸준히 유지해서 영어 말하기 실력을 향상시킬 수 있습니다.

그러기 위해서 먼저, 내가 잘 듣고 자주 활용하는 영어 단어와 구문을 확인해야 합니다('공감하여 듣기' 목적). 또한 내가 알고는 있었지만 자주 활용하지 못한 영어 단어도 확인해야 합니다('비교하며 말하기' 목적). 마지막으로 내가 잘 몰라서 듣지 못한 영어 단어와 구문 역시 확인해야 합니다('필사하며 말하기' 목적). 이렇게 모든 단어와 구문이 명확히 귀로 들리고 내가 말로 자유롭게 활용할 수 있을 때, 쉐도우 스피킹을 정확하게 수행할 수 있습니다.

🔊 **교정 가이드**

언어 습득에서 '들을 수 있으면 말할 수 있다'는 원칙을 따르기 위해서 앞서 말한 대로 정확하게 무엇을 듣고 어떻게 말해야 하는지를 이해하는 것이 중요합니다. 교정영어 듣기 습관교정의 마지막 활동인 쉐도우 스피킹의 구체적인 가이드를 통해 영어로 말을 잘하는 듣기 방법을 습득해 보세요.

1. 내가 잘 듣고 회화로 활용할 수 있는 **단어와 구문을 공감하여 들으세요.**
   이는 원어민의 말을 들었을 때 '어! 이거 나도 자주 활용하는 표현인데!'라고 느껴지는 표현입니다.

2. 내가 원음에서 듣고 적은 단어와 구문을 빌려서 나의 문장으로 **요약하여 말하세요.**
   내가 자주 활용하는 구문과 문장을 활용하며, 내가 어떤 부분을 원어민과 다르게 활용하는지 비교하기 위한 필수 과정입니다.

3. 들을 수 없어서 회화로 활용할 수 없었던 단어와 구문은 보면서 **비교하며 말하세요.**
   이는 원어민의 말을 들었을 때 '아~ 원어민은 이런식으로 말하는구나'라고 느껴지는 표현으로, 눈으로 보면 이해되지만 그 소리를 몰랐던 표현이기 때문에 눈으로 보면서 채워야 합니다. 또한 내 입과 귀가 이 소리에 익숙해질 때까지 구간을 반복해서 듣고 말해봐야 합니다.

4. 들을 수 없어서 회화로 활용할 수 없었고, 눈으로도 채우지 못한 부분은 **필사하며 말하세요.**
   이는 원어민의 말을 들을 때 '어? 이건 무슨 표현이지?'라고 느껴지는 표현으로, 내가 몰랐던 표현이거나 강세가 들어가지 않아서 들리지 않는 부분이기 때문에 써보면서 채워야 합니다. 아는 만큼 들린다고 하지요? 여기서 디테일을 채워서 이 역시 들으면서 말할 수 있도록 해야 합니다.

5. 원어민의 단어와 강세, 메시지가 담긴 구문과 문법을 모두 들으면서 똑같이 **쉐도우 스피킹하세요.**
   이때 원음이 선창하면 그림자 따라가듯, 그러나 나의 속도를 유지하며 호흡의 단위(청크)로 원음과 똑같이 말합니다.

* 다음의 체크리스트를 통해 정확하게 쉐도우 스피킹하며 듣고 말할 수 있습니다.

· 내가 회화에서 자주 사용하는 단어와 구문을 들으면서 말하는 것이 올바른 방법입니다.

· 내가 듣지 못해서 자주 사용하지 못했던 단어와 구문 그리고 문법까지도 들으면서 말할 수 있다면 올바른 방법입니다.

· 음원이 빠르기 때문에 말하기 어렵다면, 비교하며 말하기가 부족한 겁니다. 엉키는 구문을 15번까지 구간 반복하여 '보면서 말하기' 한 후 쉐도우 스피킹하세요.

· 강세가 들어가지 않는 부분을 놓친다면, 필사하며 말하기가 부족한 것입니다. 관사, 수 일치, 전치사 등을 꼼꼼하게 '쓰면서 말하기' 한 후 쉐도우 스피킹하세요.

쉐도우 스피킹은 내가 알고 자주 활용하던 단어와 구문, 내가 눈으로는 이해할 수 있지만 활용하지 못했던 단어와 구문, 내가 몰라서 듣지 못해서 활용하지 못했던 단어와 구문 모두를 소리로 인지하면서 원음과 똑같이 말하는 것이 목적인 활동입니다. 그러기 때문에 단순하게 소리를 듣고 앵무새처럼 따라 말하는 것이 아니라, 원음을 들을 때마다 익숙한 단어와 구문이 늘어나고 그 결과 원음을 들으며 말하는 것이 점점 즐거워지는 과정입니다. 이렇게 즐거운 쉐도우 스피킹 과정을 내 습관으로 만들고 평생 습관으로 챙긴다면, 하루하루 영어 말하기 실력이 향상되는 놀라운 경험을 하게 될 것입니다.

잠깐! 쉐도잉이 아닌 교정영어 '쉐도우 스피킹'으로 기억하세요!

교정영어 쉐도우 스피킹의 과정을 쉽게 기억하려면 '한 번 듣고 네 번 말하기'로 이해하세요.

첫째. 공감하여 들으면서, 내가 들을 수 있어서 '활용할 수 있는 단어와 구문을 들으세요'.

둘째. 요약하여 말하며, 원음의 단어와 구문을 빌려서 내 문장으로써 '내 맘대로 말하기' 하세요.

셋째. 비교하며 말하며, 내가 들을 수 없어서 활용할 수 없었던 구문과 문장을 '보면서 말하기' 하세요.

넷째. 필사하며 말하며, 내가 몰라서 들을 수 없던 단어와 구문을 '쓰면서 말하기' 하세요.

다섯째. 쉐도우 스피킹하며 위의 과정에서 익숙하게 만든 모든 단어와 구문을 '들으며 말하기' 하세요.

단순하게 원어민의 원음을 들으며 그들의 말을 그대로 쫓아 앵무새처럼 말하는 쉐도잉이 아닙니다. 내가 듣고 활용할 수 있는 단어, 다르게 활용할 수 있는 구문, 들을 수 없었던 디테일까지 모두 들으며 나의 말하기 속도에 맞춰 말하는 것이 '쉐도우 스피킹'입니다.

사실 이런 쉐도우 스피킹 과정은 영어를 현지에서 배우는 것과 유사한 환경을 제공합니다.

첫째. 우리는 현지에서 무수히 많은 원어민의 영어를 듣습니다. 이때는 내가 아는 영어만 들립니다.

둘째. 현지의 다양한 상황 속에서 원어민과 영어로 대화합니다. 하지만 문장 활용에 오류가 생깁니다.

셋째. 원어민이 하는 말을 들으며 나와 다르게 말하는 단어와 구문, 문장 등을 확인합니다. 바로 이 부분이 우리가 원어민에게 기대하는 가장 궁극적인 피드백입니다.

넷째. 새롭게 알게 된 표현이나 문법 등을 노트에 정리할 시간을 갖습니다. 때로는 현지에서 보고서나 각종 서류를 작성할 기회를 통해 말로는 활용하지 못하는 디테일까지 영어로 써 볼 기회도 얻습니다.

위에서 확인할 수 있듯이, 교정영어 쉐도우 스피킹 과정은 현지에서 영어를 배우는 과정을 그대로 재현합니다. 그러므로 영어를 들을 때 어떤 내용을 어떻게 들어야 하는지 정확하게 안내하는 '교정영어 쉐도우 스피킹' 가이드에 맞춰 듣고 말하기 습관을 만든다면, 나도 영어로 말

잘하는 사람들의 즐거운 습관을 가질 수 있습니다. 사실 이 습관이 내 몸에 잘 체화된다면, 한 번 듣고 네 번 말하기의 전체 과정 없이도 음원을 한두 번 듣는 것만으로도 똑같은 효과를 얻을 수 있습니다.

 교정영어 쉐도우 스피킹 가이드에 따라 영어를 자주 듣고 말해 보세요. 그러면 영어 음원을 한 번만 들어도 '이게 내가 자주 쓰는 표현이구나', '이건 내가 한동안 안 썼던 표현이네', '이 부분은 내가 모르는 단어(구문)네. 스크립트를 빠르게 확인하고 채워야겠어!' 등을 파악하게 됩니다. 이 방법으로 다양한 영어 음원을 많이 듣고, 중얼중얼 소리 내며 말해보고, 이해하지 못한 부분은 빠르게 스크립트로 확인하고 다시 말해보면 영어 말하기 실력의 향상은 시간문제에 불과합니다.

 **예시 문제** **WHAT I REALIZED** ＊클래스유 인강 46강 참고

예시 문제 음원 '파일명 8-0'을 공감하여 듣고, 요약/비교/필사하며 말한 후 쉐도우 스피킹하세요.

1. 원음을 3번 **공감하여 듣고,** 기억나는 단어를 검은색-파란색-빨간색 순서대로 적어 구문을 완성하세요.
   단, 3번 듣기 전에 구문 4개가 완성되면 더 이상 듣지 않습니다.

2. 내가 원음에서 듣고 적은 단어와 구문을 빌려서 나의 문장으로 **요약하여 말하세요.**

3. 들을 수 없어서 회화로 활용할 수 없었던 단어와 구문은 보면서 **비교하며 말하세요.**
   이때 회화로 활용하고 싶은 구문은 대본 연습하듯 허공에서 꼭꼭 씹으면서 연기하는 것 잊지 마세요.

4. 들을 수 없어서 회화로 활용할 수 없었고, 눈으로도 채워지지 않는 부분은 **필사하며 말하세요.**

5. 원어민의 단어와 강세, 메시지가 담긴 구문과 문법을 모두 들으면서 똑같이 **쉐도우 스피킹하세요.**
   이때 원음이 선창하면 그림자 따라가듯, 그러나 나의 속도를 유지하며 호흡의 단위(청크)로 원음과 똑같이 말합니다.

   ＊다음의 체크리스트를 통해 정확하게 쉐도우 스피킹하며 듣고 말할 수 있습니다.
   · 내가 회화에서 자주 사용하는 단어와 구문을 들으면서 말하는 것이 올바른 방법입니다.
   · 내가 듣지 못해서 자주 사용하지 못했던 단어와 구문 그리고 문법까지도 들으면서 말할 수 있다면 올바른 방법입니다.
   · 음원이 빠르기 때문에 말하기 어렵다면, 비교하며 말하기가 부족한 겁니다. 엉키는 구문을 15번까지 구간반복하여 '보면서 말하기' 한 후 쉐도우 스피킹하세요.
   · 강세가 들어가지 않는 부분을 놓친다면, 필사하며 말하기가 부족한 것입니다. 관사, 수 일치, 전치사 등을 꼼꼼하게 '쓰면서 말하기' 한 후 쉐도우 스피킹하세요.

🔊 쉐도우 스피킹 활동 예시

| 공감하여 듣기 |

want to share what I realise

yesterday, conversation with our teacher

after the conversation, ~~teacher(?)~~ I understood she has, a lot of complaints

about us her

| 요약하여 말하기 |

I want to share what I realise. Yesterday, I had a conversation with our

teacher. After the conversation I understood she has a lot of complaints

about us by(?) her.

| 비교/필사하며 말하기 | * 다르게 말한 곳 밑줄, 욕심나는 구문 볼드 처리, 강세 ´ 표시, 문법 '' 로 구분

I wánt to sháre whát I reálised. Yésterday, I hád a conversátion with our

teácher. After the conversátion, I understoód 'that' she hád 'as' a lót of

cómplaints about ús 'as' we hád about hér.

- that she had : that 명사절 + S + V
- as a lot of ~ as : 원급 비교

| 쉐도우 스피킹 |

I want to share what I realised. Yesterday, I had a conversation with our

teacher. After the conversation, I understood that she had as a lot of

complaints about us as we had about her.

해석 ▶ 저는 제가 깨달은 것을 공유하고 싶습니다. 어제 선생님과 대화를 나눴습니다. 대화가 끝난 후
저는 우리가 그녀에 대해 불만을 가지고 있는 것만큼 그녀 역시 많다는 것을 이해했습니다.

DEPARTMENT STORE

*클래스유 인강 47강 참고

중급 음원 '파일명 8-1-1'을 공감하여 듣고, 요약/비교/필사하며 말한 후 쉐도우 스피킹하세요.

* 중급 음원을 마치고 고급 음원 '파일명 8-1-2' 쉐도우 스피킹도 도전하세요.

1. 원음을 3번 **공감하여 듣고**, 기억나는 단어를 검은색-파란색-빨간색 순서대로 적어 구문을 완성하세요. 단, 3번 듣기 전에 구문 4개가 완성되면 더 이상 듣지 않습니다.

2. 내가 원음에서 듣고 적은 단어와 구문을 빌려서 나의 문장으로 **요약하여 말하세요.**

> 스피킹 후 문장을 적어봐도 좋아요.

3. 들을 수 없어서 회화로 활용할 수 없었던 단어와 구문은 보면서 **비교하며 말하세요.** 이때 회화로 활용하고 싶은 구문은 대본 연습하듯 허공에서 꼭꼭 씹으면서 연기하는 것 잊지 마세요.

I úsually búy a trável bág at a depártment stóre because it hás mány bágs and a chóice of cólors, sízes, and bránds. It is a pérfect pláce to fínd a suítable óne for ány púrpose.

4. 들을 수 없어서 회화로 활용하지 못하고, 눈으로도 채우지 못한 부분은 **필사하며 말하세요.**

5. 원어민의 단어와 강세, 메시지가 담긴 구문과 문법을 모두 들으면서 똑같이 **쉐도우 스피킹하세요.**

이때 원음이 선창하면 그림자 따라가듯, 그러나 나의 속도를 유지하며 호흡의 단위(청크)로 원음과 똑같이 말합니다.

I usually buy a travel bag at a department store because it has many bags and a choice of colours, sizes, and brands. It is a perfect place to find a suitable one for any purpose.

해석 ▶ 저는 보통 백화점에서 여행 가방을 구입합니다. 거기에는 다양한 가방들과 색상, 크기, 브랜드 선택지가 있기 때문입니다. 어떤 목적에도 적합한 가방을 찾을 수 있는 완벽한 장소입니다.

미션 ▶ 연습 문제 2 중급 음원을 쉐도우 스피킹하세요.

* 고급 레벨로 점프업 또는 영어 말하기 시험 고득점을 목표하시는 분은 연습 문제 1, 2의 고급 음원 쉐도우 스피킹도 도전하세요.

HOUSE

고급 음원 '파일명 8-1-2'을 공감하여 듣고, 요약/비교/필사하며 말한 후 쉐도우 스피킹하세요.

1. 원음을 3번 **공감하여 듣고**, 기억나는 단어를 검은색-파란색-빨간색 순서대로 적어 구문을 완성하세요. 단, 3번 듣기 전에 구문 4개가 완성되면 더 이상 듣지 않습니다.

2. 내가 원음에서 듣고 적은 단어와 구문을 빌려서 나의 문장으로 **요약하여 말하세요.**

   스피킹 후 문장을 적어봐도 좋아요.

3. 들을 수 없어서 회화로 활용할 수 없었던 단어와 구문은 보면서 **비교하며 말하세요.**
   이때 회화로 활용하고 싶은 구문은 대본 연습하듯 허공에서 꼭꼭 씹으면서 연기하는 것 잊지 마세요.

   Over the pást féw décades, the shápe of hoúses has chánged significantly.
   Although módern hómes are génerally equípped with várious aménities, the básic
   fúnctions of a hóme can díffer from óne fámily mémber to anóther. Howéver,
   nó mátter whére you líve, it is a cómmon idéa for peóple that a hóme is a pláce
   where the whóle fámily gáthers háppily.

4. 들을 수 없어서 회화로 활용하지 못하고, 눈으로도 채우지 못한 부분은 **필사하며 말하세요.**

5. 원어민의 단어와 강세, 메시지가 담긴 구문과 문법을 모두 들으면서 똑같이 **쉐도우 스피킹하세요.**

이때 원음이 선창하면 그림자 따라가듯, 그러나 나의 속도를 유지하며 호흡의 단위(청크)로 원음과 똑같이 말합니다.

Over the past few decades, the shape of houses has changed significantly.

Although modern homes are generally equipped with various amenities, the basic

functions of a home can differ from one family member to another. However,

no matter where you live, it is a common idea for people that a home is a place

where the whole family gathers happily.

해석 ▶ 지난 몇십 년 동안 집의 모양은 크게 변화했습니다. 현대의 주택은 일반적으로 다양한 편의 시설을 갖추고 있지만, 가족 구성원마다 집의 기본적인 기능은 서로 다를 수 있습니다. 그러나 어디에서 살든지, 가족 전체가 모여 행복하게 지낼 수 있는 장소가 집이라는 것은 사람들 사이에서 공통된 생각입니다.

TEXT MESSAGE

중급 음원 '파일명 8-2-1'을 공감하여 듣고, 요약/비교/필사하며 말한 후 쉐도우 스피킹하세요.

* 중급 음원을 마치고 고급 음원 '파일명 8-2-2' 쉐도우 스피킹도 도전하세요.

1. 원음을 3번 **공감하여 듣고**, 기억나는 단어를 검은색-파란색-빨간색 순서대로 적어 구문을 완성하세요. 단, 3번 듣기 전에 구문 4개가 완성되면 더 이상 듣지 않습니다.

2. 내가 원음에서 듣고 적은 단어와 구문을 빌려서 나의 문장으로 **요약하여 말하세요.**

3. 들을 수 없어서 회화로 활용할 수 없었던 단어와 구문은 보면서 **비교하며 말하세요.**
   이때 회화로 활용하고 싶은 구문은 대본 연습하듯 허공에서 꼭꼭 씹으면서 연기하는 것 잊지 마세요.

4. 들을 수 없어서 회화로 활용할 수 없었고, 눈으로도 채워지지 않는 부분은 **필사하며 말하세요.**

5. 원어민의 단어와 강세, 메시지가 담긴 구문과 문법을 모두 들으면서 똑같이 **쉐도우 스피킹하세요.**
   이때 원음이 선창하면 그림자 따라가듯, 그러나 나의 속도를 유지하며 호흡의 단위(청크)로 원음과 똑같이 말합니다.

* 다음의 체크리스트를 통해 정확하게 쉐도우 스피킹하며 듣고 말할 수 있습니다.
   · 내가 회화에서 자주 사용하는 단어와 구문을 들으면서 말하는 것이 올바른 방법입니다.
   · 내가 듣지 못해서 자주 사용하지 못했던 단어와 구문 그리고 문법까지도 들으면서 말할 수 있다면 올바른 방법입니다.
   · 음원이 빠르기 때문에 말하기 어렵다면, 비교하며 말하기가 부족한 겁니다. 엉키는 구문을 15번까지 구간 반복하여 '보면서 말하기' 한 후 쉐도우 스피킹하세요.
   · 강세가 들어가지 않는 부분을 놓친다면, 필사하며 말하기가 부족한 것입니다. 관사, 수 일치, 전치사 등을 꼼꼼하게 '쓰면서 말하기' 한 후 쉐도우 스피킹하세요.

🔊 쉐도우 스피킹 활동 예시

| 공감하여 듣기 | * 두 번 공감하여 듣기 후 구문 4개를 완성했기 때문에 두 번째 공감하여 듣기에서 마무리합니다.

30 or more text messages

most of them, from my friends

use emoticons

show my feeling

| 요약하여 말하기 |

I receive 30 or more text messages. Most of them are from my friends. I use emoticons to show my feelings.

| 비교/필사하며 말하기 | * 다르게 말한 곳 밑줄, 욕심나는 구문 볼드 처리, 강세 '표시, 문법은 하단에 정리

I úsually recéive **about 30**(thírty) or móre téxt **méssages a dáy**. Móst of thém are from my fríends. Sómetimes I úse emóticons to shów my feélings.

• feelings : 복수 명사 + s

| 쉐도우 스피킹 |

I usually receive about 30 or more text messages a day. Most of them are from my friends. Sometimes I use emoticons to show my feelings.

해석 ▶ 저는 보통 하루에 30개 이상의 문자 메시지를 받습니다. 대부분은 친구들로부터 온 것입니다. 때로는 이모티콘을 사용하여 감정을 표현하기도 합니다.

PARK

보너스 연습 문제 ❷

고급 음원 '파일명 8-2-2'을 공감하여 듣고, 요약/비교/필사하며 말한 후 쉐도우 스피킹하세요.

1. 원음을 3번 **공감하여 듣고**, 기억나는 단어를 검은색-파란색-빨간색 순서대로 적어 구문을 완성하세요. 단, 3번 듣기 전에 구문 4개가 완성되면 더 이상 듣지 않습니다.

2. 내가 원음에서 듣고 적은 단어와 구문을 빌려서 나의 문장으로 **요약하여 말하세요.**

스피킹 후 문장을 적어봐도 좋아요.

3. 들을 수 없어서 회화로 활용할 수 없었던 단어와 구문은 보면서 **비교하며 말하세요.**
이때 회화로 활용하고 싶은 구문은 대본 연습하듯 허공에서 꼭꼭 씹으면서 연기하는 것 잊지 마세요.

If we loók deéply into náture, we can gáin a greáter understánding of éverything. A párk fílled with nuʹmerous treés provídes frésh áir, and the léisurely páce of wálking allóws ús to slów dówn. As we wálk through a párk, our mínds are refréshed, gíving ús móre énergy to fúlly immérse oursélves in whátever we desíre.

4. 들을 수 없어서 회화로 활용하지 못하고, 눈으로도 채우지 못한 부분은 **필사하며 말하세요.**

5. 원어민의 단어와 강세, 메시지가 담긴 구문과 문법을 모두 들으면서 똑같이 **쉐도우 스피킹하세요.**

이때 원음이 선창하면 그림자 따라가듯, 그러나 나의 속도를 유지하며 호흡의 단위(청크)로 원음과 똑같이 말합니다.

If we look deeply into nature, we can gain a greater understanding of everything. A park filled with numerous trees provides fresh air, and the leisurely pace of walking allows us to slow down. As we walk through a park, our minds are refreshed, giving us more energy to fully immerse ourselves in whatever we desire.

해석 ▶ 자연을 깊이 들여다보면 모든 것을 깊이 이해하게 됩니다. 나무가 많은 공원은 신선한 공기를 제공해 줍니다. 천천히 걷는 속도는 우리의 속도를 늦춥니다. 공원을 걷다 보면 마음도 상쾌해지며, 어떤 것에 몰입하는 데 더 많은 힘을 얻게 됩니다.

SWEETS

클래스유 인강 48강 참고

8주차 연습 문제 ❸

중급 음원 '파일명 8-3-1'을 공감하여 듣고, 요약/비교/필사하며 말한 후 쉐도우 스피킹하세요.

* 중급 음원을 마치고 고급 음원 '파일명 8-3-2' 쉐도우 스피킹도 도전하세요.

1. 원음을 3번 **공감하여 듣고,** 기억나는 단어를 검은색-파란색-빨간색 순서대로 적어 구문을 완성하세요. 단, 3번 듣기 전에 구문 4개가 완성되면 더 이상 듣지 않습니다.

2. 내가 원음에서 듣고 적은 단어와 구문을 빌려서 나의 문장으로 **요약하여 말하세요.**

스피킹 후 문장을 적어봐도 좋아요.

3. 들을 수 없어서 회화로 활용할 수 없었던 단어와 구문은 보면서 **비교하며 말하세요.** 이때 회화로 활용하고 싶은 구문은 대본 연습하듯 허공에서 꼭꼭 씹으면서 연기하는 것 잊지 마세요.

I gráb a bíte of cándy ónce in a whíle, maybe ónce a mónth on áverage. I keép awáy from cándies for the sáke of my teéth. Howéver, when I feél tíred or gét exháusted I úsually gráb a bíte of chócolate and I feél that it immédiately energíses mé.

4. 들을 수 없어서 회화로 활용하지 못하고, 눈으로도 채우지 못한 부분은 **필사하며 말하세요.**

5. 원어민의 단어와 강세, 메시지가 담긴 구문과 문법을 모두 들으면서 똑같이 **쉐도우 스피킹하세요.**

이때 원음이 선창하면 그림자 따라가듯, 그러나 나의 속도를 유지하며 호흡의 단위(청크)로 원음과 똑같이 말합니다.

I grab a bite of candy once in a while, maybe once a month on average. I keep away from candies for the sake of my teeth. However, when I feel tired or get exhausted, I usually grab a bite of chocolate, and I feel that it immediately energizes me.

해석 ▶ 저는 가끔 캔디 한 입을 먹습니다. 대략 한 달에 한 번 정도입니다. 이빨을 위해 캔디를 멀리하려고 합니다. 그러나 피곤하거나 지칠 때, 저는 보통 초콜릿 한 입을 먹습니다. 그러면 바로 활력이 돌아오는 것 같습니다.

미션 ▶ 연습 문제 4 중급 음원을 쉐도우 스피킹하세요.

* 고급 레벨로 점프업 또는 영어 말하기 시험 고득점을 목표하시는 분은 연습 문제 3, 4의 고급 음원 쉐도우 스피킹도 도전하세요.

MUSIC

고급 음원 '파일명 8-3-2'을 공감하여 듣고, 요약/비교/필사하며 말한 후 쉐도우 스피킹하세요.

1. 원음을 3번 **공감하여 듣고**, 기억나는 단어를 검은색-파란색-빨간색 순서대로 적어 구문을 완성하세요. 단, 3번 듣기 전에 구문 4개가 완성되면 더 이상 듣지 않습니다.

2. 내가 원음에서 듣고 적은 단어와 구문을 빌려서 나의 문장으로 **요약하여 말하세요.**

   스피킹 후 문장을 적어봐도 좋아요.

3. 들을 수 없어서 회화로 활용할 수 없었던 단어와 구문은 보면서 **비교하며 말하세요.**
   이때 회화로 활용하고 싶은 구문은 대본 연습하듯 허공에서 꼭꼭 씹으면서 연기하는 것 잊지 마세요.

   As múch as people are enámored with músic, it tóuches our soúl in profóund wáys that wórds alóne cannót équal. It stírs our imaginátion, invígorates our bódies, and tránsforms our moóds. It can líft ús úp or overwhélm ús with emótion. There is nó doúbt, músic can trúly heál ús. In thís wáy, músic áctually chánge the strúcture of a dámaged área like bráin. It gíves people néw chánce to móve and speák, sómetimes.

4. 들을 수 없어서 회화로 활용하지 못하고, 눈으로도 채우지 못한 부분은 **필사하며 말하세요.**

5. 원어민의 단어와 강세, 메시지가 담긴 구문과 문법을 모두 들으면서 똑같이 **쉐도우 스피킹하세요.**

이때 원음이 선창하면 그림자 따라가듯, 그러나 나의 속도를 유지하며 호흡의 단위(청크)로 원음과 똑같이 말합니다.

As much as people are enamored with music, it touches our soul in profound ways that words alone cannot equal. It stirs our imagination, invigorates our bodies, and transforms our moods. It can lift us up or overwhelm us with emotion. There is no doubt, music can truly heal us. In this way, music actually change the structure of a damaged area like brain. It gives people new chance to move and speak, sometimes.

해석 ▶ 사람들이 음악에 매혹되는 만큼, 그것은 말만으로는 똑같이 할 수 없는 심오한 방식으로 우리 영혼을 감동하게 합니다. 그것은 우리의 상상력을 자극하고 우리의 몸에 활력을 불어넣고 우리의 기분을 변화시킵니다. 그것은 우리를 고취하거나 감정적으로 압도할 수 있습니다. 의심할 여지 없이 음악은 진정으로 우리를 치유할 수 있습니다. 이런 식으로 음악은 실제로 뇌와 같은 손상된 영역의 구조를 변경합니다. 때로는 사람들에게 움직이고 말할 새로운 기회를 제공합니다.

PHOTO

중급 음원 '파일명 8-4-1'을 공감하여 듣고, 요약/비교/필사하며 말한 후 쉐도우 스피킹하세요.

* 중급 음원을 마치고 고급 음원 '파일명 8-4-2' 쉐도우 스피킹도 도전하세요.

1. 원음을 3번 **공감하여 듣고**, 기억나는 단어를 검은색-파란색-빨간색 순서대로 적어 구문을 완성하세요. 단, 3번 듣기 전에 구문 4개가 완성되면 더 이상 듣지 않습니다.

2. 내가 원음에서 듣고 적은 단어와 구문을 빌려서 나의 문장으로 **요약하여 말하세요.**

3. 들을 수 없어서 회화로 활용할 수 없었던 단어와 구문은 보면서 **비교하며 말하세요.**
   이때 회화로 활용하고 싶은 구문은 대본 연습하듯 허공에서 꼭꼭 씹으면서 연기하는 것 잊지 마세요.

4. 들을 수 없어서 회화로 활용할 수 없었고, 눈으로도 채워지지 않는 부분은 **필사하며 말하세요.**

5. 원어민의 단어와 강세, 메시지가 담긴 구문과 문법을 모두 들으면서 똑같이 **쉐도우 스피킹하세요.**
   이때 원음이 선창하면 그림자 따라가듯, 그러나 나의 속도를 유지하며 호흡의 단위(청크)로 원음과 똑같이 말합니다.

   * 다음의 체크리스트를 통해 정확하게 쉐도우 스피킹하며 듣고 말할 수 있습니다.
   · 내가 회화에서 자주 사용하는 단어와 구문을 들으면서 말하는 것이 올바른 방법입니다.
   · 내가 듣지 못해서 자주 사용하지 못했던 단어와 구문 그리고 문법까지도 들으면서 말할 수 있다면 올바른 방법입니다.
   · 음원이 빠르기 때문에 말하기 어렵다면, 비교하며 말하기가 부족한 겁니다. 엉키는 구문을 15번까지 구간 반복하여 '보면서 말하기' 한 후 쉐도우 스피킹하세요.
   · 강세가 들어가지 않는 부분을 놓친다면, 필사하며 말하기가 부족한 것입니다. 관사, 수 일치, 전치사 등을 꼼꼼하게 '쓰면서 말하기' 한 후 쉐도우 스피킹하세요.

🔊 쉐도우 스피킹 활동 예시

| 공감하여 듣기 | * 두 번 공감하여 듣기 후 구문 4개를 완성했기 때문에 두 번째 공감하여 듣기에서 마무리합니다.

my photo, smart phone

automatically online

change or lose, keep them online

| 요약하여 말하기 |

I take photos by my smartphone. Then the photos're automatically uploaded online. If I change or lose my phone, I can keep them online.

| 비교/필사하며 말하기 | * 다르게 말한 곳 밑줄, 욕심나는 구문 볼드 처리, 강세 '표시, 문법은 하단에 정리

I úsually stóre my pho'tos on my smártphone. **Upon táking a phóto**, the phóto is automátically uploáded **to my vírtual stórage ónline**. **Nó mátter whether** I chánge or lóse my smártphóne I can áccess and **keép thém in my ónline accoúnt**.

*   upon ~ing : ~하자마자
*   whether I change or : 접속사 whether S + V

| 쉐도우 스피킹 |

I usually store my photos on my smartphone. Upon taking a photo, the photo is automatically uploaded to my virtual storage online. No matter whether I change or lose my smartphone I can access and keep them in my online account.

해석 ▶ 저는 보통 제 사진들을 제 스마트폰에 저장해 둡니다. 사진을 찍으면 자동으로 온라인 가상 저장소에 업로드됩니다. 제 스마트폰을 바꾸거나 분실하더라도 온라인 계정에서 접근하고 보관할 수 있습니다.

MOVIE

고급 음원 '파일명 8-4-2'을 공감하여 듣고, 요약/비교/필사하며 말한 후 쉐도우 스피킹하세요.

1. 원음을 3번 **공감하여 듣고**, 기억나는 단어를 검은색-파란색-빨간색 순서대로 적어 구문을 완성하세요. 단, 3번 듣기 전에 구문 4개가 완성되면 더 이상 듣지 않습니다.

2. 내가 원음에서 듣고 적은 단어와 구문을 빌려서 나의 문장으로 **요약하여 말하세요.**

   스피킹 후 문장을 적어봐도 좋아요.

3. 들을 수 없어서 회화로 활용할 수 없었던 단어와 구문은 보면서 **비교하며 말하세요.**
   이때 회화로 활용하고 싶은 구문은 대본 연습하듯 허공에서 꼭꼭 씹으면서 연기하는 것 잊지 마세요.
   Watching movies over the weekend has always been one of my favorite pastimes. The relatable and sometimes tragic stories of real life often inspire filmmakers to create their own interpretations of them. Some directors use their films as a platform to convey important but often overlooked messages to their audience. Movies can serve as a powerful tool for communication between filmmakers and their viewers.

4. 들을 수 없어서 회화로 활용하지 못하고, 눈으로도 채우지 못한 부분은 **필사하며 말하세요.**

5. 원어민의 단어와 강세, 메시지가 담긴 구문과 문법을 모두 들으면서 똑같이 **쉐도우 스피킹하세요.**

이때 원음이 선창하면 그림자 따라가듯, 그러나 나의 속도를 유지하며 호흡의 단위(청크)로 원음과 똑같이 말합니다.

Watching movies over the weekend has always been one of my favorite pastimes. The relatable and sometimes tragic stories of real life often inspire filmmakers to create their own interpretations of them. Some directors use their films as a platform to convey important but often overlooked messages to their audience. Movies can serve as a powerful tool for communication between filmmakers and their viewers.

해석 ▶ 주말마다 영화 보는 것은 제가 좋아하는 취미 중 하나입니다. 현실에서 일어난 감동적이거나 비극적인 이야기들은 감독들에게 영감을 주어 영화를 만들게 합니다. 일부 감독들은 자신들의 영화에 진지한 메시지를 담아서 사람들이 중요하지만 놓치기 쉬운 것들을 알아차리도록 하기도 합니다. 영화는 때로 영화감독과 관객들 간의 효과적인 소통 도구로 작용하기도 합니다.

ONLINE BOOKSTORE
* 클래스유 인강 49강 참고

중급 음원 '파일명 8-5-1'을 공감하여 듣고, 요약/비교/필사하며 말한 후 쉐도우 스피킹하세요.

* 중급 음원을 마치고 고급 음원 '파일명 8-5-2' 쉐도우 스피킹도 도전하세요.

1. 원음을 3번 **공감하여 듣고,** 기억나는 단어를 검은색-파란색-빨간색 순서대로 적어 구문을 완성하세요. 단, 3번 듣기 전에 구문 4개가 완성되면 더 이상 듣지 않습니다.

2. 내가 원음에서 듣고 적은 단어와 구문을 빌려서 나의 문장으로 **요약하여 말하세요.**

스피킹 후 문장을 적어봐도 좋아요.

3. 들을 수 없어서 회화로 활용할 수 없었던 단어와 구문은 보면서 **비교하며 말하세요.** 이때 회화로 활용하고 싶은 구문은 대본 연습하듯 허공에서 꼭꼭 씹으면서 연기하는 것 잊지 마세요.

I úsually búy boóks ónline because ónline boókstores províde a wíde ránge of boóks at a lówer príce than óffline boókstores. Addítionally, as they delíver ít to my frónt doór for freé, I feél it is convénient to búy my boóks ónline.

4. 들을 수 없어서 회화로 활용하지 못하고, 눈으로도 채우지 못한 부분은 **필사하며 말하세요.**

5. 원어민의 단어와 강세, 메시지가 담긴 구문과 문법을 모두 들으면서 똑같이 **쉐도우 스피 킹하세요.**

이때 원음이 선창하면 그림자 따라가듯, 그러나 나의 속도를 유지하며 호흡의 단위(청크) 로 원음과 똑같이 말합니다.

I usually buy books online because online bookstores provide a wide range of books at a lower price than offline bookstores. Additionally, as they deliver it to my front door for free, I feel it is convenient to buy my books online.

해석 ▶ 저는 보통 온라인으로 책을 구입합니다. 왜냐하면 온라인 서점이 오프라인 서점보다 다양한 종류의 책을 더 낮은 가격으로 제공하기 때문입니다. 또한, 무료로 저의 집 문 앞까지 배송해 주기 때문에 온 라인으로 책을 사는 것이 편리하다고 생각합니다.

미션 ▶ 연습 문제 6 중급 음원을 쉐도우 스피킹하세요.

* 고급 레벨로 점프업 또는 영어 말하기 시험 고득점을 목표하시는 분은 연습 문제 5, 6의 고급 음원 쉐도우 스피킹도 도전하세요.

BEACH

고급 음원 '파일명 8-5-2'을 공감하여 듣고, 요약/비교/필사하며 말한 후 쉐도우 스피킹하세요.

1. 원음을 3번 **공감하여 듣고**, 기억나는 단어를 검은색-파란색-빨간색 순서대로 적어 구문을 완성하세요. 단, 3번 듣기 전에 구문 4개가 완성되면 더 이상 듣지 않습니다.

2. 내가 원음에서 듣고 적은 단어와 구문을 빌려서 나의 문장으로 **요약하여 말하세요.**

스피킹 후 문장을 적어봐도 좋아요.

3. 들을 수 없어서 회화로 활용할 수 없었던 단어와 구문은 보면서 **비교하며 말하세요.**
이때 회화로 활용하고 싶은 구문은 대본 연습하듯 허공에서 꼭꼭 씹으면서 연기하는 것 잊지 마세요.

The lively beách átmosphere creátes a dýnamic ámbiance by the seá. The scórching sún inténsifies the súmmer heát on the beáches. When the sún séts on the horízon, the oceán túrns réd, reáching its peák of beaúty. Sómetimes thís reláxing átmosphere remínds mé of a súmmer dáy.

4. 들을 수 없어서 회화로 활용하지 못하고, 눈으로도 채우지 못한 부분은 **필사하며 말하세요.**

5. 원어민의 단어와 강세, 메시지가 담긴 구문과 문법을 모두 들으면서 똑같이 **쉐도우 스피킹하세요.**

이때 원음이 선창하면 그림자 따라가듯, 그러나 나의 속도를 유지하며 호흡의 단위(청크)로 원음과 똑같이 말합니다.

The lively beach atmosphere creates a dynamic ambiance by the sea. The scorching sun intensifies the summer heat on the beaches. When the sun sets on the horizon, the ocean turns red, reaching its peak of beauty. Sometimes this relaxing atmosphere reminds me of a summer day.

해석 ▶ 해변의 활기찬 분위기는 바닷가에서 역동적인 분위기를 조성합니다. 뜨거운 햇볕은 여름 해변을 가득 메우며 높은 기온을 낳습니다. 지평선에 떠 있는 일몰은 바다를 붉게 물들이며, 바다의 경치가 절정에 이르게 합니다. 때때로 이러한 편안한 분위기는 나에게 어느 여름날을 생각나게 합니다.

PERFUME

중급 음원 '파일명 8-6-1'을 공감하여 듣고, 요약/비교/필사하며 말한 후 쉐도우 스피킹하세요.

* 중급 음원을 마치고 고급 음원 '파일명 8-6-2' 쉐도우 스피킹도 도전하세요.

1. 원음을 3번 **공감하여 듣고**, 기억나는 단어를 검은색-파란색-빨간색 순서대로 적어 구문을 완성하세요. 단, 3번 듣기 전에 구문 4개가 완성되면 더 이상 듣지 않습니다.

2. 내가 원음에서 듣고 적은 단어와 구문을 빌려서 나의 문장으로 **요약하여 말하세요.**

3. 들을 수 없어서 회화로 활용할 수 없었던 단어와 구문은 보면서 **비교하며 말하세요.**
   이때 회화로 활용하고 싶은 구문은 대본 연습하듯 허공에서 꼭꼭 씹으면서 연기하는 것 잊지 마세요.

4. 들을 수 없어서 회화로 활용할 수 없었고, 눈으로도 채워지지 않는 부분은 **필사하며 말하세요.**

5. 원어민의 단어와 강세, 메시지가 담긴 구문과 문법을 모두 들으면서 똑같이 **쉐도우 스피킹하세요.**
   이때 원음이 선창하면 그림자 따라가듯, 그러나 나의 속도를 유지하며 호흡의 단위(청크)로 원음과 똑같이 말합니다.

   * 다음의 체크리스트를 통해 정확하게 쉐도우 스피킹하며 듣고 말할 수 있습니다.
   · 내가 회화에서 자주 사용하는 단어와 구문을 들으면서 말하는 것이 올바른 방법입니다.
   · 내가 듣지 못해서 자주 사용하지 못했던 단어와 구문 그리고 문법까지도 들으면서 말할 수 있다면 올바른 방법입니다.
   · 음원이 빠르기 때문에 말하기 어렵다면, 비교하며 말하기가 부족한 겁니다. 엉키는 구문을 15번까지 구간 반복하여 '보면서 말하기' 한 후 쉐도우 스피킹하세요.
   · 강세가 들어가지 않는 부분을 놓친다면, 필사하며 말하기가 부족한 것입니다. 관사, 수 일치, 전치사 등을 꼼꼼하게 '쓰면서 말하기' 한 후 쉐도우 스피킹하세요.

🔊 쉐도우 스피킹 활동 예시

| 공감하여 듣기 | * 두 번 공감하여 듣기 후 구문 4개를 완성했기 때문에 두 번째 공감하여 듣기에서 마무리합니다.

every day, different, perfume

perfume collector

put on different perfume

everyday

| 요약하여 말하기 |

Every day I put on different perfume.

As I'm a perfume collector, I have a number of perfume.

I put on different perfume every day.

| 비교/필사하며 말하기 | * 다르게 말한 곳 밑줄, 욕심나는 구문 볼드 처리, 강세 '표시, 문법은 하단에 정리

Évery dáy I pút on **dífferent kínds** of perfúme. I'm a perfúme colléctor so I háve a númber of perfúmes. **Pútting on** dífferent perfúmes mákes mé **feél frésh évery dáy**.

- put on : 새로운 단어, 입다, 향수 뿌리다, 화장하다
- putting on : 동명사, 동사 + ~ing

| 쉐도우 스피킹 |

Every day I put on different kinds of perfume. I'm a perfume collector so I have a number of perfumes. Putting on different perfumes makes me feel fresh every day.

해석 ▶ 매일 다양한 종류의 향수를 뿌립니다. 저는 향수 수집가이기 때문에 향수가 여러 개 있습니다. 다양한 향수를 뿌리는 것은 매일 상쾌한 기분을 느끼게 합니다.

YOGA

고급 음원 '파일명 8-6-2'을 공감하여 듣고, 요약/비교/필사하며 말한 후 쉐도우 스피킹하세요.

1. 원음을 3번 **공감하여 듣고**, 기억나는 단어를 검은색-파란색-빨간색 순서대로 적어 구문을
   완성하세요. 단, 3번 듣기 전에 구문 4개가 완성되면 더 이상 듣지 않습니다.

2. 내가 원음에서 듣고 적은 단어와 구문을 빌려서 나의 문장으로 **요약하여 말하세요.**

   스피킹 후 문장을 적어봐도 좋아요.

3. 들을 수 없어서 회화로 활용할 수 없었던 단어와 구문은 보면서 **비교하며 말하세요.**
   이때 회화로 활용하고 싶은 구문은 대본 연습하듯 허공에서 꼭꼭 씹으면서 연기하는 것
   잊지 마세요.
   Yóga tráins mé to úse próper breáthing téchniques, including inháling through
   my nóse and exháling through my móuth. I álso práctice hólding my breáth for a
   féw séconds between inháling and exháling. Thi's téchnique hélps to impróve my
   mémory and emótional regulátion.

4. 들을 수 없어서 회화로 활용하지 못하고, 눈으로도 채우지 못한 부분은 **필사하며 말하세요.**

5. 원어민의 단어와 강세, 메시지가 담긴 구문과 문법을 모두 들으면서 똑같이 **쉐도우 스피킹하세요.**

이때 원음이 선창하면 그림자 따라가듯, 그러나 나의 속도를 유지하며 호흡의 단위(청크)로 원음과 똑같이 말합니다.

Yoga trains me to use proper breathing techniques, including inhaling through my nose and exhaling through my mouth. I also practice holding my breath for a few seconds between inhaling and exhaling. This technique helps to improve my memory and emotional regulation.

해석 ▶ 요가를 하면 적합한 숨쉬기 기술을 연습할 수 있습니다. 코로 들이마시고 입으로 내쉬는 것이죠. 숨을 멈추는 것도 몇 초 동안 해보는데요. 이 기술은 기억력과 감정 조절 능력을 향상시키는 데 도움이 됩니다.

MEETING
*클래스유 인강 50강 참고

중급 음원 '파일명 8-7-1'을 공감하여 듣고, 요약/비교/필사하며 말한 후 쉐도우 스피킹하세요.
* 중급 음원을 마치고 고급 음원 '파일명 8-7-2' 쉐도우 스피킹도 도전하세요.

1. 원음을 3번 **공감하여 듣고,** 기억나는 단어를 검은색-파란색-빨간색 순서대로 적어 구문을 완성하세요. 단, 3번 듣기 전에 구문 4개가 완성되면 더 이상 듣지 않습니다.

2. 내가 원음에서 듣고 적은 단어와 구문을 빌려서 나의 문장으로 **요약하여 말하세요.**

스피킹 후 문장을 적어봐도 좋아요.

3. 들을 수 없어서 회화로 활용할 수 없었던 단어와 구문은 보면서 **비교하며 말하세요.**
이때 회화로 활용하고 싶은 구문은 대본 연습하듯 허공에서 꼭꼭 씹으면서 연기하는 것 잊지 마세요.

The lást tíme I atténded a meéting was lást Mónday. It was héld in the máin meéting róom. As our cómpany láunched néw háir cáre prodúcts recéntly, we búilt sáles strátegies with our teám mémbers.

4. 들을 수 없어서 회화로 활용하지 못하고, 눈으로도 채우지 못한 부분은 **필사하며 말하세요.**

5. 원어민의 단어와 강세, 메시지가 담긴 구문과 문법을 모두 들으면서 똑같이 **쉐도우 스피 킹하세요.**

이때 원음이 선창하면 그림자 따라가듯, 그러나 나의 속도를 유지하며 호흡의 단위(청크) 로 원음과 똑같이 말합니다.

The last time I attended a meeting was last Monday. It was held in the main meeting room. As our company launched new hair care products recently, we built sales strategies with our team members.

해석 ▶ 제가 마지막으로 회의에 참석한 것은 지난 월요일이었습니다. 그것은 가장 큰 회의실에서 열렸습니다. 우리 회사가 최근에 새로운 헤어 케어 제품을 출시했기 때문에, 우리는 팀원들과 함께 판매 전략 을 구축했습니다.

미션 ▶ 연습 문제 8 중급 음원을 쉐도우 스피킹하세요.

* 고급 레벨로 점프업 또는 영어 말하기 시험 고득점을 목표하시는 분은 연습 문제 7, 8의 고급 음원 쉐도우 스피킹도 도전하세요.

TRANSPORT

고급 음원 '파일명 8-7-2'을 공감하여 듣고, 요약/비교/필사하며 말한 후 쉐도우 스피킹하세요.

1. 원음을 3번 **공감하여 듣고**, 기억나는 단어를 검은색-파란색-빨간색 순서대로 적어 구문을
   완성하세요. 단, 3번 듣기 전에 구문 4개가 완성되면 더 이상 듣지 않습니다.

2. 내가 원음에서 듣고 적은 단어와 구문을 빌려서 나의 문장으로 **요약하여 말하세요.**

   스피킹 후 문장을 적어봐도 좋아요.

3. 들을 수 없어서 회화로 활용할 수 없었던 단어와 구문은 보면서 **비교하며 말하세요.**
   이때 회화로 활용하고 싶은 구문은 대본 연습하듯 허공에서 꼭꼭 씹으면서 연기하는 것
   잊지 마세요.

   Públic tránsportation díffers between úrban and rúral áreas. Úrban áreas háve
   a móre exténsive públic transportátion nétwork, including búsy streéts, tráins,
   búses, and súbways, providíng peóple with the freédom to móve around the
   cíty. Howéver, thís álso creátes áir pollútion próblems. Recéntly, envirónmentally
   friéndly transportátion sýstems such as sháred bícycles, áutomobiles, and scoóters
   have been introdúced as a solútion.

4. 들을 수 없어서 회화로 활용하지 못하고, 눈으로도 채우지 못한 부분은 **필사하며 말하세요.**

5. 원어민의 단어와 강세, 메시지가 담긴 구문과 문법을 모두 들으면서 똑같이 **쉐도우 스피킹하세요.**

이때 원음이 선창하면 그림자 따라가듯, 그러나 나의 속도를 유지하며 호흡의 단위(청크)로 원음과 똑같이 말합니다.

Public transportation differs between urban and rural areas. Urban areas have a more extensive public transportation network, including busy streets, trains, buses, and subways, providing people with the freedom to move around the city. However, this also creates air pollution problems. Recently, environmentally friendly transportation systems such as shared bicycles, automobiles, and scooters have been introduced as a solution.

해석 ▶ 대중교통은 도시와 시골 지역에서 차이가 있습니다. 도시 지역은 번잡한 거리, 기차, 버스, 지하철을 비롯해 더 유연한 대중교통 수단을 가지고 있어 사람들이 자유롭게 이동할 수 있게 해주지만, 이는 대기 오염 문제를 발생시킵니다. 최근에는 공유 자전거나 자동차, 스쿠터 같은 환경친화적인 대중교통 수단이 도입되어 해결책으로 활용되고 있습니다.

JOB

중급 음원 '파일명 8-8-1'을 공감하여 듣고, 요약/비교/필사하며 말한 후 쉐도우 스피킹하세요.

* 중급 음원을 마치고 고급 음원 '파일명 8-8-2' 쉐도우 스피킹도 도전하세요.

1. 원음을 3번 **공감하여 듣고**, 기억나는 단어를 검은색-파란색-빨간색 순서대로 적어 구문을 완성하세요. 단, 3번 듣기 전에 구문 4개가 완성되면 더 이상 듣지 않습니다.

2. 내가 원음에서 듣고 적은 단어와 구문을 빌려서 나의 문장으로 **요약하여 말하세요.**

3. 들을 수 없어서 회화로 활용할 수 없었던 단어와 구문은 보면서 **비교하며 말하세요.**
이때 회화로 활용하고 싶은 구문은 대본 연습하듯 허공에서 꼭꼭 씹으면서 연기하는 것 잊지 마세요.

4. 들을 수 없어서 회화로 활용할 수 없었고, 눈으로도 채워지지 않는 부분은 **필사하며 말하세요.**

5. 원어민의 단어와 강세, 메시지가 담긴 구문과 문법을 모두 들으면서 똑같이 **쉐도우 스피킹하세요.**
이때 원음이 선창하면 그림자 따라가듯, 그러나 나의 속도를 유지하며 호흡의 단위(청크)로 원음과 똑같이 말합니다.

* 다음의 체크리스트를 통해 정확하게 쉐도우 스피킹하며 듣고 말할 수 있습니다.
　· 내가 회화에서 자주 사용하는 단어와 구문을 들으면서 말하는 것이 올바른 방법입니다.
　· 내가 듣지 못해서 자주 사용하지 못했던 단어와 구문 그리고 문법까지도 들으면서 말할 수 있다면 올바른 방법입니다.
　· 음원이 빠르기 때문에 말하기 어렵다면, 비교하며 말하기가 부족한 겁니다. 엉키는 구문을 15번까지 구간 반복하여 '보면서 말하기' 한 후 쉐도우 스피킹하세요.
　· 강세가 들어가지 않는 부분을 놓친다면, 필사하며 말하기가 부족한 것입니다. 관사, 수 일치, 전치사 등을 꼼꼼하게 '쓰면서 말하기' 한 후 쉐도우 스피킹하세요.

| **공감하여 듣기** | * 두 번 공감하여 듣기 후 구문 4개를 완성했기 때문에 두 번째 공감하여 듣기에서 마무리합니다.

currently waitress, steakhouse

new job, in the field, large companies

marketing, motivated to (?) my career

| **요약하여 말하기** |

Currently, I'm working as a waitress at Joe's steakhouse. I am looking for a new job in the field with large companies. My major is marketing, so I'm motivated to build my career.

| **비교/필사하며 말하기** | * 다르게 말한 곳 밑줄, 욕심나는 구문 볼드 처리, 강세 '표시, 문법은 하단에 정리

Although I **am** cúrrently **employéd** as a wáitress at Jóe's steákhouse, I **am áctively seéking** néw jób opportúnities in the fiéld of márketing with lárge cómpanies. **Since I have májored** in márketing, I **am híghly motiváted** to **advánce** my careér in thís párticular fiéld.

- I am employed, I am highly motivated : be + p.p. 수동태
- I have majored : have + p.p. 현재 완료.
- advance my career : 새로운 구문, 나의 경력을 발전시키다

| **쉐도우 스피킹** |

Although I am currently employed as a waitress at Joe's steakhouse, I am actively seeking new job opportunities in the field of marketing with large companies. Since I have majored in marketing, I am highly motivated to advance my career in this particular field.

해석 ▶ 현재 저는 조의 스테이크하우스에서 웨이트리스로 일하고 있지만, 대기업 마케팅 분야에서의 새로운 직업 기회를 적극적으로 찾고 있습니다. 마케팅 전공자로서, 저는 이 특정 분야에서 커리어를 발전시키는 데 매우 열정적입니다.

OVERSEA TRIP

고급 음원 '파일명 8-8-2'을 공감하여 듣고, 요약/비교/필사하며 말한 후 쉐도우 스피킹하세요.

1. 원음을 3번 **공감하여 듣고**, 기억나는 단어를 검은색-파란색-빨간색 순서대로 적어 구문을
완성하세요. 단, 3번 듣기 전에 구문 4개가 완성되면 더 이상 듣지 않습니다.

2. 내가 원음에서 듣고 적은 단어와 구문을 빌려서 나의 문장으로 **요약하여 말하세요.**

스피킹 후 문장을 적어봐도 좋아요.

3. 들을 수 없어서 회화로 활용할 수 없었던 단어와 구문은 보면서 **비교하며 말하세요.**
이때 회화로 활용하고 싶은 구문은 대본 연습하듯 허공에서 꼭꼭 씹으면서 연기하는 것
잊지 마세요.

When I trável by áir, there may be addítional feés chárged for várious reásons.

Therefóre, redúcing the wéight of lúggage can hélp trávelers sáve on thése cósts.

Cárrying excéssive bággage can sómetimes cáuse éxtra feés during the tríp, so
símplifying belóngings can máke tráveling abróad móre ecónomical.

4. 들을 수 없어서 회화로 활용하지 못하고, 눈으로도 채우지 못한 부분은 **필사하며 말하세요.**

5. 원어민의 단어와 강세, 메시지가 담긴 구문과 문법을 모두 들으면서 똑같이 **쉐도우 스피킹하세요.**

이때 원음이 선창하면 그림자 따라가듯, 그러나 나의 속도를 유지하며 호흡의 단위(청크)로 원음과 똑같이 말합니다.

When I travel by air, there may be additional fees charged for various reasons.

Therefore, reducing the weight of luggage can help travelers save on these costs.

Carrying excessive baggage can sometimes cause extra fees during the trip, so simplifying belongings can make traveling abroad more economical.

해석 ▶ 항공 여행을 할 때는 여러 이유로 추가 요금이 부과될 수 있습니다. 따라서 짐의 무게를 줄이면 여행자는 이러한 비용을 절약할 수 있습니다. 초과되는 짐을 가지고 다니면 여행 중에 추가 요금이 발생할 수도 있으므로, 짐을 간소화함으로써 해외여행을 더 경제적이게 만들 수 있습니다.

BOOKS IN SCHOOL DAYS

* 클래스유 인강 51강 참고

중급 음원 '파일명 8-9-1'을 공감하여 듣고, 요약/비교/필사하며 말한 후 쉐도우 스피킹하세요.

* 중급 음원을 마치고 고급 음원 '파일명 8-9-2' 쉐도우 스피킹도 도전하세요.

1. 원음을 3번 **공감하여 듣고**, 기억나는 단어를 검은색-파란색-빨간색 순서대로 적어 구문을 완성하세요. 단, 3번 듣기 전에 구문 4개가 완성되면 더 이상 듣지 않습니다.

2. 내가 원음에서 듣고 적은 단어와 구문을 빌려서 나의 문장으로 **요약하여 말하세요.**

> 스피킹 후 문장을 적어봐도 좋아요.

3. 들을 수 없어서 회화로 활용할 수 없었던 단어와 구문은 보면서 **비교하며 말하세요.** 이때 회화로 활용하고 싶은 구문은 대본 연습하듯 허공에서 꼭꼭 씹으면서 연기하는 것 잊지 마세요.

During my schoól dáys, I enjóyed reáding scíence fíction boóks. I found thém véry ínteresting and they allówed mé to imágine mány thíngs. As a resúlt, my fávorite súbject in hígh schoól was scíence.

4. 들을 수 없어서 회화로 활용하지 못하고, 눈으로도 채우지 못한 부분은 **필사하며 말하세요.**

5. 원어민의 단어와 강세, 메시지가 담긴 구문과 문법을 모두 들으면서 똑같이 **쉐도우 스피킹하세요.**

이때 원음이 선창하면 그림자 따라가듯, 그러나 나의 속도를 유지하며 호흡의 단위(청크)로 원음과 똑같이 말합니다.

During my school days, I enjoyed reading science fiction books. I found them very interesting and they allowed me to imagine many things. As a result, my favourite subject in high school was science.

해석 ▶ 학창 시절 동안, 저는 과학 공상 소설을 읽는 것을 즐겼습니다. 그것들은 매우 흥미로웠고 많은 것들을 상상할 수 있게 해주었습니다. 결론적으로 고등학교에서 제가 가장 좋아하는 과목은 과학이었습니다.

미션 ▶ 연습 문제 10 중급 음원을 쉐도우 스피킹하세요.

* 고급 레벨로 점프업 또는 영어 말하기 시험 고득점을 목표하시는 분은 연습 문제 9, 10의 고급 음원 쉐도우 스피킹도 도전하세요.

INTERNET

고급 음원 '파일명 8-9-2'을 공감하여 듣고, 요약/비교/필사하며 말한 후 쉐도우 스피킹하세요.

1. 원음을 3번 **공감하여 듣고,** 기억나는 단어를 검은색-파란색-빨간색 순서대로 적어 구문을 완성하세요. 단, 3번 듣기 전에 구문 4개가 완성되면 더 이상 듣지 않습니다.

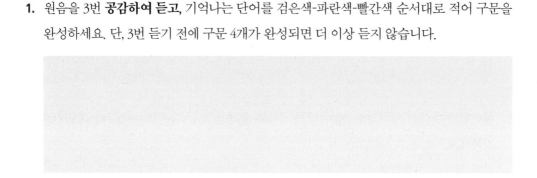

2. 내가 원음에서 듣고 적은 단어와 구문을 빌려서 나의 문장으로 **요약하여 말하세요.**

> 스피킹 후 문장을 적어봐도 좋아요.

3. 들을 수 없어서 회화로 활용할 수 없었던 단어와 구문은 보면서 **비교하며 말하세요.**
이때 회화로 활용하고 싶은 구문은 대본 연습하듯 허공에서 꼭꼭 씹으면서 연기하는 것 잊지 마세요.

The ínternet is the gó-to sóurce for péople seéking informátion from várious fíelds. Howéver, the credibílity of the informátion can be quéstionable. Sóme ínternet úsers póst fíctitious or sensátional stóries in order to génerate révenue. Cónsequently, cértain wébsites have ímplemented meásures to prevént fáke néws from profíting from their ónline plátform.

4. 들을 수 없어서 회화로 활용하지 못하고, 눈으로도 채우지 못한 부분은 **필사하며 말하세요.**

5. 원어민의 단어와 강세, 메시지가 담긴 구문과 문법을 모두 들으면서 똑같이 **쉐도우 스피킹하세요.**

이때 원음이 선창하면 그림자 따라가듯, 그러나 나의 속도를 유지하며 호흡의 단위(청크)로 원음과 똑같이 말합니다.

The internet is the go-to source for people seeking information from various fields. However, the credibility of the information can be questionable. Some internet users post fictitious or sensational stories in order to generate revenue. Consequently, certain websites have implemented measures to prevent fake news from profiting from their online platform.

해석 ▶ 인터넷은 다양한 분야의 정보를 얻기 위한 주요 출처입니다. 그러나 정보의 신뢰성이 의심스러울 수 있습니다. 일부 인터넷 사용자들은 수익을 창출하기 위해 허구적이거나 선정적인 이야기를 게시하기도 합니다. 이에 따라, 특정 웹사이트들은 가짜 뉴스들이 온라인 플랫폼을 통해 수익을 내는 것을 방지하기 위한 대책을 도입하고 있습니다.

* go-to source 가장 신뢰하는 소스

SPORTS IN SCHOOL DAYS

중급 음원 '파일명 8-10-1'을 공감하여 듣고, 요약/비교/필사하며 말한 후 쉐도우 스피킹하세요.

* 중급 음원을 마치고 고급 음원 '파일명 8-10-2' 쉐도우 스피킹도 도전하세요.

1. 원음을 3번 **공감하여 듣고**, 기억나는 단어를 검은색-파란색-빨간색 순서대로 적어 구문을 완성하세요. 단, 3번 듣기 전에 구문 4개가 완성되면 더 이상 듣지 않습니다.

2. 내가 원음에서 듣고 적은 단어와 구문을 빌려서 나의 문장으로 **요약하여 말하세요.**

3. 들을 수 없어서 회화로 활용할 수 없었던 단어와 구문은 보면서 **비교하며 말하세요.**
   이때 회화로 활용하고 싶은 구문은 대본 연습하듯 허공에서 꼭꼭 씹으면서 연기하는 것 잊지 마세요.

4. 들을 수 없어서 회화로 활용할 수 없었고, 눈으로도 채워지지 않는 부분은 **필사하며 말하세요.**

5. 원어민의 단어와 강세, 메시지가 담긴 구문과 문법을 모두 들으면서 똑같이 **쉐도우 스피킹하세요.**
   이때 원음이 선창하면 그림자 따라가듯, 그러나 나의 속도를 유지하며 호흡의 단위(청크)로 원음과 똑같이 말합니다.

   * 다음의 체크리스트를 통해 정확하게 쉐도우 스피킹하며 듣고 말할 수 있습니다.
   · 내가 회화에서 자주 사용하는 단어와 구문을 들으면서 말하는 것이 올바른 방법입니다.
   · 내가 듣지 못해서 자주 사용하지 못했던 단어와 구문 그리고 문법까지도 들으면서 말할 수 있다면 올바른 방법입니다.
   · 음원이 빠르기 때문에 말하기 어렵다면, 비교하며 말하기가 부족한 겁니다. 엉키는 구문을 15번까지 구간 반복하여 '보면서 말하기' 한 후 쉐도우 스피킹하세요.
   · 강세가 들어가지 않는 부분을 놓친다면, 필사하며 말하기가 부족한 것입니다. 관사, 수 일치, 전치사 등을 꼼꼼하게 '쓰면서 말하기' 한 후 쉐도우 스피킹하세요.

| 공감하여 듣기 | * 두 번 공감하여 듣기 후 구문 4개를 완성했기 때문에 두 번째 공감하여 듣기에서 마무리합니다.

high school, fencing, many famous fencers

but, I interest, basketball

good for my health, taller

| 요약하여 말하기 |

My high school is famous for fencing with many famous fencers. But I was interested in basketball. It was good for my health and grow taller.

| 비교/필사하며 말하기 | * 다르게 말한 곳 밑줄, 욕심나는 구문 볼드 처리, 강세 '표시, 문법은 하단에 정리

Our hígh schoól was **wéll-knówn for féncing** and hád mány fámous féncers, bút I **was móre ínterested in pláying** básketball. It was goód for my heálth and **hélped mé grów táller**.

- was well-known for : be known for ~로 알려지다
- help me grow taller : help 준 사역동사 + 목적어 + 동사 원형

| 쉐도우 스피킹 |

Our high school was well-known for fencing and had many famous fencers, but I was more interested in playing basketball. It was good for my health and helped me grow taller.

해석 ▶ 우리 고등학교는 펜싱으로 유명했고 많은 유명한 펜싱 선수들이 있었지만, 저는 농구를 하는 것에 더 관심이 있었습니다. 농구는 건강에 좋았고 제 키가 더 크게 하는 데 도움이 되었습니다.

COFFEE SHOP

고급 음원 '파일명 8-10-2'을 공감하여 듣고, 요약/비교/필사하며 말한 후 쉐도우 스피킹하세요.

1. 원음을 3번 **공감하여 듣고**, 기억나는 단어를 검은색-파란색-빨간색 순서대로 적어 구문을 완성하세요. 단, 3번 듣기 전에 구문 4개가 완성되면 더 이상 듣지 않습니다.

2. 내가 원음에서 듣고 적은 단어와 구문을 빌려서 나의 문장으로 **요약하여 말하세요.**

스피킹 후 문장을 적어봐도 좋아요.

3. 들을 수 없어서 회화로 활용할 수 없었던 단어와 구문은 보면서 **비교하며 말하세요.**
이때 회화로 활용하고 싶은 구문은 대본 연습하듯 허공에서 꼭꼭 씹으면서 연기하는 것 잊지 마세요.

Nót ónly dóes cóffee sérve as a mórning píck-mé-úp, bút cóffee shóps álso allów mé to áccess my creatíve síde. The ámbient báckground nóise of a bústling cóffee shóp ténds to stímulate my imaginátion. The ónly íssue I neéd to áddress is the relátively hígh mónthly expénse of fréquenting thése estáblishments.

4. 들을 수 없어서 회화로 활용하지 못하고, 눈으로도 채우지 못한 부분은 **필사하며 말하세요.**

5. 원어민의 단어와 강세, 메시지가 담긴 구문과 문법을 모두 들으면서 똑같이 **쉐도우 스피킹하세요.**

이때 원음이 선창하면 그림자 따라가듯, 그러나 나의 속도를 유지하며 호흡의 단위(청크)로 원음과 똑같이 말합니다.

Not only does coffee serve as a morning pick-me-up, but coffee shops also allow me to access my creative side. The ambient background noise of a bustling coffee shop tends to stimulate my imagination. The only issue I need to address is the relatively high monthly expense of frequenting these establishments.

해석 ▶ 커피는 아침에 깨어나는 데 도움을 줄 뿐만 아니라, 커피숍에서는 창의적인 아이디어를 얻을 수 있습니다. 북적이는 커피숍의 배경 소음은 제 상상력을 자극하는 경향이 있습니다. 유일한 문제는 이러한 가게를 자주 이용하는 데 비용이 비교적 높다는 것입니다.

* a morning pick-me-up 아침에 기분을 끌어올리는 것

TRY AGAIN

* 고급 레벨로 점프업 또는 영어 말하기 시험 고득점을 목
  표하시는 분은 이 과정을 반드시 진행하세요.
* Try again 쉐도우 스피킹 활동은 연습 문제만 제공됩니다.

메시지의
이미지화 &
쉐도우
스피킹

A SKILFUL PERSON

메시지의 이미지화 가이드에 맞춰 다음 질문에 답하세요.

In case, you need to clean your home, are you willing to hire someone who is good at house chores and has a lot of know-how? Please tell me your opinion with some reasons or examples.

해석 ▶ 집을 청소해야 할 경우 집안일을 잘하고 노하우가 많은 사람을 기꺼이 고용하시겠습니까? 몇 가지 이유 또는 예를 들어 당신의 의견을 말해주세요.

🔊 나의 활동

---

1. **구문 단위** '대상과 상황'을 명사구로 '메시지'를 동사구로 정확하게 구체화 하세요.

   1) what을 명사구로 대상을 정확하게 표현하면?

   2) where의 명사구로 장소적 상황을 구체화하면?

   3) who/what의 명사구로 또 다른 대상을 정확하게 표현하면?

   4) when의 명사구로 시간적 상황을 구체화하면?

   5) why 목적, 결론, 결과, 주장 등 넓은 영역의 '왜'의 메시지를 동사구로 구체화하면?

   6) how 방법, 과정, 원인, 근거 등 넓은 영역의 '어떻게'의 메시지를 동사구로 구체화하면?

2. **문장과 문단 단위** 나의 메시지를 구체적이고 논리적으로 말하기 위해 '영어식 기본 4동사'와 '영어 제 2공식'을 활용하여 말하세요.

🔊 이미지화 활동 예시

1. 구문 단위

1) a professional worker with 10 years working experience from 'Experts' application

2) in each of the four rooms

3) a lot of clothes in the closets of the four rooms in my house and a lot of clothes with special tools for organising

4) on Monday from 9 a.m. to 5 p.m.

5) very fast with good looks

6) by colours and functions

2. 문장과 문단 단위

I want to hire a skilful person who has full experience. Actually, in my house, there are a lot of clothes in many closets in four different rooms. On Sunday morning, a professional worker from 'Experts' application came to my house to arrange the closets. She had not only 10 years of working experience but also so much fast hands. She brought special tools like small folders and curbed hangers to work more efficiently. Only after eight hours, she gave us a closet with well-organised shelves according to their own colours and functions, which satisfied me a lot.

해석 ▶ 저는 경험이 풍부한 유능한 사람을 채용하고 싶습니다. 사실 우리 집에는 옷이 많습니다. 이 옷들은 우리 집 네 개의 다른 방에 있는 많은 옷장에 있습니다. 일요일 오전, '전문가들' 어플에서 전문직 종사자가 우리집을 찾아왔습니다. 그녀는 10년의 경력 뿐만 아니라 손이 굉장히 빨랐습니다. 그녀는 작은 폴더와 곡선 옷걸이와 같은 특별한 도구를 가져왔습니다. 그녀는 그것들을 사용하여 모든 옷장을 정리했습니다. 8시간 후, 그녀는 색상과 기능별로 옷이 잘 정돈된 옷장을 우리에게 주었습니다. 그녀의 작업은 저를 많이 만족시켰습니다.

TRY
AGAIN

쉐도우 스피킹 **연습 문제 ❶**

A SKILFUL PERSON

고급 음원 '파일명 9-1'을 공감하여 듣고, 요약/비교/필사하며 말한 후 쉐도우 스피킹하세요.

1. 원음을 3번 공감하여 듣고, 기억나는 단어를 검은색-파란색-빨간색 순서대로 적어 구문을
완성하세요. 단, 3번 듣기 전에 구문 4개가 완성되면 더 이상 듣지 않습니다.

2. 내가 원음에서 듣고 적은 단어와 구문을 빌려서 나의 문장으로 요약하여 말하세요.

스피킹 후 문장을 적어봐도 좋아요.

3. 들을 수 없어서 회화로 활용할 수 없었던 단어와 구문은 보면서 비교하며 말하세요.
이때 회화로 활용하고 싶은 구문은 대본 연습하듯 허공에서 꼭꼭 씹으면서 연기하는 것
잊지 마세요.

I wánt to híre sómeone with a lót of skílls. In fáct, lást weék I had to órganise
a lót of clóthes in mány clósets. I thoúght it would requíre spécial hánds, so I
cálled in a proféssional wórker. A féw mínutes láter, a skílled wórker cáme and
stárted sórting. After a féw hoúrs, áll clóthes were wéll organised by cólor and
fúnction. His pérfect hánds sátisfied mé a lót.

4. 들을 수 없어서 회화로 활용하지 못하고, 눈으로도 채우지 못한 부분은 필사하며 말하세요.

5. 원어민의 단어와 강세, 메시지가 담긴 구문과 문법을 모두 들으면서 똑같이 쉐도우 스피킹하세요.

이때 원음이 선창하면 그림자 따라가듯, 그러나 나의 속도를 유지하며 호흡의 단위(청크)로 원음과 똑같이 말합니다.

I want to hire someone with a lot of skills. In fact, last week I had to organise a lot of clothes in many closets. I thought it would require special hands, so I called in a professional worker. A few minutes later, a skilled worker came and started sorting. After a few hours, all clothes were well organised by colour and function. His perfect hands satisfied me a lot.

해석 ▶ 저는 많은 기술을 가진 사람을 고용하고 싶습니다. 사실, 지난주에 많은 옷장에 있는 옷들을 정리해야 했습니다. 특별한 솜씨가 필요할 것 같아 전문가를 호출했습니다. 몇 분 후, 숙련된 노동자가 와서 분류 작업을 시작했습니다. 몇 시간 후, 모든 옷이 색상과 기능별로 잘 정리되었습니다. 그의 완벽한 솜씨는 저를 매우 만족시켰습니다.

VACATION REWARD

메시지의 이미지화 가이드에 맞춰 다음 질문에 답하세요.

Now let's say you feel tired after working hard. Do you want your company to reward your hard work with sufficient vacation breaks or decent bonuses? Please tell me your opinion with some reasons or examples.

해석 ▶ 지금 당신이 열심히 일한 후 피곤을 느끼고 있다고 가정해 봅시다. 당신은 회사가 당신의 노력에 충분한 휴가로 보상해 주길 원하나요? 적절한 보너스로 보상해 주기를 원하나요? 몇 가지 이유 또는 예를 들어 당신의 의견을 말해주세요.

🔊 나의 활동

1. **구문 단위** '대상과 상황'을 명사구로 '메시지'를 동사구로 정확하게 구체화 하세요.
   1) what을 명사구로 대상을 정확하게 표현하면?
   2) where의 명사구로 장소적 상황을 구체화하면?
   3) who/what의 명사구로 또 다른 대상을 정확하게 표현하면?
   4) when의 명사구로 시간적 상황을 구체화하면?
   5) why 목적, 결론, 결과, 주장 등 넓은 영역의 '왜'의 메시지를 동사구로 구체화하면?
   6) how 방법, 과정, 원인, 근거 등 넓은 영역의 '어떻게'의 메시지를 동사구로 구체화하면?

2. **문장과 문단 단위** 나의 메시지를 구체적이고 논리적으로 말하기 위해 '영어식 기본 4동사'와 '영어 제 2공식'을 활용하여 말하세요.

1. 구문 단위

1) food → various kinds of traditional delicious food of Hawaii

2) Waikiki beach in front of Sheraton Hotel → in a posh restaurant of Sheraton
   Hotel in front of Waikiki beach

3) my friends and I

4) for 10 days last summer vacation

5) for better work in the next(following) season

6) no stress, no work, no worries → only smiles with no stress, no work, no
   worries

2. 문장과 문단 단위

I will take a vacation when I need to recharge and regain my energy. Last
summer, I spent 10 days in Hawaii after a period of hard work. My friends and I
stayed at the Sheraton Hotel, which was located in front of Waikiki beach. During
our stay, we indulged in a variety of traditional Hawaiian foods at some very
upscale restaurants. Every meal was incredibly delicious and fresh. We spent our
days without any stress, work, or schedule, and enjoyed plenty of laughs and
smiles. This time was crucial for me to be fully recharged and prepare for the
upcoming season.

해석 ▶ 저는 에너지를 회복하고 충전할 필요가 있을 때 휴가를 선택하겠습니다. 지난 여름 저는 힘들게 일한
기간 뒤 10일간의 하와이 여행을 즐겼습니다. 제 친구들과 함께 와이키키 해변 앞에 위치한 쉐라톤
호텔에 머물렀습니다. 머무는 동안 매우 고급스러운 레스토랑에서 다양한 하와이 전통 음식을 맛볼
수 있었습니다. 모든 식사가 매우 맛있고 신선했습니다. 우리는 스트레스, 업무, 일정 없이 일상에서
벗어나 많은 웃음과 미소를 즐겼습니다. 이번 여행은 저에게 다가오는 계절을 위해 충분한 에너지를
충전하고 준비하는 데 매우 중요한 시간이었습니다.

VACATION REWARD

고급 음원 '파일명 9-2'을 공감하여 듣고, 요약/비교/필사하며 말한 후 쉐도우 스피킹하세요.

1. 원음을 3번 공감하여 듣고, 기억나는 단어를 검은색-파란색-빨간색 순서대로 적어 구문을 완성하세요. 단, 3번 듣기 전에 구문 4개가 완성되면 더 이상 듣지 않습니다.

2. 내가 원음에서 듣고 적은 단어와 구문을 빌려서 나의 문장으로 요약하여 말하세요.

   스피킹 후 문장을 적어봐도 좋아요.

3. 들을 수 없어서 회화로 활용할 수 없었던 단어와 구문은 보면서 비교하며 말하세요.
   이때 회화로 활용하고 싶은 구문은 대본 연습하듯 허공에서 꼭꼭 씹으면서 연기하는 것 잊지 마세요.

   Cómpanies belíeve that hárd-wórking employeés shóuld be gíven ámple tíme óff. In fáct, lást yeár, my cómpany gáve mé a 10(te'n)-dáy vacátion as a rewárd after a véry dífficult and bíg próject. Then I wént to Hawáii with my fámily. We enjóyed delícious foód and gréat pláces évery day. Thóse háppy móments bléw awáy my stréss and gáve mé tíme to rechárge mysélf.

4. 들을 수 없어서 회화로 활용하지 못하고, 눈으로도 채우지 못한 부분은 필사하며 말하세요.

5. 원어민의 단어와 강세, 메시지가 담긴 구문과 문법을 모두 들으면서 똑같이 쉐도우 스피킹하세요.
이때 원음이 선창하면 그림자 따라가듯, 그러나 나의 속도를 유지하며 호흡의 단위(청크)로 원음과 똑같이 말합니다.

Companies believe that hard-working employees should be given ample time off. In fact, last year, my company gave me a 10-day vacation as a reward after a very difficult and big project. Then I went to Hawaii with my family. We enjoyed delicious food and great places every day. Those happy moments blew away my stress and gave me time to recharge myself.

해석 ▶ 기업들은 열심히 일하는 직원들에게 충분한 휴가를 주어야 한다고 생각합니다. 사실, 작년에 저는 매우 어려운 큰 프로젝트를 마친 후에 회사로부터 10일간의 휴가를 보상으로 받았습니다. 저는 가족과 함께 하와이로 갔습니다. 매일 맛있는 음식과 멋진 장소들을 즐겼습니다. 그런 행복한 순간들은 스트레스를 날려버리고 에너지를 충전할 시간을 제공했습니다.

DIRECT COMPLAINT

메시지의 이미지화 가이드에 맞춰 다음 질문에 답하세요.

If you get in trouble with some item you purchased, would you like to meet them in person and complain about it directly or send an email indirectly? Please tell me your opinion with some reasons or examples.

해석 ▶ 구입한 물건에 문제가 생겼을 때 직접 만나서 불만을 토로하시겠습니까, 아니면 간접적으로 이메일을 보내시겠습니까? 몇 가지 이유나 예를 들어 귀하의 의견을 말씀해 주십시오.

🔊 나의 활동

1. **구문 단위** '대상과 상황'을 명사구로 '메시지'를 동사구로 정확하게 구체화 하세요.
   1) **what**을 명사구로 대상을 정확하게 표현하면?
   2) **where**의 명사구로 장소적 상황을 구체화하면?
   3) **who/what**의 명사구로 또 다른 대상을 정확하게 표현하면?
   4) **when**의 명사구로 시간적 상황을 구체화하면?
   5) **why** 목적, 결론, 결과, 주장 등 넓은 영역의 '왜'의 메시지를 동사구로 구체화하면?
   6) **how** 방법, 과정, 원인, 근거 등 넓은 영역의 '어떻게'의 메시지를 동사구로 구체화하면?

2. **문장과 문단 단위** 나의 메시지를 구체적이고 논리적으로 말하기 위해 '영어식 기본 4동사'와 '영어 제 2공식'을 활용하여 말하세요.

🔊 이미지화 활동 예시

1. 구문 단위

1) a computer → a very new computer with a malfunction

2) a centre → a service or repair centre

3) a repairman → a skillful a repairman with 10 years working experience

4) 30 minutes → very short time of(within) exact 30 minutes

5) fast with no further problems

6) fix → fix with further explanation (detail) and extra service (useful tips or information)

2. 문장과 문단 단위

I want to lodge a complaint in person. Actually, the new computer I purchased last week didn't work. I brought the computer to the brand's service centre and a repairman promptly welcomed me and fixed the issue within 30 minutes. He also provided me with additional information and helpful tips on how to use my computer effectively. The information was invaluable, and my complaint was resolved quickly with no further issues.

해석 ▶ 저는 직접 불만을 제기하고 싶습니다. 실제로 지난주에 새 컴퓨터를 샀는데 제대로 작동하지 않았습니다. 그래서 해당 브랜드의 서비스 센터로 컴퓨터를 가져갔습니다. 수리 기사는 저를 반겨주었고 컴퓨터를 30분 안에 고쳤습니다. 게다가 그는 제 컴퓨터를 잘 사용하는 방법에 대한 추가 정보와 유용한 팁도 제공해 주었습니다. 이러한 정보는 매우 유용했고, 추가 문제 없이 불만 사항이 금방 해결되었습니다.

DIRECT COMPLAINT

고급 음원 '파일명 9-3'을 공감하여 듣고, 요약/비교/필사하며 말한 후 쉐도우 스피킹하세요.

1. 원음을 3번 공감하여 듣고, 기억나는 단어를 검은색-파란색-빨간색 순서대로 적어 구문을 완성하세요. 단, 3번 듣기 전에 구문 4개가 완성되면 더 이상 듣지 않습니다.

2. 내가 원음에서 듣고 적은 단어와 구문을 빌려서 나의 문장으로 요약하여 말하세요.

스피킹 후 문장을 적어봐도 좋아요.

3. 들을 수 없어서 회화로 활용할 수 없었던 단어와 구문은 보면서 비교하며 말하세요. 이때 회화로 활용하고 싶은 구문은 대본 연습하듯 허공에서 꼭꼭 씹으면서 연기하는 것 잊지 마세요.

I would líke to compláin about the mátter diréctly. Áctually yésterday I hád a próblem with my UR compúter. I toók ít to the UR sérvice céntre and shówed ít to the repáirman. When he chécked the condítion, he nót ónly fíxed ít só quíckly, bút álso gáve mé enoúgh típs on hów to úse ít wéll. His on-síte sérvice cleárly sólved áll my próblems.

4. 들을 수 없어서 회화로 활용하지 못하고, 눈으로도 채우지 못한 부분은 필사하며 말하세요.

5. 원어민의 단어와 강세, 메시지가 담긴 구문과 문법을 모두 들으면서 똑같이 쉐도우 스피킹하세요.

이때 원음이 선창하면 그림자 따라가듯, 그러나 나의 속도를 유지하며 호흡의 단위(청크)로 원음과 똑같이 말합니다.

I would like to complain about a matter directly. Actually yesterday I had a problem with my UR computer. I took it to the UR service centre and showed it to the repairman. When he checked the condition, he not only fixed it so quickly, but also gave me enough tips on how to use it well. His on-site service clearly solved all my problems.

해석 ▶ 저는 문제에 대해 직접 불만을 제기하고 싶습니다. 사실 어제 제 UR 컴퓨터에 문제가 있었습니다. 저는 그것을 UR 서비스 센터에 가져가 수리공에게 보여주었습니다. 그가 상태를 확인할 때, 그는 빠르게 고치는 것뿐만 아니라 잘 사용하는 방법에 대한 충분한 팁도 제공했습니다. 그의 현장 서비스는 명료하게 제 모든 문제를 해결했습니다.

INTEREST IN HEALTH

메시지의 이미지화 가이드에 맞춰 다음 질문에 답하세요.

Do you agree with the following statement? More people are more concerned about their health than people in the past and the healthcare industry has grown bigger in recent years. Please let me know your opinion for any reason or for example.

해석 ▶ 당신은 다음의 진술에 동의하십니까? 과거의 사람들보다 더 많은 사람들이 건강에 더 관심을 갖는 것과 함께, 의료 산업은 최근 몇 년 동안 더 크게 성장했습니다. 당신의 의견을 뒷받침할 수 있는 이유나 예를 들어 말해주세요.

🔊 나의 활동

1. **구문 단위** '대상과 상황'을 명사구로 '메시지'를 동사구로 정확하게 구체화 하세요.
   1) what을 명사구로 대상을 정확하게 표현하면?
   2) where의 명사구로 장소적 상황을 구체화하면?
   3) who/what의 명사구로 또 다른 대상을 정확하게 표현하면?
   4) when의 명사구로 시간적 상황을 구체화하면?
   5) why 목적, 결론, 결과, 주장 등 넓은 영역의 '왜'의 메시지를 동사구로 구체화하면?
   6) how 방법, 과정, 원인, 근거 등 넓은 영역의 '어떻게'의 메시지를 동사구로 구체화하면?

2. **문장과 문단 단위** 나의 메시지를 구체적이고 논리적으로 말하기 위해 '영어식 기본 4동사'와 '영어 제 2공식'을 활용하여 말하세요.

1. 구문 단위

1) vitamin → endless kinds of vitamin (and supplement tablets) on a kitchen tablets

2) many places → many places at home, in the office also, even during the meeting

3) my family → from my son to my grandparents

4) breakfast, lunch, dinner → every meal

5) body → strong body and no sickness in my old age → make money until a hundred years with strong body and no sick

6) skip → no skipping after meals every day regularly

2. 문장과 문단 단위

I believe people have a great deal of interest in their health. The various types of multivitamin supplements and herbal tablets found on kitchen tables are indicative of this interest. These tablets are always within reach, no matter where people are, including at home or in the office. My entire family, from my son to my grandparents, make a point of taking these supplements regularly. We all believe that they help promote a healthy life until the age of 100. By maintaining strong bodies even in old age, we are able to remain active and productive.

해석 ▶ 저는 사람들이 건강에 대해 많은 관심을 가지고 있다고 생각합니다. 부엌 식탁 위에 있는 다양한 종류의 비타민 보충제와 허브 알약들은 이러한 관심을 보여줍니다. 이들은 우리가 집, 사무실 포함 어디에 있든지 항상 손이 닿는 곳에 있습니다. 제 아들부터 제 할아버지까지, 제 가족 모두 이러한 습관을 꾸준히 유지하고 있습니다. 우리는 이러한 알약들이 우리의 건강한 삶을 100세까지 보장할 수 있다고 믿습니다. 노년에도 건강한 체력을 유지함으로써, 우리는 활동적이고 생산적일 수 있습니다.

INTEREST IN HEALTH

고급 음원 '파일명 9-4'을 공감하여 듣고, 요약/비교/필사하며 말한 후 쉐도우 스피킹하세요.

1. 원음을 3번 공감하여 듣고, 기억나는 단어를 검은색-파란색-빨간색 순서대로 적어 구문을 완성하세요. 단, 3번 듣기 전에 구문 4개가 완성되면 더 이상 듣지 않습니다.

2. 내가 원음에서 듣고 적은 단어와 구문을 빌려서 나의 문장으로 요약하여 말하세요.

스피킹 후 문장을 적어봐도 좋아요.

3. 들을 수 없어서 회화로 활용할 수 없었던 단어와 구문은 보면서 비교하며 말하세요. 이때 회화로 활용하고 싶은 구문은 대본 연습하듯 허공에서 꼭꼭 씹으면서 연기하는 것 잊지 마세요.

I thínk péople háve móre ínterest in their héalth than befóre. It bénefits from a wéalth of informátion on the ínternet. In fáct, the ínternet óffers amázingly úseful and práctical típs and advíce for a wíde varíety of áilments. Náturally, the móre óften péople are expósed to thís informátion, the móre enlíghtened and héalth-cónscious they becóme.

4. 들을 수 없어서 회화로 활용하지 못하고, 눈으로도 채우지 못한 부분은 필사하며 말하세요.

5. 원어민의 단어와 강세, 메시지가 담긴 구문과 문법을 모두 들으면서 똑같이 쉐도우 스피킹하세요.

이때 원음이 선창하면 그림자 따라가듯, 그러나 나의 속도를 유지하며 호흡의 단위(청크)로 원음과 똑같이 말합니다.

I think people have more interest in their health than before. It benefits from a wealth of information on the internet. In fact, the internet offers amazingly useful and practical tips and advice for a wide variety of ailments. Naturally, the more often people are exposed to this information, the more enlightened and health-conscious they become.

해석 ▶ 저는 사람들이 이전보다 건강에 더 관심이 있다고 생각합니다. 인터넷의 풍부한 정보 덕분입니다. 실제로 인터넷은 다양한 질병에 대한 놀랍도록 유용하고 실용적인 팁과 조언을 제공합니다. 사람들이 이러한 정보에 더 자주 노출될수록 당연히 더 깨달음을 얻고 건강 의식은 높아집니다.

COMMUNICATION SKILL

메시지의 이미지화 가이드에 맞춰 다음 질문에 답하세요.

Do you agree that parents should teach their children communication skills because children with good communication skills tend to be successful? Please let me know your opinion for any reason or for example.

해석 ▶ 좋은 의사소통 능력을 갖춘 아이들은 성공하는 경향이 있기 때문에 부모가 자녀에게 이 기술을 가르쳐야 한다는 데 동의하십니까? 당신의 의견을 뒷받침할 수 있는 이유나 예를 들어 말해 주세요.

◀️ 나의 활동

1. **구문 단위** '대상과 상황'을 명사구로 '메시지'를 동사구로 정확하게 구체화 하세요.
   1) what을 명사구로 대상을 정확하게 표현하면?
   2) where의 명사구로 장소적 상황을 구체화하면?
   3) who/what의 명사구로 또 다른 대상을 정확하게 표현하면?
   4) when의 명사구로 시간적 상황을 구체화하면?
   5) why 목적, 결론, 결과, 주장 등 넓은 영역의 '왜'의 메시지를 동사구로 구체화하면?
   6) how 방법, 과정, 원인, 근거 등 넓은 영역의 '어떻게'의 메시지를 동사구로 구체화하면?

2. **문장과 문단 단위** 나의 메시지를 구체적이고 논리적으로 말하기 위해 '영어식 기본 4동사'와 '영어 제 2공식'을 활용하여 말하세요.

🔊 이미지화 활동 예시

1. 구문 단위

1) my leader → my leader with big ears

2) during an official meeting → during an official meeting and even in a casual conversation

3) a mind → an open mind with a lot of cares for others (other's story)

4) every time → every time even with differences or conflicts

5) solution or conclusion → solution or conclusion for many cases

6) no → no 'no' → welcome differences and any opinion with no 'no' and feedback

2. 문장과 문단 단위

My boss is a great example of the importance of communication skills. He has a great capacity for listening and rarely says 'no'. He welcomes differences of opinion and values diversity. He has an open mind and even in situations of conflict, he listens carefully. I believe he has excellent listening skills. After gathering all the information, he analyses it and provides feedback for each individual point. As a skilled communicator, he provides effective solutions for us.

해석 ▶ 제 상사는 의사소통 능력의 중요성을 보여주는 예입니다. 그는 경청을 위한 큰 용량을 가졌고, 거의 '아니오'라고 하지 않습니다. 그는 의견의 차이를 환영하고, 다양성과 다양한 의견을 존중합니다. 그는 개방적인 마음을 가지고 있으며, 차이와 충돌이 있는 상황에서도 주의 깊게 듣습니다. 제 생각에 그는 좋은 청취자입니다. 그는 모든 자료를 수집한 후 분석하고 각각에 대한 피드백을 제공합니다. 능숙한 커뮤니케이터로서, 그는 우리에게 효과적인 해결책을 제공합니다.

COMMUNICATION SKILL

고급 음원 '파일명 9-5'을 공감하여 듣고, 요약/비교/필사하며 말한 후 쉐도우 스피킹하세요.

1. 원음을 3번 공감하여 듣고, 기억나는 단어를 검은색-파란색-빨간색 순서대로 적어 구문을 완성하세요. 단, 3번 듣기 전에 구문 4개가 완성되면 더 이상 듣지 않습니다.

2. 내가 원음에서 듣고 적은 단어와 구문을 빌려서 나의 문장으로 요약하여 말하세요.

스피킹 후 문장을 적어봐도 좋아요.

3. 들을 수 없어서 회화로 활용할 수 없었던 단어와 구문은 보면서 비교하며 말하세요. 이때 회화로 활용하고 싶은 구문은 대본 연습하듯 허공에서 꼭꼭 씹으면서 연기하는 것 잊지 마세요.

Commúnication is a véry impórtant skíll in relátionships and párents shoúld teách their chíldren thís skíll. Because thís abílity stárts with goód lístening skílls, a goód commúnicator can gáther a lót of úseful informátion during a conversátion. It is véry úseful to gét the póint acróss and hélps to máke súre that there are féwer misunderstándings.

4. 들을 수 없어서 회화로 활용하지 못하고, 눈으로도 채우지 못한 부분은 필사하며 말하세요.

5. 원어민의 단어와 강세, 메시지가 담긴 구문과 문법을 모두 들으면서 똑같이 쉐도우 스피킹하세요.

이때 원음이 선창하면 그림자 따라가듯, 그러나 나의 속도를 유지하며 호흡의 단위(청크)로 원음과 똑같이 말합니다.

Communication is a very important skill in relationships and parents should teach their children this skill. Because this ability starts with good listening skills, a good communicator can gather a lot of useful information during the conversation. It is very useful to get the point across and helps to make sure that there are fewer misunderstandings.

해석 ▶ 의사소통은 관계에서 매우 중요한 기술이며, 부모는 이 기술을 자녀에게 가르쳐야 합니다. 이 능력은 좋은 청취 기술로 시작하기 때문에, 의사소통에 뛰어난 사람은 대화 동안 많은 유용한 정보를 수집할 수 있습니다. 이는 포인트를 전달하는 데 매우 유용하며, 오해가 적게 발생하도록 도와줍니다.

메시지의 이미지화 연습 문제 ❻

SALES JOB

메시지의 이미지화 가이드에 맞춰 다음 질문에 답하세요.

What do you prefer between working as an office worker without any interacting with new people and expanding networking through your sales job? Please tell me a reason or an example for choosing an office worker or sales person.

해석 ▶ 새로운 사람과 교류하지 않고 사무실에서 일하는 것과 세일즈 활동을 하면서 네트워킹을 확장하는 것 중 어떤 것을 선호하십니까? 사무원이나 영업 사원 중 하나를 선택한 이유나 예를 말해주세요.

🔊 나의 활동

1. **구문 단위** '대상과 상황'을 명사구로 '메시지'를 동사구로 정확하게 구체화 하세요.
   1) what을 명사구로 대상을 정확하게 표현하면?
   2) where의 명사구로 장소적 상황을 구체화하면?
   3) who/what의 명사구로 또 다른 대상을 정확하게 표현하면?
   4) when의 명사구로 시간적 상황을 구체화하면?
   5) why 목적, 결론, 결과, 주장 등 넓은 영역의 '왜'의 메시지를 동사구로 구체화하면?
   6) how 방법, 과정, 원인, 근거 등 넓은 영역의 '어떻게'의 메시지를 동사구로 구체화하면?

2. **문장과 문단 단위** 나의 메시지를 구체적이고 논리적으로 말하기 위해 '영어식 기본 4동사'와 '영어 제 2공식'을 활용하여 말하세요.

1. 구문 단위

1) customers → endless customers every month

2) everywhere → everywhere customers call me (all in Korea)

3) a purifier → a special purifier → a special purifier for specific needs for water

4) Monday, Sunday → from Monday to Sunday, anytime that is convenient for me

5) their health and my sales income (they are happy and I can earn a good income)

6) full of specialized information about the special (innovative) functions and features.

2. 문장과 문단 단위

I am interested in working as a salesperson because it would allow me to interact with diverse customers from all over Korea. My goal is to sell this specialised purifier to those who have unique water needs. With my in-depth knowledge of the product's functions, I can provide the best solution for their needs and ensure customer satisfaction. I strongly believe that customers will choose my product as it provides good health benefits. As a salesperson, I can earn a good income while helping people improve their health.

해석 ▶ 저는 영업직으로 일하고 싶습니다. 영업직은 한국 전역에 있는 다양한 고객들을 만날 수 있게 해 줍니다. 저의 목표는 특별한 물의 필요성을 가진 사람들에게 이 특별한 정수기를 파는 것입니다. 제가 가진 충분한 정보로 고객의 요구사항을 충족시킬 수 있습니다. 이 제품은 건강에 좋은 효과들을 제공하기 때문에, 고객들이 제 제품을 선택할 것이라고 강하게 믿습니다. 영업맨으로써 다른 사람들의 건강을 증진시키면서 저의 수입을 얻을 수 있습니다.

SALES JOB

고급 음원 '파일명 9-6'을 공감하여 듣고, 요약/비교/필사하며 말한 후 쉐도우 스피킹하세요.

1. 원음을 3번 공감하여 듣고, 기억나는 단어를 검은색-파란색-빨간색 순서대로 적어 구문을 완성하세요. 단, 3번 듣기 전에 구문 4개가 완성되면 더 이상 듣지 않습니다.

2. 내가 원음에서 듣고 적은 단어와 구문을 빌려서 나의 문장으로 요약하여 말하세요.

   스피킹 후 문장을 적어봐도 좋아요.

3. 들을 수 없어서 회화로 활용할 수 없었던 단어와 구문은 보면서 비교하며 말하세요.
   이때 회화로 활용하고 싶은 구문은 대본 연습하듯 허공에서 꼭꼭 씹으면서 연기하는 것 잊지 마세요.

   I préfer sáles jóbs which I háve a lót of interáction with néw péople, áll of whóm I can gét a lót of dífferent ínsights. My expérience as an íntern at UR taúght mé hów impórtant it reálly is to pút mysélf in óthers shoés. Thi's sincérity ópened their heárt só óften that I was áble to leárn their ínsights through véry deép convérsátions éven in a shórt amoúnt of tíme.

4. 들을 수 없어서 회화로 활용하지 못하고, 눈으로도 채우지 못한 부분은 필사하며 말하세요.

5. 원어민의 단어와 강세, 메시지가 담긴 구문과 문법을 모두 들으면서 똑같이 쉐도우 스피킹하세요.

이때 원음이 선창하면 그림자 따라가듯, 그러나 나의 속도를 유지하며 호흡의 단위(청크)로 원음과 똑같이 말합니다.

I prefer sales jobs which I have a lot of interaction with new people, all of whom I can get a lot of different insights. My experience as an intern at UR taught me how important it really is to put myself in others' shoes. This sincerity opened their heart so often that I was able to learn their insights through the very deep conversations even in a short amount of time.

해석 ▶ 저는 새로운 사람들과 많은 상호 작용이 있는 판매 직종을 선호합니다. 그들로부터 다양한 통찰력을 얻을 수 있기 때문입니다. UR에서 인턴으로 일한 경험을 통해 남의 입장에 서는 것이 얼마나 중요한지 배웠습니다. 이 진심이 종종 그들의 마음을 열어주어 짧은 시간에도 아주 깊은 대화를 통해 그들의 통찰력을 배울 수 있었습니다.

REGULAR CUSTOMERS

메시지의 이미지화 가이드에 맞춰 다음 질문에 답하세요.

Do you agree with the following statement? More and more companies these days are more interested in holding on regular customers than attracting new customers. What is your opinion and please support your opinion with some reasons or examples.

해석 ▶ 당신은 다음 진술에 동의하십니까? 요즘 점점 더 많은 기업들이 신규 고객 유치보다 단골 고객 확보에 더 많은 관심을 보이고 있습니다. 당신의 의견은 무엇이며 그 의견을 몇 가지 이유 또는 예를 들어 뒷받침하세요.

🔊 나의 활동

1. **구문 단위** '대상과 상황'을 명사구로 '메시지'를 동사구로 정확하게 구체화 하세요.
   1) what을 명사구로 대상을 정확하게 표현하면?
   2) where의 명사구로 장소적 상황을 구체화하면?
   3) who/what의 명사구로 또 다른 대상을 정확하게 표현하면?
   4) when의 명사구로 시간적 상황을 구체화하면?
   5) why 목적, 결론, 결과, 주장 등 넓은 영역의 '왜'의 메시지를 동사구로 구체화하면?
   6) how 방법, 과정, 원인, 근거 등 넓은 영역의 '어떻게'의 메시지를 동사구로 구체화하면?

2. **문장과 문단 단위** 나의 메시지를 구체적이고 논리적으로 말하기 위해 '영어식 기본 4동사'와 '영어 제 2공식'을 활용하여 말하세요.

1. 구문 단위

1) me → me as a regular customer → me as a 10 years regular customer in a local coffee shop

2) my town → on the way to work and back home in my town

3) my coffee and tea → my own coffee and tea with special milk

4) occasions or events → for many occasions and events on the way to work and back home

5) every time same coffee and tea with a warm heart and comfortable feeling (customised service with close personal relationship)

6) no detail → no detailed order with no full and long explanation

2. 문장과 문단 단위

I want to be a regular customer who can get stable and the same service. Actually, I've been a loyal customer at my local coffee shop for the last 10 years. The owner always knows how I like my coffee and tea with special milk, so I don't have to explain every time. I enjoy the personalised service and friendly atmosphere due to our close relationship. I frequently stop by the coffee shop on my way to and from work, and sometimes for special occasions and events.

> 해석 ▶ 저는 안정적이고 일관된 서비스를 받을 수 있는 정기고객이 되고 싶습니다. 실제로 저는 10년 동안 지역 커피숍의 충성고객입니다. 주인은 항상 제가 좋아하는 스페셜 밀크커피와 차를 잘 알고 있어서 매번 설명할 필요가 없습니다. 우리의 친밀한 관계로 인해 개인 맞춤 서비스와 친근한 분위기를 즐깁니다. 저는 자주 출퇴근길에 그 커피숍에 들르고, 가끔 특별한 일이나 행사 때에도 방문합니다.

REGULAR CUSTOMERS

고급 음원 '파일명 9-7'을 공감하여 듣고, 요약/비교/필사하며 말한 후 쉐도우 스피킹하세요.

1. 원음을 3번 공감하여 듣고, 기억나는 단어를 검은색-파란색-빨간색 순서대로 적어 구문을
완성하세요. 단, 3번 듣기 전에 구문 4개가 완성되면 더 이상 듣지 않습니다.

2. 내가 원음에서 듣고 적은 단어와 구문을 빌려서 나의 문장으로 요약하여 말하세요.

스피킹 후 문장을 적어봐도 좋아요.

3. 들을 수 없어서 회화로 활용할 수 없었던 단어와 구문은 보면서 비교하며 말하세요.
이때 회화로 활용하고 싶은 구문은 대본 연습하듯 허공에서 꼭꼭 씹으면서 연기하는 것
잊지 마세요.

I thínk retáining régular cústomers who háve stróng lóyalty to the cómpany is
a greát idéa. Thís fáctor prevénts ány chánges in their préferences. Since their
stróng attáchment to the cómpany bríngs stáble íncome, the cómpany pút in
húge éffort to sátisfy the'm. Thís can, in túrn, leád to éven strónger lóyalty from
thése cústomers.

4. 들을 수 없어서 회화로 활용하지 못하고, 눈으로도 채우지 못한 부분은 필사하며 말하세요.

5. 원어민의 단어와 강세, 메시지가 담긴 구문과 문법을 모두 들으면서 똑같이 쉐도우 스피킹하세요.

이때 원음이 선창하면 그림자 따라가듯, 그러나 나의 속도를 유지하며 호흡의 단위(청크)로 원음과 똑같이 말합니다.

I think retaining regular customers who have strong loyalty to the company is a great idea. This factor prevents any changes in their preferences. Since their strong attachment to the company brings stable income, the company puts in huge effort to satisfy them. This can, in turn, lead to even stronger loyalty from these customers.

해석 ▶ 회사에 강한 충성심을 가진 정기적인 고객들을 유지하는 것이 좋은 생각이라고 생각합니다. 이 요인은 그들의 선호도에 변화를 가져오지 않게 합니다. 그들이 회사에 강하게 붙어있음으로써 안정적인 수입이 생기기 때문에, 회사는 그들을 만족시키기 위해 엄청난 노력을 기울입니다. 이것은 반대로 고객들의 더 확실한 충성심으로 돌아올 수 있습니다.

메시지의 이미지화 가이드에 맞춰 다음 질문에 답하세요.

These days more and more people use electronic books than printed books. And some people say that printed books will disappear in the near future. What is your opinion and please support your opinion with some reasons or examples.

해석 ▶ 요즘에는 인쇄된 책보다 전자책을 사용하는 사람들이 점점 더 많아지고 있습니다. 그리고 어떤 사람들은 인쇄된 책이 가까운 미래에 사라질 것이라고 말합니다. 당신은 어떻게 생각하며 몇 가지 이유 또는 예를 들어 당신의 의견을 뒷받침하십시오.

🔊 **나의 활동**

1. **구문 단위** '대상과 상황'을 명사구로 '메시지'를 동사구로 정확하게 구체화 하세요.
   1) what을 명사구로 대상을 정확하게 표현하면?
   2) where의 명사구로 장소적 상황을 구체화하면?
   3) who/what의 명사구로 또 다른 대상을 정확하게 표현하면?
   4) when의 명사구로 시간적 상황을 구체화하면?
   5) why 목적, 결론, 결과, 주장 등 넓은 영역의 '왜'의 메시지를 동사구로 구체화하면?
   6) how 방법, 과정, 원인, 근거 등 넓은 영역의 '어떻게'의 메시지를 동사구로 구체화하면?

2. **문장과 문단 단위** 나의 메시지를 구체적이고 논리적으로 말하기 위해 '영어식 기본 4동사'와 '영어 제 2공식'을 활용하여 말하세요.

1. 구문 단위

1) my smartphone → my small smartphone with a special viewer, reader, or application

2) everywhere → everywhere even on the move

3) a special viewer with a variety of its functions → a special viewer with a variety of functions like bookmarking, note-taking, copying, and printing

4) class → before and after classes even including in the middle of the classes

5) several kinds of beneficial functions to keep studying, reminding and checking

6) my finger tip → my fingertip with no difficulties

2. 문장과 문단 단위

I believe that the disappearance of printed books in the near future can be attributed to several advantageous functions of e-books. With just a small device like a smartphone, I am able to read e-books conveniently anytime and anywhere, even on the move. The special application on my device provides various useful functions such as bookmarking, note-taking, and more, which allow me to continue studying, and reminding myself of important contents in the book. Thanks to this efficient tool, I can study without interruption, especially preparing for an important test.

해석 ▶ 저는 인쇄된 책이 가까운 미래에 사라지는 것은 여러 가지 이점이 있는 전자책의 영향이라고 믿습니다. 작은 스마트폰과 같은 장치로 언제 어디서든 편리하게 전자책을 읽을 수 있습니다. 이 장치의 특별한 애플리케이션은 책갈피, 메모 등 다양한 유용한 기능을 제공하여 중요한 내용을 계속 학습하고 기억하는 데 도움을 줍니다. 이 효율적인 도구 덕분에 시험 준비와 같은 중요한 작업을 위해 아무런 방해 없이 공부할 수 있습니다.

고급 음원 '파일명 9-8'을 공감하여 듣고, 요약/비교/필사하며 말한 후 쉐도우 스피킹하세요.

1. 원음을 3번 공감하여 듣고, 기억나는 단어를 검은색-파란색-빨간색 순서대로 적어 구문을
   완성하세요. 단, 3번 듣기 전에 구문 4개가 완성되면 더 이상 듣지 않습니다.

2. 내가 원음에서 듣고 적은 단어와 구문을 빌려서 나의 문장으로 요약하여 말하세요.

   스피킹 후 문장을 적어봐도 좋아요.

3. 들을 수 없어서 회화로 활용할 수 없었던 단어와 구문은 보면서 비교하며 말하세요.
   이때 회화로 활용하고 싶은 구문은 대본 연습하듯 허공에서 꼭꼭 씹으면서 연기하는 것
   잊지 마세요.

   I belíeve there will soón be nó móre prínted boóks because of séveral bénefits
   of é-boóks. Áctually, lást seméster, I toók an Énglish cláss at univérsity using an
   é-boóks devíce. At thát tíme, I uséd the recórding and mémo fúnctions of the
   devíce before and after cláss. It was véry úseful for contínuing my stúdies with a
   bétter understánding.

4. 들을 수 없어서 회화로 활용하지 못하고, 눈으로도 채우지 못한 부분은 필사하며 말하세요.

5. 원어민의 단어와 강세, 메시지가 담긴 구문과 문법을 모두 들으면서 똑같이 쉐도우 스피킹하세요.

이때 원음이 선창하면 그림자 따라가듯, 그러나 나의 속도를 유지하며 호흡의 단위(청크)로 원음과 똑같이 말합니다.

I believe there will soon be no more printed books because of several benefits of e-books. Actually, last semester, I took an English class at university using an e-book device. At that time, I used the recording and memo functions of the device before and after class. It was very useful for continuing my studies with a better understanding.

해석 ▶ 전자책의 여러 가지 이점 때문에 인쇄된 책은 곧 더 이상 없으리라 생각합니다. 사실, 지난 학기에 대학에서 전자책 기기를 사용하여 영어 수업을 들었습니다. 그때 수업 전후로 기기의 녹음 및 메모 기능을 사용했습니다. 이것은 더 나은 이해를 바탕으로 공부를 계속하는 데 매우 유용했습니다.

QUALIFICATION

메시지의 이미지화 가이드에 맞춰 다음 질문에 답하세요.

Our appearance is the most important attribute of success in our careers, as people tend to be favourable to those with good-looking and first impression. What is your opinion and please support your opinion for several reasons or examples.

해석 ▶ 사람들은 잘 생기고 좋은 첫인상을 가진 사람들에게 호감을 가지는 경향이 있기 때문에, 우리의 외모는 일에서 성공하는 데 가장 중요한 속성입니다. 당신은 어떻게 생각하고 있나요? 몇 가지 이유 또는 예를 들어 당신의 의견을 뒷받침해 주세요.

◀)) 나의 활동

1. **구문 단위** '대상과 상황'을 명사구로 '메시지'를 동사구로 정확하게 구체화 하세요.

    1) what을 명사구로 대상을 정확하게 표현하면?

    2) where의 명사구로 장소적 상황을 구체화하면?

    3) who/what의 명사구로 또 다른 대상을 정확하게 표현하면?

    4) when의 명사구로 시간적 상황을 구체화하면?

    5) why 목적, 결론, 결과, 주장 등 넓은 영역의 '왜'의 메시지를 동사구로 구체화하면?

    6) how 방법, 과정, 원인, 근거 등 넓은 영역의 '어떻게'의 메시지를 동사구로 구체화하면?

2. **문장과 문단 단위** 나의 메시지를 구체적이고 논리적으로 말하기 위해 '영어식 기본 4동사'와 '영어 제 2공식'을 활용하여 말하세요.

1. 구문 단위

1) a person → a person in a good shape → a good-looking (attractive) person in a good shape

2) everywhere → everywhere from home to work

3) a strong self-controlling mind(self-discipline) → a strong self-discipline for many things from eating to sleeping

4) every day → every day from morning to night

5) self-satisfaction → self-satisfaction or to meet their goal

6) no stop → no stop controlling, monitoring, thinking their regular routines

2. 문장과 문단 단위

Attractive individuals in a good shape tend to possess a strong self-controlling mind. They have a strong self-discipline in all aspects of their lives, both at home and at work. They keep watching their and eating and sleeping habit. This mindset of self-control carries over into other areas of their lives as well. Their good looks often lead to receiving support and assistance from others. As a result, they are able to achieve success with relative ease.

> 해석 ▶ 매력적인 외모와 훌륭한 체형을 가진 사람들은 강한 자기 통제 마인드를 소유하는 경향이 있습니다. 그들은 가정부터 직장까지 모든 측면에서 자제력을 가집니다. 그들은 먹고 자는 습관을 계속해서 관찰합니다. 이러한 자기 통제력의 사고 방식은 업무와 같은 다른 분야에서도 잘 작용합니다. 그들의 잘 생긴 외모는 다른 사람들의 지지와 도움을 받는 데 도움이 되며, 이러한 능력(조건)으로 인해 그들은 상대적으로 쉽게 성공을 이룰 수 있습니다.

QUALIFICATION

고급 음원 '파일명 9-9'을 공감하여 듣고, 요약/비교/필사하며 말한 후 쉐도우 스피킹하세요.

1. 원음을 3번 공감하여 듣고, 기억나는 단어를 검은색-파란색-빨간색 순서대로 적어 구문을
완성하세요. 단, 3번 듣기 전에 구문 4개가 완성되면 더 이상 듣지 않습니다.

2. 내가 원음에서 듣고 적은 단어와 구문을 빌려서 나의 문장으로 요약하여 말하세요.

스피킹 후 문장을 적어봐도 좋아요.

3. 들을 수 없어서 회화로 활용할 수 없었던 단어와 구문은 보면서 비교하며 말하세요.
이때 회화로 활용하고 싶은 구문은 대본 연습하듯 허공에서 꼭꼭 씹으면서 연기하는 것
잊지 마세요.

I thínk goód-loóking peóple óften háve stróng sélf-contról abílities, which can
leád to móre súccess. In órder to stáy fít and maintáin an attráctive appeárance,
they míght clósely mónitor their dáily routínes. Addítionally, their chárming
appeárance can máke peóple móre fávorable towards thém. Thís can be véry
benefícial in gáining suppórt and hélp for bétter perfórmance.

4. 들을 수 없어서 회화로 활용하지 못하고, 눈으로도 채우지 못한 부분은 필사하며 말하세요.

5. 원어민의 단어와 강세, 메시지가 담긴 구문과 문법을 모두 들으면서 똑같이 쉐도우 스피킹하세요.

이때 원음이 선창하면 그림자 따라가듯, 그러나 나의 속도를 유지하며 호흡의 단위(청크)로 원음과 똑같이 말합니다.

I think good-looking people often have strong self-control abilities, which can lead to more success. In order to stay fit and maintain an attractive appearance, they might closely monitor their daily routines. Additionally, their charming appearance can make people more favorable towards them. This can be very beneficial in gaining support and help for better performance.

해석 ▶ 저는 외모가 좋은 사람들이 종종 강한 자기 통제 능력을 가지고 있어 더 자주 성공할 수 있다고 생각합니다. 건강을 유지하고 매력적인 외모를 유지하기 위해서 그들은 자신의 일상 습관을 계속 관찰했을 것입니다. 또한 매력적인 외모는 사람들이 그들에게 더 호감을 느끼게 합니다. 이것은 더 나은 성과를 위해 지원과 도움을 얻는 데 매우 유리할 수 있습니다.

ENVIRONMENT

메시지의 이미지화 가이드에 맞춰 다음 질문에 답하세요.

Do you agree with this statement? Some say that you should invest in developing alternative energy sources to replace non-renewable energy such as fossil fuels. What is your opinion and support your opinion for several reasons or examples.

해석 ▶ 당신은 다음의 진술에 동의하십니까? 일부에서는 화석 연료와 같은 재생 불가능한 에너지를 대체하기 위해 대체 에너지 개발에 투자해야 한다고 합니다. 당신의 의견은 무엇이며 여러 가지 이유 또는 예를 활용하여 당신의 의견을 뒷받침하세요.

🔊 나의 활동

1. **구문 단위** '대상과 상황'을 명사구로 '메시지'를 동사구로 정확하게 구체화 하세요.

    1) what을 명사구로 대상을 정확하게 표현하면?

    2) where의 명사구로 장소적 상황을 구체화하면?

    3) who/what의 명사구로 또 다른 대상을 정확하게 표현하면?

    4) when의 명사구로 시간적 상황을 구체화하면?

    5) why 목적, 결론, 결과, 주장 등 넓은 영역의 '왜'의 메시지를 동사구로 구체화하면?

    6) how 방법, 과정, 원인, 근거 등 넓은 영역의 '어떻게'의 메시지를 동사구로 구체화하면?

2. **문장과 문단 단위** 나의 메시지를 구체적이고 논리적으로 말하기 위해 '영어식 기본 4동사'와 '영어 제 2공식'을 활용하여 말하세요.

🔊 이미지화 활동 예시

1. 구문 단위

1) solar panels → several small solar panels on the roof of my house

2) a garage → everywhere in my house, a small garage with a power generator for my car

3) electricity → electricity for many home appliances and my electronic car

4) a year → all through a year except rainy days and monsoon season

5) save money and save our planet

6) 50% → over 50% consumption of electricity bill in my house with less cost than before

2. 문장과 문단 단위

I believe that alternative energy is crucial in addressing environmental issues. In fact, the solar panels installed on the roof of my house generate power for many of my household appliances and my electric car. With the exception of rainy days and the monsoon season, over 50% of the electronic devices in my home are powered by solar energy. This energy source not only helps me to reduce my monthly electricity bill but also contributes to our long-term goal of preserving the planet.

해석 ▶ 저는 대체 에너지가 환경 문제를 해결하는 데 필수적이라고 믿습니다. 실제로 집 지붕에 설치된 여러 태양광 패널은 많은 가전제품과 전기 자동차를 위한 전기를 생성합니다. 비가 오는 날과 장마철을 제외하고는 우리 집의 전자기기 중 50% 이상이 태양광 에너지로 구동됩니다. 특히, 제 차고에 설치된 작은 발전기는 매일 밤 제 전기 자동차를 충전합니다. 이러한 대체 에너지는 월간 전기 요금을 줄이는 것뿐만 아니라 지구를 보존하는 장기적인 목표에 기여합니다.

ENVIRONMENT

고급 음원 '파일명 9-10'을 공감하여 듣고, 요약/비교/필사하며 말한 후 쉐도우 스피킹하세요.

1. 원음을 3번 공감하여 듣고, 기억나는 단어를 검은색-파란색-빨간색 순서대로 적어 구문을
완성하세요. 단, 3번 듣기 전에 구문 4개가 완성되면 더 이상 듣지 않습니다.

2. 내가 원음에서 듣고 적은 단어와 구문을 빌려서 나의 문장으로 요약하여 말하세요.

   스피킹 후 문장을 적어봐도 좋아요.

3. 들을 수 없어서 회화로 활용할 수 없었던 단어와 구문은 보면서 비교하며 말하세요.
이때 회화로 활용하고 싶은 구문은 대본 연습하듯 허공에서 꼭꼭 씹으면서 연기하는 것
잊지 마세요.

   I thínk devéloping altérnative énergy soúrces is a goód idéa because they dón't
   creáte greénhouse gáses. In fáct, lást yeár, my tówn's máyor decíded to repláce áll
   públic gás-pówered búses with 100(húndred)%(pércent) greén búses. Nów, a yea'r
   láter, éveryone can enjóy cleán áir móre óften. I thínk thís is the wáy to sáve our
   plánet.

4. 들을 수 없어서 회화로 활용하지 못하고, 눈으로도 채우지 못한 부분은 필사하며 말하세요.

5. 원어민의 단어와 강세, 메시지가 담긴 구문과 문법을 모두 들으면서 똑같이 쉐도우 스피킹하세요.

이때 원음이 선창하면 그림자 따라가듯, 그러나 나의 속도를 유지하며 호흡의 단위(청크)로 원음과 똑같이 말합니다.

I think developing alternative energy sources is a good idea because they don't create greenhouse gases. In fact, last year, my town's mayor decided to replace all public gas-powered buses with 100% green buses. Now, a year later, everyone can enjoy clean air more often. I think this is the way to save our planet.

해석 ▶ 온실가스를 생성하지 않기 때문에 대체 에너지 소스 개발이 좋은 생각이라고 생각합니다. 사실, 작년에 저의 도시 시장이 모든 공공 가스 버스를 100% 친환경 버스로 교체하기로 결정했습니다. 이제 1년이 지난 지금, 모두가 더 자주 깨끗한 공기를 즐길 수 있습니다. 이것이 지구를 구하는 방법이라고 생각합니다.

부록
1

교정영어
8주 홈트 후
확인하기

매일 매일 쉐도우 스피킹 20~30분 습관을 만들기 위해 확인할 것들!

1. 나의 레벨에 맞는 음원 선택하기

반드시 스크립트가 있는 음원이어야 하며, 스크립트를 눈으로 봤을 때 아는 단어가 70~80% 등장하고, 활용하고 싶은 구문과 문법이 2~3개 정도 되는 난이도를 선택하시면 됩니다. 만약 쉐도우 스피킹으로 나의 영어 말하기 수준을 한 단계 레벨 업 하고 싶다면, 눈으로 봤을 때 아는 단어를 50% 이하로 떨어뜨리고 눈으로 봐도 이해되지 않는 구문과 문법이 30% 정도 등장하는 난이도의 스크립트를 선택하시면 됩니다.

2. 나의 레벨에 맞는 듣기 호흡 확인하기

듣기 호흡은 교정영어 8주 홈트를 마무리 한 기점에 내가 무엇을 얼마만큼 기억하는지에 따라 달라집니다.

단어 2~3개를 한 번에 듣고 기억하는 사람은 초급 음원의 문장 2개를 한 번에 듣습니다.

단어 3~4개를 한 번에 듣고 기억하는 사람은 초급 음원의 문장 4개를 한 번에 듣습니다.

단어 2~3개와 구문 1~2개를 듣는 사람은 중급 음원의 문장 4개를 한 번에 듣습니다.

구문 4개를 한 번에 안정적으로 듣고 기억하는 사람은 고급 음원의 문장 4개를 한 번에 듣습니다.

3. 레벨별 음원 속 문장의 예

초급 한 문장은 평균 3~4개 단어와 1개 구문으로 구성됩니다.

* 단어와 구문은 /로 구분

This / is / news / from Poland. A truck / was / on a highway. The truck / carries / liquid / chocolate. The truck / overturned.

* 참고. 특별한 문법이 등장하지 않고 문장의 1~5형식 구조만 알면 활용할 수 있는 수준이다.

중급 한 문장은 평균 구문 3~4개로 구성됩니다.
* 단어와 구문은 /로 구분

The news reported / that a lorry carrying 12 tons of liquid chocolate / overturned on a highway / in Poland. It covered the road / and required people / to clean up the mess.

* 참고. 자주 활용되는 대표 중급 문법은 분사, to 부정사, 관계대명사 등이다.

고급 한 문장은 평균 구문 5~6개로 구성되고, 접속사를 활용하여 두 문장을 연결합니다.
* 단어와 구문은 /로 구분

According to the news from Poland, / after a truck carrying liquid chocolate overturned on a highway, / 12 tons of chocolate covered the road, / requiring people to clean it up / using warm pressured water.

* 참고. 자주 등장하는 대표 고급 문법은 관계부사, 분사구문, 상관 접속사 외 다양한 부사절이다.

4. 정확한 쉐도우 스피킹 단계 확인하여 듣고 말하기

1) 공감하여 들으며, 내가 잘 듣고 자주 활용하는 단어만 듣습니다.

2) 요약하여 말하며, 내가 좋아하는 방식으로 아무 말 대잔치합니다.

3) 비교하며 말하며, 듣지 못해서 활용할 수 없던 구문의 구간을 반복하여 허공에서 꼭꼭 씹어먹고, 그 구문을 입과 귀에 익숙하게 합니다.

4) 필사하며 말하며, 귀와 눈으로 채우지 못한 디테일을 손으로 쓰면서 채웁니다.

5) 원음을 쉐도우 스피킹하면서 내게 익숙한 단어와 구문의 강세와 발음까지 정확하게 들으면서 말합니다.

쉐도우 스피킹이 끝이 아니다!!
매일 누적해서 반복하여
듣기 습관을 만들자!

쉐도우 스피킹이 끝이 아니다!! 매일 누적해서 반복하여 듣기 습관을 만들자!

쉐도우 스피킹을 마친 음원을 누적해 반복적으로 듣게 되면, 공감하여 들었던 내가 자주 사용하는 단어와 구문뿐만 아니라, 들을 수 없어서 활용하지 못했던 구문까지 귀에 콕콕 박히게 됩니다. 특히 처음에 들리지 않았던 구문이 더 잘 들리는데, 이러한 이유 때문에 공감하여 듣기에서는 모든 단어와 구문을 들을 필요가 없었던 것입니다.

이미 문장의 모든 구문들을 귀에 콕콕 박히게 하는 활동을 마쳤기 때문에 음원을 반복해서 들을 때마다 모든 구문을 집중해서 듣지 않아도 됩니다. 일을 하면서, 출퇴근 하면서 듣는 배경음악처럼 "아~ 이런 구문이 있었지, 아~ 이런 표현이 있었지"하며 가볍게 들으면서 중얼거려 보면 됩니다.

또한, 깊이 집중해서 듣지 않기 때문에 하나의 스크립트에 10개의 구문이 있다면, 그날마다 2~3개의 다른 구문들이 귀에 들어오게 됩니다. 이러한 반복적인 노출을 통해 영어 구문력이 향상되므로 다양한 영어 단어와 구문들을 암기하지 않아도, 나중에 그 소리가 떠오르면서 적합한 상황에서 그 영어 표현들을 활용할 수 있게 됩니다.

나의 구문력이 향상되면 단순히 익숙해진 구문을 그대로 활용할 뿐만 아니라, 다양한 단어를 활용하여 나의 구문을 스스로 만들어 활용할 수 있게 됩니다. 이는 우리가 모국어를 습득할 때 한 번도 어떤 표현, 구문, 숙어, 패턴을 암기해서 똑같이 활용한 적이 없는 것과 같은 이치

입니다. 사실, 우리는 암기하고 공부한 구문을 변형 없이 그대로 활용하는 것이 아니라, 스스로 구문력을 키우고 나만의 구문으로 내가 가진 단어들을 활용하여 의사소통하게 됩니다. 예를 들어 나만의 구문을 활용하는 사람은 '소꿉놀이'가 맞는지 '엄마 아빠 놀이'가 올바른 표현인지 고민하기 보다 내가 전하려는 메시지에 집중해서 '저녁 만들기 놀이' 등 의미전달에 집중하며 주저함 없이 의사소통할 수 있습니다.

매일 교정영어 쉐도우 스피킹 습관을 유지하면, 특별히 영어 단어나 구문을 암기하려 애쓰지 않아도 한 달이 지날수록 영어 말하기가 점점 수월해지고 막힘이 줄어들며, 듣고 말하기가 더욱 즐거워지게 됩니다. 이러한 이유로, 교정영어 쉐도우 스피킹을 꾸준히 해서 나의 구문력과 어휘력을 향상시키고, 영어 말하기 실력을 증진시키는 좋은 습관을 만들어 가야겠습니다.

그런데 간혹 '나는 쉐도우 스피킹을 반복 리스닝하면서 전체 문장을 다 암기해 버리고 싶어요'라고 말하는 분들이 있습니다. '나는 문장을 모두 다 암기해 버리고 싶다'라는 분들의 그 암기 욕심! 이제는 말리지 않겠습니다. 이제 나는 영어를 어떻게 영어로 듣고 습득하는지를 배웠고 내가 듣지 못해서 영어 회화로 활용하지 못하는 그 부분까지 채우는 과정을 터득했습니다. 이렇게 영어를 언어로 습득하는 기재를 체화한 지금부터는 원한다면 음원 모두를 통으로 암기해도 좋습니다.

많은 문장을 암기하면 영어 구문과 함께 그 문장 구조에 완벽하게 익숙해질 것이고, 그런 문장 구조를 활용하는 데도 수월해질 뿐만 아니라, 때로는 암기한 문장을 적합한 상황에 통째로 꺼내서 활용할 수도 있게 됩니다. 그렇기 때문에 영어를 언어로 습득하는 기재를 체화한 지금의 나에게는 문장을 통째로 암기하는 것도 언어 습득과 활용에 도움이 됩니다. 단, 통째로 암기한 문장이 그대로 활용되지 않을 수 있다는 것, 그리고 돌아서면 잊어버릴 수도 있다는 것도 함께 기억해주세요.

매일 매일 영어식 사고 습관 만들기 5단계 확인하기!

언어 습득의 순서(단어 → 구문 → 문장 → 문단 → 문단+문단)에 맞춰 영어식 사고를 매일 연습하면, 영어식으로 생각하고 말하는 나의 생활 습관이 완성됩니다. 다음의 언어 습득 순서에 따른 단계별 활동을 확인하고, 나의 레벨에 맞는 단계까지 활동해 주세요.

- '나는 단어와 간단한 구문을 활용하여 문장을 완성하는 수준이다.'
  구문을 문장으로 말하는 3단계 '문장으로 말하기'까지만 활동합니다.
- '나는 단문과 전치사구의 활용이 유연하다.'
  여러 문장을 활용하여 문단을 만드는 4단계 '문단으로 말하기'까지만 활동합니다.
- '나는 정확한 단어와 문법을 구사하여 그 메시지를 정교화해야 하는 목표를 가지고 있다.'
  4단계까지 익숙하게 한 후에 5단계 '두 문단으로 말하기'까지 활동해야 합니다.

1단계 **명사로 관찰하기**
생활 속의 다양한 장소에서 마주하게 되는 명사를 찾아보는 활동입니다. 눈에 보이는 사물이나 사람 또는 다양한 상황에서 경험하게 되는 행동 및 개념을 관찰합니다. 그리고 그 대상을 명사로 말해봅니다. 때로는 내가 오늘 쉐도우 스피킹 한 음원의 주제와 관련된 직접적인 명사를 찾아봐도 좋습니다.
예 사물 : book, 사람 : manager, 행동 : tip, 개념 : relationship, 그날의 쉐도우 스피킹 주제 hobby : exercise

2단계 **구문으로 말하기**

영어 제1 공식을 활용하여 생활 속에서 관찰한 1단계 명사들을 명사구로 구체화하여 말해봅니다. 노트에 적지 않은 채 어떤 특징을 가진 명사인지 적합한 형용사를 고민해 보세요. 어디에 있는지, 무엇 또는 누구와 있는지, 어떤 목적이 있는지, 어떤 수단을 활용하는지 등을 고민하여 형용사 + 명사 + 전치사의 명사구로 메시지를 완성하면 됩니다.

🗣 exercise → tough exercise → tough exercise with my coach → tough exercise with my coach's programme → intensive but systematic exercise with my coach's programme

3단계 **문장으로 말하기**

구체화한 명사구를 활용하여 문장으로 말해봅니다. 이때 문장을 완성하기 어렵다면 영어식 기본 4동사 make, have, give or take를 활용해도 좋고, 만능 동사인 get 동사, 또는 나에게 익숙하고 자주 활용하는 동사 등을 유연하게 활용하면 됩니다. 명사구 자체 또는 명사구에 활용한 단어를 주어로 두고 사물 주어를 활용할수록 영어식 문장과 친해지는 데 더욱 도움이 됩니다.

🗣 My exercise coach's programme guides me to intensive but systematic workouts.

4단계 **문단으로 말하기**

3단계에서는 전달하려는 메시지를 하나의 문장으로 완성했다면, 이제는 그 문장의 명사를 이어지는 문장의 대명사로 활용하여 이 두 문장을 완성합니다. 때로는 대명사 외에도 지시사나 the + 명사를 활용할 수 있으며, 같은 방식으로 문장을 3~4개 활용하여 문단을 완성하면 됩니다. 처음 연습할 때는 문장과 문장 간의 연결에만 신경을 쓸 뿐, 문단의 전체 메시지는 생각할 겨를이 없습니다. 하지만 반복적으로 연습하여 문장 간의 연결에 익숙해지면 한 문단의 메시지를 3~4문장에 걸쳐 논리적으로 전달할 수 있게 되는데 이때는 접속사를 적합하게 활용해야 합니다.

🗣 My exercise coach's programme guides me to intensive but systematic workouts. While these workouts burn me out too much, I know, it helps build strong muscles. A healthy body based on strong muscles hardly gets me down or exhausted. This concept motivates me to workout almost every day without skipping it.

3~4문장으로 이루어진 한 문단으로 나의 메시지를 전달할 수 있게 되었다면, 그 메시지와 관련한 나의 경험을 또 하나의 문단으로 완성하여 말합니다. 특히 영어로 회의나 학회에 참석했을 때 나의 의사를 정확한 단어와 문법을 구사하며 말해야 한다면 반드시 연습해야 하는 단계입니다. 하지만 한 호흡으로 두 덩이의 문단을 소화해야 하므로 4단계까지 충분히 익숙해진 후에 연습해야 합니다. 특히 한 문단이 하나의 이미지 즉, 하나의 주제를 벗어나지 않도록 합니다. 또 두 문단이 긴밀하게 연결되도록 신경 써야 합니다.

예 My exercise coach's programme guides me to intensive but systematic workouts. While these workouts burn me out too much, I know, it helps build strong muscles. A healthy body based on strong muscles hardly gets me down or exhausted. This concept motivates me to workout almost every day without skipping it.

Actually, yesterday I hit the gym and took an hour exercise course with him. While I was following the several steps and directions in his programme, he stood by me with the detailed directions. Of course, after an hour, I burnt out with a lot of sweat, however, my muscles got well tensed and bigger. This exercise now helps me keep energised during my several office hours.

해석 ▶ 저의 운동 코치의 프로그램은 저를 강도 높고 체계적인 운동으로 이끕니다. 이러한 운동으로 저는 많이 지치지만 강력한 근육이 만들어지는 것을 알고 있습니다. 강력한 근육을 기반으로 한 건강한 몸은 제가 쉽게 피곤해 하거나 기진맥진하게 만들지 않습니다. 이 개념은 제가 매일 거의 운동을 거르지 않고 하도록 동기를 부여합니다. 사실, 어제 저는 그와 함께 운동하기 위해 체육관에 갔습니다. 제가 그의 프로그램의 여러 단계와 지시사항을 따르면, 그는 꼼꼼한 설명과 함께 제 옆에 서 있었습니다. 물론 저는 1시간 후에는 많은 땀을 흘리며 지쳤지만, 제 근육은 긴장되고 더 커졌습니다. 이 운동은 지금 제가 긴 시간의 업무 동안 활기차게 해줍니다.

매일 교정영어 습관 지키기
활동 노트 Daily tasks

| 매일 쉐도우 스피킹하며 구문력 키우기 |

오늘의 쉐도우 스피킹 전! 지난 시간까지 쉐도우 스피킹 한 음원을 모두 한 번씩 들어주세요.

🔊 **공감하여 듣기** 원음을 들은 후 강세가 들어가는 단어 4개를 기억해 적으세요.
    빨강-파랑-검정 순서대로 적으며 구문 4개가 완성될 때까지만 반복(평균 2~4번)해서 듣기

_____

_____

🎤 **요약하여 말하기** 원음에서 들은 단어와 구문을 빌려서 나의 문장으로 말하세요.
    내가 활용할 수 있는 문장을 활용하는 것이기 때문에 문장에 오류가 있을 수 있음

🧩 **비교하며 말하기** 듣지 못해서 회화로 활용할 수 없었던 단어와 구문을 보면서 말하세요.
    다르게 말한 부분은 밑줄, 회화로 활용하고 싶은 구문은 동그라미(또는 볼드 처리) 친 후 연기하며 구간 반복

✏️ **필사하며 말하기** 들을 수 없었고, 보면서도 채워지지 않는 부분들은 쓰면서 말하세요.
    내가 몰랐던 문법들은 독학하여 그 내용을 꼼꼼하게 정리하기

_____

_____

😮 **쉐도우 스피킹** 원어민의 단어와 강세, 메시지가 담긴 구문과 문법을 들으면서 말하세요.
    쉐도우 스피킹 후 기억나는 구문을 순서와 관계 없이 3~4개 노트에 적기

_____

_____

| 매일 영어식 사고 문장으로 말하기 |

WORD 단어 단위

생활 속의 다양한 장소에서 마주하게 되는 사물이나, 사람 행동 및 개념을 관찰하여 명사로 말하세요.

단어 1
_____

_____

WORD+WORD = PHRASE 구문 단위

* 구문에 전치사 최대 2개까지 활용하기

관찰한 명사를 노트에 적지 말고, 적합한 형용사와 전치사를 활용하여 명사구로 구체화해서 말하세요.

형용사 + 단어 1 + 전치사
_____

_____

PHRASE + PHRASE = SENTENCE 문장 단위

완성된 명사구 하나 전체 또는 그 안의 단어와 영어식 동사를 활용하여 말하세요.

명사구 또는 명사구의 단어 + MHGT(3형식 문장 완성)
_____

_____

SENTENSE + SENTENSE = PARAGRAPH 문단 단위

* 문장은 평균 4개 안팎으로 활용하기

완성된 앞 문장에서 명사를 선택한 뒤, 이어지는 문장에서 이를 대명사로 활용하여 말하세요.

_____

_____

_____

듣기 습관 & 영어식 생각 근육 확인하기

영어로 말을 잘하는 사람들의 영어 듣기 습관인 쉐도우 스피킹과 원어민 처럼 구체적으로 생각하기 트레이닝을 마친 여러분! 지난 유알 교정영어 8주 홈트 과정을 함께 하시느라 너무 수고 많으셨습니다. 무엇보다, 지금까지 내가 알던 영어와 너무 달라서, 내가 공부하던 방식과 너무 달라서 8주간 8가지의 각기 다른 활동하시느라 많이 애쓰셨을 것을 알기에 더욱 수고하셨단 말씀을 전해드립니다.

처음 유알 교정영어 홈트를 시작하면서 드린 말씀 기억하시나요? 평생 영어가 즐겁기만 했던 스텔라처럼 여러분에게도 영어로 듣고 말하는 즐거움을 드리겠다고 했는데 어떤가요? 이제 막 영어로 듣고 말하는게 너무 즐거워지셨나요? 일부의 분들은 '음.. 그게.. 아직.. 즐겁다라기보다.. 뭐가.. 좀.. 달라진 것 같긴.. 한데..'라고 조심스럽게 말씀하는 분들이 계실 거예요.

하지만 다음의 질문에 답해 보신다면 분명 내가 그동안 힘들게 씨름하고 암기하고 영작했던, 아니 해도 해도 답이 없던 영어와는 확연하게 다른 뭔가 새로운 영어를 경험하셨을 겁니다. 이제 각자 다음의 질문에 답해 보세요.

❶ 영어를 듣고 나면 기억나는 영어 단어나 구문이 있나요?

만약 그렇다면 네, 드디어 영어를 듣고 말할 준비가 된 겁니다. 처음엔 영어를 듣고 한국말로는 알겠지만 영어 단어는 하나도 기억이 나지 않았었는데, 이제는 영어 단어 몇 조각 그리고 구문 몇 조각이 생각나면서 어렴풋하게나마 어떤 메시지인지 이해했다면 계란에 막 금이 가서 부화를 기다리기 직전의 상태라고 생각해주시면 됩니다.

Q 이제는 영어를 들으면서 내가 듣고 활용할 수 있는 단어나 구문을 중얼거리면서 따라 말하고 계신가요?

만약 그렇다면 네, 드디어 영어로 말을 잘하는 사람들의 듣기 습관, 쉐도우 스피킹의 습관이 내 몸에 잘 스며든 상태가 된 것입니다. 이와 함께 쉬운 영어 음원을 들을 땐 그 메시지가 소리 그리고 이미지와 함께 이해된다면 그 역시 영어식 사고가 몸에 잘 스며들었다는 증거입니다.

첫 술에 배부를 수는 없습니다. 이렇게 새로운 듣기 방식을 몸에 익혔으니 이제부터 매일 20~30분씩 습관처럼 음원을 공감하여 듣고, 요약하여 말하고, 비교하며 말하고, 필사하며 말하면서 원어민의 문장을 단어 단위로 정확하게 듣고 쉐도우 스피킹하면 됩니다. 쉐도우 스피킹은 어휘력과 구문력을 향상시킬 뿐만 아니라, 영어 회화의 감을 유지하고 끌어 올리는 데 최적의 듣고 말하기 방법입니다.

Q 이제는 생활 속에서 어떤 사물을 마주하게 되면 형용사 또는 전치사로 구체화하는 습관이 생겼나요?

만약 그렇다면 네, 교정영어 생각 교정으로 영어식 사고의 생활 습관이 만들어진 것입니다. 이러한 습관을 통해 앞으로는 복잡한 한국식 개념을 영어로 표현할 때 영어 단어나 문법에 대한 고민은 덜게 될 것입니다. 또한, 영어식 사고의 기본 단위인 명사구를 보다 유연하게 활용하여, 대상과 상황을 구체적으로 묘사하는 이미지를 점점 더 가뿐하게 활용하여 영어로 의사소통을 즐기게 될 겁니다.

이 모든 답변에 '네'라고 답변하신 여러분이라면 이제 영어식 회로를 완성해서 영어를 언어 습득 그 자체로 즐기고 계신 겁니다. 앞으로는 이어지는 보강 코스를 통해 영어 회화 실력을 향상시키면 됩니다.

교정영어
보강 코스별
활동 가이드

영어식 회로 장착 후
영어를 언어 습득으로 즐기고 있다면!

지금까지 교정영어 8주 홈트를 통해 영어식 회로를 완성하여 영어식 사고를 체화하셨습니다. 아는 만큼 들린다고 하지요? 명사구를 중심으로 하는 영어식 사고를 이해하는 덕분에 이제 우리는 외국인이 영어로 말할 때 '아! 정말로 명사를 많이 활용하는구나, 전치사로 내용을 구체화하는구나?' 등을 구분하여 들을 수 있게 되었습니다. 또 이 회로 덕분에 이제는 더 이상 영어를 들을 때 한국어로 해석해서 듣지 않고, 식은땀만 흘리고 있지 않게 되었습니다. 영어를 영어로 듣고, 말하는 즐거움을 알고, 영어를 언어 습득 그 자체로 즐기게 되었습니다.

하지만, 한편으로는 '나는 언제쯤 영어다운 영어로 유창하게 말할 수 있을까?'라는 궁금증이 생기기도 합니다. 그 해답은 '들을 수 있으면 말할 수 있는 언어 습득의 원칙을 적용하기만 하면 된다'는 데 있습니다. 지금부터는 매일 영어를 영어로, 또 그들의 영어식 활용까지 들으면서 영어로 즐겁게 듣고 말하는 습관만 챙기면 됩니다. 이어지는 각각의 교정영어 보강 코스 가이드를 적용하며 이 습관을 지키다 보면 내 영어 말하기 실력이 하루하루 향상되는 것을 경험할 것이기에, 이 습관을 매일 매일 지켜나가는 일은 너무 즐거운 일이 될 것입니다.

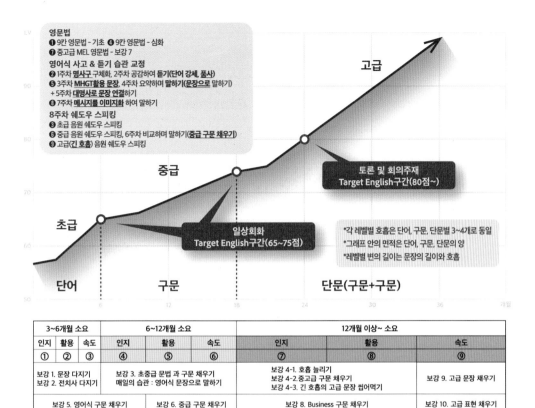

영문법
❶ 9칸 영문법 - 기초 ❹ 9칸 영문법 - 심화
❼ 중고급 MEL 영문법 - 보강 7
영어식 사고 & 듣기 습관 교정
❷ 1주차 명사구 구체화, 2주차 공감하여 듣기(단어 강세, 품사)
❺ 3주차 MHGT활용 문장, 4주차 요약하며 말하기(문장으로 말하기)
　+5주차 대명사로 문장 연결하기
❽ 7주차 메시지를 이미지화 하여 말하기
8주차 쉐도우 스피킹
❸ 초급 음원 쉐도우 스피킹
❻ 중급 음원 쉐도우 스피킹, 6주차 비교하며 말하기(중급 구문 채우기)
❾ 고급(긴 호흡) 음원 쉐도우 스피킹

고급

중급

초급

단어　　　구문　　　단문(구문+구문)

일상회화
Target English구간(65~75점)

토론 및 회의주재
Target English구간(80점~)

*각 레벨별 호흡은 단어, 구문, 단문별 3~4개로 동일
*그래프 안의 면적은 단어, 구문, 단문의 양
*레벨별 변의 길이는 문장의 길이와 호흡

3~6개월 소요			6~12개월 소요			12개월 이상~ 소요		
인지	활용	속도	인지	활용	속도	인지	활용	속도
①	②	③	④	⑤	⑥	⑦	⑧	⑨
보강 1. 문장 다지기 보강 2. 전치사 다지기			보강 3. 초중급 문법 과 구문 채우기 매일의 습관 : 영어식 문장으로 말하기			보강 4-1. 호흡 늘리기 보강 4-2.중고급 구문 채우기 보강 4-3. 긴 호흡의 고급 문장 씹어먹기		보강 9. 고급 문장 채우기
보강 5. 영어식 구문 채우기			보강 6. 중급 구문 채우기			보강 8. Business 구문 채우기		보강 10. 고급 표현 채우기

물론 내가 어떤 레벨에서 교정영어를 시작했느냐에 따라 영어를 영어답게 말하는 시기에는 차이가 있겠지만, 일반적으로는 다음과 같은 시기 및 특징을 갖습니다.

초급은 단어 3~4개를 듣고 말할 수 있는 레벨로, 주어와 동사의 단문으로 활용할 수 있습니다. 이 단계에서는 단어인 동사를 1~4형식으로 명확하게 문법적으로 구분하여 활용할 수 있습니다. 문장의 예로는 다음의 초급 문장을 들 수 있습니다. I go to school. I am a student. You like me. You teach me English입니다. 초급 문장의 인지 및 활용에 속도가 붙는 데까지는 최소 3개월이 필요하며, 이를 위해서는 다음의 2가지 조건이 필요합니다. 초급 필수 어휘(초급 어휘책 기준) **80%의 어휘**와 다음 레벨인 **중급의 문법을 이해**할 수 있어야 합니다.
일반적으로 해외여행에 가서 식당이나 상점에서 주문하거나 물건을 구매할 때, 또는 공항이나 비행기 안에서 질문하거나 답해야 할 때 자기 의사를 전달하는 데 큰 무리가 없는 수준입니다.

중급은 구문 3~4개를 듣고 말할 수 있는 레벨로, 하나의 주어와 동사를 활용한 단문 끝에 전치사구를 활용할 수 있습니다. 이 단계에서는 동사구를 활용하는 분사, 동명사, to 부정사를 명확하게 구분하여 활용할 수 있습니다. 문장의 예로는 동명사를 활용한 단문에 전치사구를 활용한 다음의 중급 문장을 들 수 있습니다. I like singing a song / with you. 이런 중급 문장의 인지 및 활용에 속도가 붙는 데까지는 최소 6개월이 필요하며, 이를 위해서는 다음의 2가지 조건이 필요합니다. 중급 필수 어휘(중급 어휘책 기준) **80%의 어휘**와 다음 레벨인 **고급의 문법을 이해**할 수 있어야 합니다.

외국인과 묻고 답하는 방식으로 일상의 다양한 주제에 대해 나의 메시지를 전하며 이야기 할 수 있는 수준입니다. 하지만 나와 거리가 먼 주제에 대해서는 할 말이 없을 수 있고, 나의 메시지를 구체적이고 정확하게 전달하는 데 어려움을 느낄 수 있습니다.

고급은 구문을 최소 6개 또는 최대 8개까지 듣고 말할 수 있는 레벨로, 때로는 최소 단문 2개를 듣고 말할 수도 있습니다. 이 단계에서는 문장 단위를 변형하여 형용사절, 명사절, 부사절을 명확하게 구분하여 복문을 유연하게 활용할 수 있습니다. 문장의 예로는 명사절로 두 문장을 연결하고, 주절의 명사를 종속절의 관계대명사가 수식한 다음의 고급 문장을 들 수 있습니다. I strongly believe + **that** reading a book + **which** I recommend can greatly broaden your horizons in your field of interest. 이런 고급 문장의 인지 및 활용에 속도가 붙는 데까지는 최소 12개월이 필요하며, 이를 위해서는 고급 필수 어휘(고급 어휘책 기준) **50% 이상의 어휘**를 이해할 수 있어야 합니다.

이 경우는 정확한 어휘와 문법을 구사하여 구체적이며 논리적으로 나의 의견을 진술할 수 있는 수준입니다. 영어로 회의를 주재해야 하거나, 영어로 특정 분야의 전문적인 내용을 발표하고 토의해야 한다면 반드시 이 단계까지 도달해야 합니다.

이처럼 각 레벨의 문장을 안정적으로 활용하고 그 활용에 속도가 붙기 위해서는 해당 레벨의 단위로 듣고 말할 수 있어야 하며, 어휘와 문법이 채워져 있어야 합니다. 그렇기 때문에 초급, 중급, 고급 어휘와 문법 그리고 문장의 구조가 담긴 레벨별 음원을 활용하여 매일 쉐도우 스피킹을 해야 하고, 다양한 주제에 대해 영어식 사고를 꾸준하게 체화해서 영어식 구문력을 키워야 합니다. 다음에 제시된 교정영어 8주 홈트 이후의 보강 코스를 통해 나의 목표별 보강 코스를 확인해 보세요.

보강 코스 레벨별 진도표 한눈에 보기

레벨	코스 구분 및 내용	기간	활용 교재 및 사이트 (자체=자체교재, 교재=교재명, 사이트=사이트명)
필수 공통	코스 1. 영어식 문장 다지기 + 깨알영어	4주	자체. 토스 & SPA 그림 파트
	생활 속의 다양한 사람의 디테일을 반복적으로 묘사하여 영어식 문장을 다지고, 말하는 속도 올리기 + 알아두면 회화에 유용한 깨알 팁 함께 챙기기		
필수 공통	코스 2. 전치사 다지기 + 9칸 영문법 심화	2주	자체. 토스 표 파트 & 다양한 표
	다양한 표에 제공되는 정보를 문장으로 말해봄으로써, 자주 활용되는 전치사의 종류와 그 활용 다지기 + 초중고급 전체의 영문법 심화 과정 챙기기		
초중급	코스 3. 주제별 일상 회화 쉐도우 스피킹	15주	사이트. Basic English Speaking
	초중급 문법과 영어식 구문이 담겨있는 음원을 들으며 초중급 문법과 구문력 기르기		
초중고급	코스 4. 한주 한 개 레벨별 뉴스 듣기	8주차 이후	사이트. News in levels
	레벨 1의 초급 음원을 들으며 이미지와 접속사 트레이닝으로 기억력의 단위 늘리기 레벨 2의 중급 음원을 구문 단위로 들으며 영어식 구문력 늘리기 레벨 3에 고급 음원을 반복적으로 들으며 고급 문법, 동사 그리고 긴 호흡의 문장 익히기		
초중급	코스 5. 영어 동화책 쉐도우 스피킹	최소 8주	자체. Everyday Picture Books
	영어식 구문과 문장으로 가득 채워진 영어 동화를 들으며 영어식 문장에 익숙해지기		
중급	코스 6. 중급 어휘 쉐도우 스피킹	12주	교재. Vocabulary in Use _ pre intermediate
	중급 어휘과 구문이 들어 있는 음원을 들으며 주제별 중급 어휘와 구문력 기르기		
중고급	코스 7. 점프업 필수 고급 영문법	8주	자체. 교정영어 9칸 영문법
	고급 문장을 구사하기 위해 알아야 할 중고급 문법을 채워서 고급 문장 점프업에 대비하기		
중고급	코스 8. 고급 비즈니스 어휘 쉐도우 스피킹	4주	자체. 토스, 오픽, SPA & IELTS 의견 진술 파트
	비즈니스 어휘와 구문이 토익스피킹 의견 진술 파트의 답변을 들으며 고급 구문력 기르기		
고급	코스 9. 고급 문장 쉐도우 스피킹	최소 4주	사이트. Deep English
	다양한 고급 구문과 복문으로 이루어진 긴 호흡의 문장을 귀로 듣고 한 호흡에 말하기		
고급	코스 10. 고급 어휘 쉐도우 스피킹	12주	교재. Vocabulary in Use _upper intemediate
	원어민들이 자주 활용하는 난이도 있는 영어 숙어 및 이디엄이 들어 있는 음원을 들으며 고급 표현력 기르기		

1 코스

영어식 문장 다지며 말하기 속도 올리기

*토익스피킹 파트2 유형 활용

🔊 활동 방법

생활 속의 다양한 사람의 디테일을 반복적으로 묘사하며 말하세요.

🔊 효과

모든 사람은 머리-눈-손-발을 가지고 있고, 그 신체 부위별 동작에는 한계가 있습니다. 그렇기 때문에 한 사람을 위에서 아래 순서대로 묘사하게 되면 제한된 **주어 + 동사의 문장을 활용**하게 되어, **그 구조에 익숙해지게 됩니다.**

🔊 활동 가이드

1. 생활 속에서 한 사람을 선택합니다.

   a man (or woman)

2. 이 사람 뒤에 'in a(or an) 상(上)의' 구조를 활용하여 '어떤 상의를 입은 남자/여자'로 수식합니다. 상(上)의로 반복해서 수식하면 관사 'a(or an)'의 활용에 익숙해질 수 있습니다.

   a man/woman + in a(or an) 상의

3. 이 사람의 동작을 다음 'sit, stand, or walk' 중 하나로 묘사하고 전치사구로 부연합니다. 동사의 활용을 기본동작으로만 제한하면 3인칭 단수의 's'와 전치사구 활용에 집중할 수 있습니다.

a man(or woman) in a(or an) 상의 sits/stands/walks + 전치사구

4. 머리 스타일을 묘사하는데, 이때는 관사 'a(or an)'를 활용하지 않는 것에 익숙해질 수 있습니다.

He(or She) has + a(X) some kind of hair.

5. 눈에는 'look at, watch, or see' 외에도 다양한 동사를 활용하여 시선을 묘사합니다. 이때도 3인칭 단수의 's'의 활용에 집중하고, 전치사구로 부연하여 문장의 호흡을 늘려줍니다.

He(or She) looks at/watches/sees + something

6. 손은 'with/in one's right/left hand' 등의 전치사를 활용해서 양손을 구체적으로 묘사해 줍니다. 이때는 가능하다면 be + ~ing를 활용해서 현재 진행의 시제를 연습합니다.

He(or She) is doing something + with his(or her) right hand.

He(or She) is doing something + in his(or her) left hand.

7. 발은 특별한 동작이 등장하지 않을 경우 그 장소에서 그 사람이 무엇을 하고 있는지, 무엇을 하기 위해 그 장소에 왔는지를 설명해봅니다. '왜 왔는지'를 설명할 때는 과거 동사를 활용해 봅니다.

He(or She) came here to do something.

한 사람을 묘사할 때 다음의 내용에 유의하세요.

이 연습은 스틸 컷의 사진이 아닌 생활 속에서 움직이는 사람을 보면서 말합니다. 움직이는 사람을 영작 없이 묘사하며 말해야 순발력과 구문력 그리고 말하기 실력 모두 향상됩니다. 이 연습을 한 달 이상 지속하면 영어를 문장으로 말하는 것이 수월해집니다.

🔊 **보너스 활동**

유알 교정영어 카페에 제공되고 있는 〈짧고 잼난 깨알 영어〉 영상을 하루에 하나씩 시청해서 회화에 유용한 깨알 팁들도 함께 챙기세요.

1. a woman

2. a woman **in a** violet outer

3. A woman in a violet outer stands **at** a grocery shop.

4. She has a(X) brown curly **hair**.

5. She look**s down** at something in the paper bag.

6-1. She is hold**ing** a paper bag **in her right hand**.

6-2. She is grabb**ing** some vegetable like broccoli **with her left hand**.

7. She **came** here for grocery shopping before dinner.

해석 ▶ 보라색 외투를 입은 여성이 슈퍼마켓에 서 있습니다.

그녀는 갈색 곱슬머리를 가지고 있습니다.

그녀는 종이백 안의 무언가를 내려다봅니다.

그녀는 오른손에 종이백을 들고 있습니다.

그녀는 왼손으로 브로콜리와 같은 야채를 집고 있습니다.

그녀는 저녁 식사 전에 식료품 쇼핑을 위해 이곳에 왔습니다.

잠깐! 활동 시 모르는 단어는 명사구로 돌려서 설명합니다.

예를 들어 talk generously가 떠오르지 않는다면 talk with a big smile, talk in soft voice, or talk with every detail 구문으로 설명하면 됩니다. 사실 이는 우리가 한국어를 할 때 단어가 생각나지 않으면 곧잘 쓰는 방법과 동일합니다. 만약 모르는 단어를 사전으로 찾아본다면 최소 3일 이상 궁금해한 후에 찾아봐야 각인 효과 등으로 인해 이후에 회화로 수월하게 활용할 수 있습니다.

* 더 많은 활동 예시는 네이버 교정영어 카페 <영어식 문장 다지기> 게시판에서 확인하실 수 있습니다.

2 코스

전치사 활용의 정확도 올리기

* 토익스피킹 파트4 유형 활용

🔊 활동 방법

다양한 표에 명사로 제공되는 정보를 적합한 주어와 동사 그리고 전치사를 활용해서 영어 문장으로 말하세요.

🔊 효과

비행기 표, 미팅 일정, 운동 프로그램 등의 표 속 정보는 문장이 아닌 명사로 제공됩니다. 다양한 표에 등장하는 개별 정보를 문장으로 전달함으로써 **다양한 주어와 동사 그리고 전치사의 활용이 수월해집니다.** 이는 앞서 영어 단어나 구문으로 정리된 내 메시지를 문장으로 전달하는 활동과 같습니다.

🔊 활동 가이드

1. 표 속 정보를 확인합니다.
2. 표 속 정보는 한 문장에 하나의 전치사만 활용해서 전달합니다. 그러면 주어 동사에 더욱 집중할 수 있고, 여러 개의 전치사를 활용할 때 그 순서가 뒤바뀌는 오류를 피할 수 있습

니다.

3. 한 줄 한 줄 정보를 모두 샘플로 제공하는데, 이때 한 줄의 정보는 여러 문장으로 제공될 수 있습니다.

4. 다양한 주어 동사를 활용하기 위해, 앞서 활용한 주어와 동사를 제외하고서 이어지는 문장을 완성하세요.

5. 샘플 문장의 주어, 동사 그리고 전치사에 동그라미 치며 나의 문장과 비교하세요.

6. 샘플 음원을 한 문장씩 듣고 암기해서 말하세요.

* 게시된 샘플 문장과 음원이 없을 경우 ChatGPT와 Google 번역기로 그 문장과 원음을 만드세요.

- 제공된 정보의 단어와 구문을 다음 명령어와 함께 ChatGPT에 넣으세요.

  명령어, Please make sentences including these given informative words and phrase.

- 이렇게 완성된 문장은 Google 번역기의 '영어로 들려주기 기능'을 써서 영어 문장으로 들으세요.

* 다음의 자주 활용되는 주어, 동사, 전치사를 참고하여 활용하세요.

There is ~ a schedule **on Friday.**

We have/offer ~ an event **at 5 p.m.**

You have ~ session **at ABC hotel.**

You can **attend/enjoy** ~ **in ABC hall.**

Something **is held in May.**

ABC session **is scheduled/planned on March 4th.**

ABC event **starts/begins or finishes/ends** at 5 p.m.

Something **is led by John.**

You can **meet, interview, stay, join, come** ⋯ 외 다양한 동사 활용 가능

🔊 **보너스 활동**

유알 교정영어 카페에 게시된 〈9칸 영문법〉 영상을 하루에 하나씩 시청해서 영문법의 기본 틀을 이해하고, 나만의 노트에 정리하세요.

New York City Building

Renovation Schedule
Apr. 25th ~ May. 10th

Date	Period	Details
April 25th	3 days	Paint walls
April 29th	2 days	Replace tables, desks and chairs
May 1st	5 days	Mop all steps from level 1 to 90
May 6th	3 days	Vacuum all rooms
May 9th	2 days	Arrange all facilities and equipment

* All employees must evacuate their offices during painting.

* During replacement, noise may cause work interruptions.

1. New York City Building Renovation Schedule 관련 정보를 확인하세요.

2~4. 앞 문장과 다른 주어와 동사 그리고 한 문장에 하나의 전치사를 활용해서 문장으로 말하세요.

1) New York City Building has a renovation schedule from April 25th to May 10th.

2) There is a schedule for 'Paint walls' on April 25th. The duration of this schedule is 3 days.

3) We have the schedule of 'Replace tables, desks and chairs' for 2 days. It starts on April 29th.

4) You have the schedule of 'Mop all steps from level 1 to 90' from May 1st to 5th.

5) 'Vacuum all rooms' is scheduled on May 6th. The working period is 3 days.

6) For the last schedule, we arrange all facilities and equipment on May 9th. It lasts for 2 days.

7) All employees must evacuate their office during the period of painting. Additionally, during the replacement, noise may cause work interruptions.

해석 ▶ New York City Building은 4월 25일부터 5월 10일까지 리노베이션 일정이 있습니다.

4월 25일에는 '벽 페인트' 일정이 있습니다. 이 일정의 기간은 3일입니다.

2일 동안 '테이블, 책상, 의자 교체' 일정이 있습니다. 이 일정은 4월 29일에 시작됩니다.

5월 1일부터 5일까지 '1층부터 90층까지 모든 계단을 청소'하는 일정이 있습니다.

5월 6일 '전실 진공 청소'가 예정되어 있습니다. 작업 기간은 3일입니다.

마지막 일정으로 5월 9일에 모든 시설과 장비를 정돈합니다. 일정은 2일간 지속됩니다.

모든 직원은 도장하는 동안 사무실을 비워야 합니다. 또한 교체 중 소음이 작업을 방해할 수 있습니다.

5, 6. 각 문장의 주어, 동사, 전치사에 동그라미 치며, 한 문장씩 음원으로 듣고 암기해서 말하세요.

* 더 많은 활동 예시는 네이버 교정영어 카페 <전치사 다지기> 게시판에서 확인하실 수 있습니다.

주제별 일상 회화 쉐도우 스피킹

초중급 문법과 구문력 키우기

*토익스피킹 오픽 빈출 주제 답변

🔊 활동 방법

초중급 문법과 영어식 구문이 담겨있는 음원을 공감하여 듣고, 요약하여 말하고, 비교/필사하며 말한 후 쉐도우 스피킹 하세요.

🔊 효과

초중급 레벨에서 채워야 하는 문법과 일상생활에서 쉽게 접하게 되는 주제별 단어와 구문이 담겨있는 음원을 듣고 말해 봄으로써 **생활 회화에서 꼭 필요한 문법, 어휘력, 구문력을 기를 수 있습니다.** 특히 평균 호흡인 4구문 또는 4문장보다 2구문, 2문장씩 길게 만들어진 음원인 만큼 **기억력의 단위를 늘릴 수 있습니다.**

🔊 활동 가이드

초중급 음원 '파일명 10-3-1'을 공감하여 듣고, 요약/비교/필사하며 말한 후 쉐도우 스피킹하세요.

해당 음원을 듣고 한 번에 구문 4개가 완성된다면 중급 음원 '파일명 10-3-2'을 듣고 활동하세요.

1. **공감하여 듣기** : 원음을 들은 후 강세가 들어가는 단어 4개를 기억해서 적으세요.
   빨강-파랑-검정 순서대로 적으며 구문 4개가 완성될 때까지만 반복(평균 2~4번)해서 듣기
   이때, 우리가 일반적으로 듣고 기억할 수 있는 4단위의 단어와 문장을 벗어나 최대 8개의
   단위까지를 한 음원 안에 담겨있기 때문에, 음원을 반으로 나누어 듣거나 또는 일부 단어
   나 구문을 이미지로 기억하는 연습을 하면 좋습니다.
   • 음원을 반으로 나누어 들었을 경우, 한 번에 구문이 4개가 완성되면 공감하여 듣기를
     멈추세요.
   • 음원을 한 번에 들었을 경우, 한 문장에 한 구문씩 기억하여 채웠다면 공감하여 듣기를
     멈추세요.
2. **요약하여 말하기** : 원음에서 들은 단어와 구문을 빌려서 나의 문장으로 말하세요.
   내가 활용할 수 있는 문장을 활용하는 것이기 때문에 문장에 오류가 있을 수 있음
3. **비교하며 말하기** : 들을 수 없어서 회화로 활용할 수 없었던 단어와 구문을 보면서 말하세요.
   다르게 말한 부분은 밑줄, 회화로 활용하고 싶은 구문은 동그라미(또는 볼드 처리) 친 후 구
   간 반복하며 연기하기

   비교하며 말하기 할 때 다음의 내용을 확인하세요
   초급 그리고 초중급 레벨보다 한 단계 높은 단어와 구문을 활용한 음원이기 때문에, 들을
   수 없어서 활용할 수 없는 포인트들이 많을 수 있습니다. 하지만 이를 더욱 비교하며 말하
   고 익숙한 구문과 표현으로 만들면 나의 회화 레벨을 올릴 수 있습니다.

4. **필사하며 말하기** : 들을 수 없었고, 보면서도 채워지지 않는 부분들은 쓰면서 말하세요.
   내가 몰랐던 문법들은 독학하여 그 내용을 꼼꼼하게 정리하기
5. **쉐도우 스피킹** : 원어민의 단어와 강세, 메시지가 담긴 구문과 문법을 들으면서 말하세요.
   쉐도우 스피킹 후 기억나는 구문을 순서와 관계 없이 3~4개 노트에 적기

1. outside of Seoul, house, not an apartment (주택 이미지로 기억)

   second child, older brother, younger sister

   mother loves to cook, **father** outdoor activities

   (엄마가 부엌에서 요리하는 이미지로 기억)

   Sunday, **together**, basketball or Tennis (농구를 이미지로 기억)

   mother … (모르는 단어가 있어서 문장이 잘 들리지 않음)

   strict, curfew 11 p.m. (숫자를 시계 이미지로 기억)

   can't stay, late at night

   don't live with, …, every six months, **regular**

   • 이미지로 기억하는 것은 검은색 일반 폰트, 소리로 기억하는 단어와 구문은 검정 볼드 그리고 파랑 순서대로 공감하여 듣기
   • 총 8문장의 음원이기 때문에 8개의 구문이 완성되면 공감하여 듣기를 멈추기 (한 문장에 한 구문씩 듣기가 목표)

2. I live outside of Seoul and in a house, not an apartment. I'm the second child with an older bother and a longer sister. My mother loves to cook and my father enjoy outdoor activities. On Sunday we make food together and play the basketball or tennis. My mother is a something for our games. My father is strict and gives curfew by 11 p.m, so I can't stay out late at night. I don't live with them but every six months I meet them regularly.

3. My fa'mily li'ves **ou'tside of Seo'ul** in a ho'use, no't an apa'rtment. I am the **se'cond chi'ld in my fa'mily** with an o'lder si'ster named Ja'ne and a you'nger bro'ther named Jo'hn. My mo'ther lo'ves to coo'k and my fa'ther enjo'ys ou'tdoor acti'vities. My fa'ther **ha's stri'ct ru'les, including**

a __curfe'w of 11(ele'ven) p.m.__ We ca'n't sta'y ou't la'te at ni'ght. Every Su'nday, we ma'ke lu'nch toge'ther and then pla'y ba'sketball or te'nnis ou'tside. So'metimes, my mo'm __e'ven a'cts as the referee'__ for our ga'mes! I don''t li've with my fa'mily no'w, bu't we ga'ther at my pa'rents' ho'use e'very si'x mo'nths __on a re'gular ba'sis__.

4. 몰랐던 문법 정리하기

- sister **named** Jane 분사
- rules, **including** a curfew of 11 p.m. 분사
- even acts as the **referee** for our games! as 자격의 전치사 & 새로운 단어 referee 심판
- on a regular basis 새로운 단어 on a regular basis 정기적으로

5. 초중급 음원

My family lives outside of Seoul in a house, not an apartment. I am the second child in my family with an older sister named Jane and a younger brother named John. My mother loves to cook and my father enjoys outdoor activities. My father has strict rules, including a curfew of 11 p.m. We can't stay out late at night. Every Sunday, we make lunch together and then play basketball or tennis outside. Sometimes, my mom even acts as the referee for our games! I don't live with my family now, but we gather at my parents' house every six months on a regular basis.

해석 ▶ 저의 가족은 아파트가 아닌 서울 외곽의 집에 살고 있습니다. 저는 누나 제인과 남동생 존이 있는 둘째입니다. 어머니는 요리를 좋아하시고, 아버지는 야외 활동을 즐기십니다. 아버지께서는 11시 통금 시간을 포함해서 엄격한 규칙을 가지고 계십니다. 저희는 저녁 늦게까지 밖에 머무르지 못합니다. 일요일마다 우리는 함께 점심을 만들고 나서 밖에서 농구나 테니스를 합니다. 가끔씩 어머니께서는 우리 게임의 심판도 맡아주시곤 합니다! 저는 지금은 가족과 함께 살지 않지만, 우리는 정기적으로 6개월마다 부모님 집에서 모입니다.

My fa'mily and I li've on the ou'tskirts of Seo'ul in a co'zy ho'use instea'd of an apa'rtment.I am the se'cond chi'ld in my fa'mily, and I ha've an o'lder si'ster named Ja'ne and a yo'unger bro'ther named Jo'hn. My mo'ther ha's a pa'ssion for coo'king, and my fa'ther lo'ves to enga'ge in o'utdoor acti'vities. E'very Su'nday, we go' ou't and enjo'y so'me fre'sh a'ir by pla'ying ba'sketball or te'nnis and bri'ng alo'ng the deli'cious lu'nch my mo'm ma'de for u's. She e'ven a'cts as the referee' so'metimes! My fa'ther ha's stri'ct fa'mily regula'tions, such as a curfew' of 11(ele'ven) p.m. and no't allo'wing u's to sta'y o'ut la'te at ni'ght. Although I do'n't li've with the'm no'w, we sti'll ga'ther at my pa'rents' ho'use e'very si'x mo'nths to ca'tch u'p and spe'nd qu'ality ti'me toge'ther re'gularly.

해석 ▶ 우리 가족은 서울 교외의 아파트가 아닌 아늑한 집에서 살고 있습니다. 저는 둘째 아이이고, 언니 이름은 Jane이고 남동생 이름은 John입니다. 엄마는 요리하는 것을 좋아하시고 아버지는 야외 활동을 즐기십니다. 매주 일요일에는 바스켓볼이나 테니스를 하며 신선한 공기를 마시러 나가고, 엄마가 만들어 주신 맛있는 점심도 가져갑니다. 엄마는 때로는 심판을 맡기도 합니다! 아버지에게는 11시 통금과 같은 엄격한 가족 규칙이 있으며, 늦은 밤에는 밖에 나가지 못하게 합니다. 저는 지금은 가족과 함께 살지 않지만, 6개월마다 정기적으로 부모님 집에서 만나 서로의 최신 소식을 나누며 함께 시간을 보냅니다.

* 더 많은 활동 예시는 <Basic English Speaking : 75 Daily English Conversation by Topic> 사이트에서 확인하실 수 있습니다.

한 주 한개 레벨별 뉴스 듣기

4 코스

레벨 1. 기억력의 단위를 늘리기
레벨 2. 영어식 구문력 키우기
레벨 3. 영어식 동사와 문법 늘리기

🔊 활동 방법

한 주에 하나씩 하나의 뉴스를 레벨 1 초급~레벨 3 고급 음원으로 나누어 듣고, 레벨별 활동 가이드에 따라 말하기를 연습하세요.

🔊 효과

레벨1   초급 뉴스의 단문에 담긴 단어를 이미지로 기억하여 기억력의 단위를 늘릴 수 있습니다.

레벨2   중급 뉴스에 담긴 구문과 나의 중급 구문과 비교하여 영어 구문력을 늘릴 수 있습니다.

레벨3   고급 뉴스에 담긴 영어식 동사와 긴 호흡의 문장을 암기 또는 쉐도우 스피킹하여 영어 실력을 레벨 업 할 수 있습니다.

🔊 활동 가이드

각 레벨의 음원을 가이드에 따라 듣고 말하세요.

레벨 1 (파일명 10-4-1)

1. 단문이 최소 6개, 최대 8문장을 넘기지 않는 음원을 듣고, 한 문장에 단어 하나씩 이미지로 기억하세요.

2. 처음엔 단어를 소리와 의미로만 기억해서 4개 이상은 기억하기 어렵겠지만, 반복 연습하여 2번 안에 6~8개의 모든 단어를 소리와 이미지로 기억하세요.

3. 기억하는 6~8개의 단어를 한 문장에 2개씩 활용하여 복문으로 말하세요. 이때 단문을 복문으로 만들기 위해 전치사 외에도 중급 문법(분사, 동명사, to 부정사)과 접속사 등을 활용할 수 있습니다.

레벨 2 (파일명 10-4-2)

1. 레벨 1의 내용을 이미지와 함께 단어와 구문으로 기억한 후, 이 단어와 구문을 활용해서 중급 문장으로 완성하세요. 이 활동은 레벨 1의 3번째 활동과 동일합니다.

2. 레벨 2의 문장을 한 문장씩 듣고, 내가 활용한 구문과 다른 구문을 말하세요.

3. 나와 다르게 활용한 구문들을 모두 노트에 정리한 후, 중급 음원 전체를 한 번에 들으세요.

4. 정리해 둔 구문을 꼭꼭 씹어먹으며 음원을 반복 쉐도우 스피킹 한 후 음원 전체를 통째로 암기하세요.

레벨 3 (파일명 10-4-3)

1. 한 주에 하나씩 유알 교정영어 유튜브와 인스타에 업로드되는 영어식 동사와 표현을 반복해 들으세요.

2. 영어식 동사와 표현을 익힌 후에 공감하여 듣기, 요약하여 말하기, 비교하며 말하기, 필사하며 말하기 그리고 쉐도우 스피킹을 진행하세요.

3. 비교하며 말하기에서 새롭게 알게 된 단어와 문법을 따로 노트에 정리해서 나의 영어 회화 실력 향상을 위한 기반을 쌓으세요.

4. 또는 고급 문장을 한 문장씩 듣고 통째로 암기합니다. 똑같이 말할 수 있을때까지 반복해서 듣고 모르는 단어는 눈으로 보고 채우세요.

레벨 1.

1, 2. 단문 6문장 & 6개의 단어 = 총 6개 단어 호흡의 음원을 두 번 듣고 이미지로 기억합니다.

한 남자가 보트, 근데 그 손에 레버, 물에 떨어지고, 보트는 돌고 있고, 구조팀 도착하고, 로프로 묶어서, 멈춘 보트

3. When a man was on a boat, he moved a lever. After that he fell into the water and the boat started to move in a circle. Luckily, a rescue team came to the site and immediately lined the boat to stop it.

- 레벨 1 음원은 모두 현재 시제를 활용하기 때문에 중급 문장으로 만들 때는 시제를 정확하게 활용하세요.

레벨 1 원음

A man is on a boat. He accidentally moves a lever. The man falls into the water. The boat moves in a circle. A rescue team comes. They get a rope to it. They can stop it.

해석 ▶ 어떤 남자가 보트에 있었습니다. 그는 실수로 레버를 움직였습니다. 그 결과 남자는 물에 떨어졌습니다. 보트는 원을 그리며 움직였습니다. 구조대원들이 와서 보트에 줄을 묶었고, 보트를 멈출 수 있었습니다.

레벨 2.

1. 총 5문장 & 10개의 구문이 담긴 음원을 한 문장 단위로 듣습니다.

2, 3. A sailor made a mistake, while trying to tie up the boat.

Accidentally, pushed the throttle, causing the boat to move.

After the man fell into the water, the boat began moving in circles.

Fortunately, someone noticed the boat, informed others.

The rescue team managed to line the boat, stop it.

4. 해당 음원을 들으며 쉐도우 스피킹 합니다.

A sailor made a mistake while trying to tie up the boat. Accidentally he pushed the throttle, causing the boat to move. After the man fell into the water, the boat began moving in circles. Fortunately, someone noticed the boat and informed others. The rescue team managed to line the boat and stop it.

해석 ▶ 한 선원이 보트를 묶는 도중 실수를 했습니다. 그가 부주의하게 스로틀을 밀어내어 보트가 움직이기 시작했습니다. 남자가 물에 떨어진 후, 보트는 돌고 돌기 시작했습니다. 다행히도, 누군가 보트를 주목하고서 다른 이들에게 알렸습니다. 구조대는 보트에 줄을 이어서 멈출 수 있었습니다.

레벨 3.

1. 이번 주의 영어식 동사와 표현을 반복해서 듣습니다.

attempt to secure 구출하려 시도하다

go **full speed** 전속력으로 달리다

a **bystander alerts** others 보고 있는 사람이 알리다

managed to board 가까스로 탑승하다

2. 5문장은 문장 당 최소 4개의 구문 즉, 총 20개의 구문이 담긴 음원을 5스텝으로 쉐도우 스피킹합 니다.

A sailor from England was attempting to secure his boat when he accidentally hit the throttle and fell into the water. Before falling in, he had removed the safety cord and pushed the throttle lever, causing the boat to go full speed. The boat, which was six meters long, started going around in circles near the dock. Fortunately, a bystander saw the boat and alerted others for help. The rescue team managed to board the boat, grab the throttle lever, and slow it down.

해석 ▶ 영국 출신의 선원이 보트를 단단히 고정하려는 도중 우연히 스로틀을 밀어버려 물속으로 떨어졌습니다. 떨어지기 전에 안전줄을 제거하고 스로틀 레버를 누르면서 보트가 전속력으로 가던 중, 6미터 길이의 보트는 도크 근처를 돌기 시작했습니다. 운 좋게도 한 명의 구경꾼이 보트를 보고서 다른 사람들에게 구조를 요청했고 구조 팀은 보트에 탑승하여 스로틀 레버를 잡고 속도를 줄였습니다

3. 새롭게 알게 된 단어와 문법을 노트에 정리합니다.

- attempt to ~하려고 시도하다

- before falling, causing the boat to go 분사구문

- alert someone 누군가에게 알리다

- manage to~ 가까스로 ~하다

* 더 많은 활동 예시는 <News in Levels> 사이트에서 확인하실 수 있습니다.

영어 동화책 쉐도우 스피킹

영어식 구문과 문장 듣고 말하기

🔊 **활동 방법**

영어식 구문과 문장으로 가득 채워진 영어 동화를 공감하여 듣고, 요약하여 말하고, 비교/필사하며 말한 후 쉐도우 스피킹 하세요.

🔊 **효과**

영어식 구문과 문장으로 가득 채워진 영어 동화 음원을 듣고 말하면, **우리와 다른 품사로 단어를 활용**하고 **명사구를 구체화**하는 영어식 문장력을 **집중적으로 기를 수 있습니다.**

🔊 **활동 가이드**

음원 '파일명 10-5'을 공감하여 듣고, 요약/비교/필사하며 말한 후 쉐도우 스피킹 하세요.

1. **공감하여 듣기** : 원음을 들은 후 강세가 들어가는 단어를 4개 기억해서 적으세요.

   빨강-파랑-검정 순서대로 적으며 구문 4개가 완성될 때까지만 반복(평균 2~4번)해서 듣기

공감하여 듣기 할 때 다음의 내용을 확인하세요

우리에게 익숙하지 않은 구문을 많이 활용한 음원이기 때문에, 구문 완성이 어려울 수 있습니다. 그럴 경우는 구문 4개가 완벽하게 완성되지 않더라도 공감하여 듣기를 4번 이상 하지 않습니다.

2. **요약하여 말하기** : 원음에서 들은 단어와 구문을 빌려서 나의 문장으로 말하세요.
    내가 활용할 수 있는 문장을 활용하는 것이기 때문에 문장에 오류가 있을 수 있음

3. **비교하며 말하기** : 들을 수 없어서 회화로 활용할 수 없었던 단어와 구문을 보면서 말하세요.
    다르게 말한 부분은 밑줄, 회화로 활용하고 싶은 구문은 동그라미(또는 볼드 처리) 친 후 구간 반복하며 연기하기

4. **필사하며 말하기** : 들을 수 없었고, 보면서도 채워지지 않는 부분들은 쓰면서 말하세요.
    내가 몰랐던 문법들은 독학하여 그 내용을 꼼꼼하게 정리하기

5. **쉐도우 스피킹** : 원어민의 단어와 강세, 메시지가 담긴 구문과 문법을 들으면서 직접 말하세요.
    쉐도우 스피킹 후 기억나는 구문을 순서와 관계 없이 3~4개 노트에 적기

1. merchant, sack of salt

slipped on the wet stones

salt, washed away

that's better, half-empty sack

한번 듣고 4개의 구문의 완성이 되었다면 멈춰도 좋고, 수 일치 등의 디테일을 채우고 싶다면 공감하여 듣기를 3번까지 진행해도 좋습니다. 하지만 주어 동사가 들리기 시작하면 공감하여 듣기를 멈추세요.

2. A merchant loaded sacks of salt on the donkey.

He slipped on the wet stones, while he crossing the river.

After the sacks of salt fell down, the salt was washed away.

He thought, that's better, while the merchant loaded half-empty sacks on him again.

3. The me'rchant **lo'aded the sa'cks of sa'lt** onto the do'nkey's ba'ck and sta'rted to **ma'ke their wa'y ho'me**. He sli'pped on we't sto'nes, **by cro'ssing a sha'llow ri'ver**. When the ba'g fe'll into the wa'ter, mo'st of the sa'lt **was wa'shed awa'y**. "Tha't's be'tter!" tho'ught the do'nkey, **as the ma'n relo'aded** the ha'lf-e'mpty sa'cks onto his ba'ck.

4. 몰랐던 문법 정리하기

- load something onto the back of something 전치사구로 구체적인 상황 묘사
- start to 동사를 좀 더 정확하게 활용
- make one's way home 우리의 '집으로 돌아오다 return home'과 다른 방식의 구문 활용
- slip on 구체적인 동사와 전치사의 활용
- by crossing 우리가 자주 활용하지 못하는 분사구문의 활용

- a shallow river 정확한 형용사 'shallow 얕은'의 활용
- salt was washed away 우리의 the salt was melted과 다른 방식의 구문 활용
- as the man reloaded 우리가 자주 활용하지 못하는 접속사의 활용
- the half-empty sacks onto his back 우리의 '다 녹고 반이 남았다 the salt was melted and only the . half of them was left'과 다른 구문의 활용

5. ⟨The Donkey and the Load of salt⟩

The merchant loaded the sacks of salt onto the donkey's back and started to make their way home. He slipped on wet stones, by crossing a shallow river. When the bag fell into the water, most of the salt was washed away. "That's better!" thought the donkey, as the man reloaded the half-empty sacks onto his back.

해석 ▶ 상인은 나귀의 등에 소금 자루를 싣고 집으로 가는 길을 나섰습니다. 얕은 강을 건널 때, 젖은 돌 위에서 실수로 미끄러지자 자루가 강물 속으로 떨어졌고, 대부분의 소금은 씻겨져 버렸습니다. 반만 차 있는 자루를 다시 나귀의 등에 싣자, 나귀는 "이게 더 좋네!"라고 생각했습니다.

* 더 많은 활동 예시는 네이버 교정영어 카페 <영어식 구문/영어 동화> 게시판에서 확인하실 수 있습니다.

중급 어휘 쉐도우 스피킹

중급 어휘와
구문력 키우기

6
코스

🔊 활동 방법

중급 어휘과 구문이 들어 있는 음원을 공감하여 듣고, 요약하여 말하고, 비교/필사하며 말한 후 쉐도우 스피킹 하세요.

🔊 효과

중급 어휘와 구문이 주제별로 정리되어 있는 음원을 듣고 말해보면, **중급 회화에 유용하게 활용할 수 있는 어휘력과 구문력을 기를 수 있습니다.**

🔊 활동 가이드

교재 〈English vocabulary in use Pre-intermediate / Stuart Redman,Edwards, Lynda / Cambridge University Press〉의 주제별 음원을 공감하여 듣고, 요약/비교/필사하며 말한 후 쉐도우 스피킹하세요.

활동 가이드 유형 1 하나의 스토리가 등장하는 음원은 다음의 가이드를 활용하세요.

1. **공감하여 듣기** : 원음을 들은 후 강세가 들어가는 단어를 4개 기억해서 적으세요.
   빨강-파랑-검정 순서대로 적으며 구문 4개가 완성될 때까지만 반복(평균 2~4번)해서 듣기

2. **요약하여 말하기** : 원음에서 들은 단어와 구문을 빌려서 나의 문장으로 말하세요.
   내가 활용할 수 있는 문장을 활용하는 것이기 때문에 문장에 오류가 있을 수 있음

3. **비교하며 말하기** : 들을 수 없어서 회화로 활용할 수 없었던 단어와 구문을 보면서 말하세요.
   다르게 말한 부분은 밑줄, 회화로 활용하고 싶은 구문은 동그라미(또는 볼드 처리) 친 후 구간 반복하며 연기하기

4. **필사하며 말하기** : 들을 수 없었고, 보면서도 채워지지 않는 부분들은 쓰면서 말하세요.
   내가 몰랐던 문법들은 독학하여 그 내용을 꼼꼼하게 정리하기

5. **쉐도우 스피킹** : 원어민의 단어와 강세, 메시지가 담긴 구문과 문법을 들으면서 직접 말하세요.
   쉐도우 스피킹 후 기억나는 구문을 순서와 관계 없이 3~4개 노트에 적기

활동 가이드 유형 2 여러 개의 어휘가 여러 개의 단문으로 등장하는 음원은 다음의 가이드를 활용하세요.

1. 단문을 모두 들은 뒤 기억나는 단어와 구문을 노트에 적으세요. 이때 기억나는 단어가 2~3개, 구문이 3~4개를 넘지 못하기 때문에 모든 단어를 기억할 수 없습니다.

2. 1번의 활동으로 노트에 적은 단어를 활용하여 나의 이야기를 영어로 말하세요.

3. 같은 음원을 다시 듣고 위에 들은 단어와 구문 외에 새로운 단어와 구문을 추가하여 노트에 적으세요.

4. 3번의 활동으로 노트에 추가로 적은 단어와 구문을 활용하여 나의 이야기를 만들어 영어로 말하세요.

5. 음원을 듣고 단어과 구문을 노트에 추가하고 이를 활용하여 나의 이야기를 영어로 말하는 작업을 제시된 단어와 구문 모두를 활용할 수 있을 때까지 반복하세요.

최종 활동 유형 1, 2활동을 모두 완료한 뒤, 주제별 전체 음원을 들으며 쉐도우 스피킹하세요.

7 코스

중고급 문법 채워서 점프업 대비하기

🔊 활동 방법

고급 문장을 활용하여 영어로 말하기 위해서 필요한 필수 고급 문법 영상을 보고, 고급 문법 내용을 모두 정리한다.

🔊 효과

고급 문법을 이해하여, 고급 문법을 활용한 음원을 공감하여 들을 수 있고, 고급 문장으로 요약하여 말하며, 비교/필사하며 말하기 과정에서 고급 문장을 채워서 쉐도우 스피킹을 할 수 있게 됩니다. 즉, 고급 문법 기반이 쌓여있어야 고급 문장 쉐도우 스피킹을 통해서 나의 회화 실력이 점프업 할 수 있게 됩니다.

🔊 활동 가이드

네이버 교정영어 카페의 Mina's English Lab(MEL) 미나쌤 영문법 중 고급 문법 영상을 하루에 하나씩 시청한 후 해당 문법의 회화 활용을 반복적으로 연습하고, 해당 내용을 나만의 문법 노트에 정리합니다.

* 이 활동 방법은 지금까지 영상 시청 후 노트에 정리 하는 우리의 익숙한 영어 공부 방법과 동일합니다.

고급 비즈니스 어휘 쉐도우 스피킹

비즈니스 어휘와 구문력 키우기

*토스, 오픽, SPA & IELTS 의견진술 파트 활용

8 코스

🔊 **활동 방법**

비즈니스 어휘와 구문이 담겨있는 토익스피킹 의견 진술 파트의 답변을 공감하여 듣고, 요약하여 말하고, 비교/필사하며 말한 후 쉐도우 스피킹하세요.

🔊 **효과**

비즈니스 필드에서 자주 활용되는 주제별 구문과 표현이 담겨 있는 음원을 듣고 말해보면, 일상 생활에서 쉽게 접하게 되는 주제에 대해 **영어로 말할 때 꼭 필요한 문법과 구문력을 기를 수 있습니다.**

🔊 **활동 가이드**

음원 '파일명 10-8'을 공감하여 듣고, 요약/비교/필사하며 말한 후 쉐도우 스피킹하세요.

1. **공감하여 듣기** : 원음을 들은 후 강세가 들어가는 단어를 4개 기억해서 적으세요.

   빨강-파랑-검정 순서대로 적으며 구문 4개가 완성될 때까지만 반복(평균 2~4번)해서 듣기

2. **요약하여 말하기** : 원음에서 들은 단어와 구문을 빌려서 나의 문장으로 말하세요.

    내가 활용할 수 있는 문장을 활용하는 것이기 때문에 문장에 오류가 있을 수 있음

3. **비교하며 말하기** : 들을 수 없어서 회화로 활용할 수 없었던 단어와 구문을 보면서 말하세요.

    다르게 말한 부분은 밑줄, 회화로 활용하고 싶은 구문은 동그라미(또는 볼드 처리) 친 후 구간 반복하며 연기하기

4. **필사하며 말하기** : 들을 수 없었고, 보면서도 채워지지 않는 부분들은 쓰면서 말하세요.

    내가 몰랐던 문법들은 독학하여 그 내용을 꼼꼼하게 정리하기

5. **쉐도우 스피킹** : 원어민의 단어와 강세, 메시지가 담긴 구문과 문법을 들으면서 직접 말하세요.

    쉐도우 스피킹 후 기억나는 구문을 순서와 관계 없이 3~4개 노트에 적기

🔊 **보너스 활동**

해당 주제와 관련된 어휘를 들으면서 이미지화 한 후 '메시지를 이미지화' 하여 영어로 말하세요.

10-8 활동 음원. 주제 Experienced workers

I prefer to hire experienced workers to increase productivity for some reasons. First of all the company can reduce budget cost. Companies need to spend a great deal of money training inexperienced employees where as experienced workers already have lots of knowledge and experiences in the field. They are already skillful. Once a company hires them the company dispatches them into the field directly without training. Secondly they have specialized knowledge and know-how in the field to help them understand and present details quickly and meet deadlines, because they have held responsibility at previous companies. They know how to deal with any problems in the work field. That's why I prefer hiring experienced workers to inexperienced workers.

해석 ▶ 저는 어떤 이유로 생산성을 높이기 위해 경험이 많은 직원을 고용하는 것을 선호합니다. 우선 회사는 예

산 비용을 절감할 수 있습니다. 경험이 풍부한 직원은 현장에서 이미 많은 지식과 경험을 가지고 있는 반면, 경험이 없는 직원을 교육하기 위해 회사는 많은 돈을 투자해야 합니다. 그들은 이미 능숙합니다. 회사는 채용하면 그들을 별도의 교육 없이 현장에 바로 배치합니다. 둘째, 현장에서 전문적인 지식과 노하우를 가지고 있어 세부 사항을 신속하게 이해하고 제시하며 마감일을 준수할 수 있습니다. 이전 회사에서 책임을 맡았기 때문입니다. 그들은 작업 현장에서 발생하는 문제를 처리하는 방법을 알고 있습니다. 그래서 저는 경험이 없는 직원보다 경험이 풍부한 직원을 고용하는 것을 선호합니다.

보너스 활동 음원. Experienced workers keywords

1. get involved in many tasks, have led plenty of projects, full of field experiences, have their own know-how, accumulated knowledge, work very skillfully with fast hand, hardly face obstacles even with some problems, understand and complete project easily, have high efficiency at work

2. be a mentor to freshmen, coach workers who are in trouble at work, colleagues or team members can learn from them, share their skills and know-how, a number of strategies, overall expect a higher productivity

3. relatively high salary compared to inexperienced workers, however no training period without any training cost, dispatch them to the field directly, very beneficial when it comes to operating cost

---

해석 ▶ 많은 업무에 참여하고, 많은 프로젝트를 주도하고, 현장 경험이 풍부하고, 자신의 노하우를 가지고, 지식을 축적하고, 빠른 손으로 매우 능숙하게 일하고, 일부 문제가 있어도 거의 장애물에 직면하지 않으며, 쉽게 프로젝트를 이해하고 완료합니다. 작업 효율이 높습니다.

신입생의 멘토가 되어 직장에서 어려움을 겪는 코치, 동료나 팀원들이 그들에게서 배우고, 자신의 기술과 노하우를 공유하고, 여러 전략을 공유하며, 전반적으로 더 높은 생산성을 기대합니다.

미숙련자에 비해 상대적으로 높은 급여를 받지만 교육 기간이 없고 교육비 없이 현장에 직접 파견하므로 운영비 측면에서 매우 유리합니다.

* 더 많은 활동 예시는 네이버 교정영어 카페 <Bisuness 어휘/토익스피킹 파트 5> 게시판에서 확인하실 수 있습니다.

9
코스

고급 문장의
긴 호흡까지 늘리기

🔊 **활동 방법**

다양한 고급 구문과 복문으로 이루어진 긴 호흡의 문장의 음원을 공감하여 듣고, 요약하여 말하고, 비교/필사하며 말한 후 쉐도우 스피킹 한 후, 가능한 만큼 문장을 암기하세요.

🔊 **효과**

다양한 고급 구문과 복문으로 이루어진 긴 호흡의 문장의 음원을 듣고 말해보면, 고급 **문법과 구문력을 기를 수 있을 뿐 아니라, 문장 암기를 통해 문장의 호흡도 늘릴 수 있게 됩니다.**

🔊 **활동 가이드**

음원 '파일명 10-9'을 공감하여 듣고, 요약/비교/필사하며 말한 후 쉐도우 스피킹하세요.

1. 공감하여 듣기 : 원음을 들은 후 강세가 들어가는 단어를 4개 기억해서 적으세요.

　　빨강-파랑-검정 순서대로 적으며 구문 4개가 완성될 때까지만 반복(평균 2~4번)해서 듣기

2. **요약하여 말하기** : 원음에서 들은 단어와 구문을 빌려서 나의 문장으로 말하세요.

   내가 활용할 수 있는 문장을 활용하는 것이기 때문에 문장에 오류가 있을 수 있음

3. **비교하며 말하기** : 들을 수 없어서 회화로 활용할 수 없었던 단어와 구문을 보면서 말하세요.

   다르게 말한 부분은 밑줄, 회화로 활용하고 싶은 구문은 동그라미(또는 볼드 처리) 친 후 구
   간 반복하며 연기하기

4. **필사하며 말하기** : 들을 수 없었고, 보면서도 채워지지 않는 부분들은 쓰면서 말하세요.

   내가 몰랐던 문법들은 독학하여 그 내용을 꼼꼼하게 정리하기

5. **쉐도우 스피킹** : 원어민의 단어와 강세, 메시지가 담긴 구문과 문법을 들으면서 내가 말하세요.

   쉐도우 스피킹 후 기억나는 구문을 순서와 관계 없이 3~4개 노트에 적기

6. 가능한 만큼 문장을 암기하되, 많은 문장을 암기하기보다 한 문장을 한 호흡으로 빠르게
   암기하여 말하는것을 목표로 하세요.

10-9 활동 음원. 타이틀 How you aware of yourself indicate how intelligent you are.

According to Dunning and his team, less capable individuals often display excessive self-confidence. Moreover, this lack of skills not only causes incapacity but also interferes with the ability to recognize them. This concept is now known as the Dunning-Kruger effect. On the other hand, intelligent people are more aware of their weaknesses because of their intelligence. However, this can lead to self-criticism. If you've ever felt discouraged about your English skills, it's worth considering. Your perception of areas in need of improvement may indicate that your English is better than you think.

해석 ▶ 던닝과 그의 학생들은 무능한 사람들이 종종 지나치게 자신감을 가진다는 것을 발견했습니다. 무능함으로 인해 자신이 무능함을 모르는 상황이 벌어진다는 것이죠. 이러한 현상은 지금은 던닝-크루거 효과로 알려져 있습니다. 반면, 똑똑한 사람들은 지능으로 인해 자신의 능력 부족을 더욱 분명하게 인식할 수 있습니다. 그러나 이는 때로 스스로를 지나치게 비판하는 결과로 이어질 수 있습니다. 영어 실력에 대해 좌절한 적이 있다면, 고려할 만합니다. 발전이 필요한 부분을 인식하는 것은 영어 실력이 생각보다 훨씬 더 좋다는 징후일 수 있습니다.

* 더 많은 활동 예시는 <Deep English> 사이트에서 확인하실 수 있습니다.

10 코스

고급 어휘 쉐도우 스피킹

영어 숙어 및 이디엄등 고급 표현력 키우기

🔊 활동 방법

원어민들이 자주 활용하는 난이도 있는 영어 숙어 및 이디엄이 들어 있는 고급 음원을 공감하여 듣고, 요약하여 말하고, 비교/필사하며 말한 후 쉐도우 스피킹 하세요.

🔊 효과

원어민들이 자주 활용하는 난이도 있는 영어 숙어 및 이디엄이 들어 있는 고급 음원을 듣고 말해보면, **원어민들이 활용하는 숙어 및 이디엄을 습득할 수 있습니다.**

🔊 활동 가이드

교재 〈English vocabulary in use Upper-intermediate / Michael McCarthy,Felicity O'Dell / Cambridge University Press〉& 〈English vocabulary in use Advanced / Michael McCarthy,Felicity O'Dell / Cambridge University Press〉의 주제별 음원을 공감하여 듣고, 요약/비교/필사하며 말한 후 쉐도우 스피킹하세요.

활동 가이드 유형 1 하나의 스토리가 등장하는 음원은 다음의 가이드를 활용하세요.

1. **공감하여 듣기** : 원음을 들은 후 강세가 들어가는 단어를 4개 기억해서 적으세요.

   빨강-파랑-검정 순서대로 적으며 구문 4개가 완성될 때까지만 반복(평균 2~4번)해서 듣기

2. **요약하여 말하기** : 원음에서 들은 단어와 구문을 빌려서 나의 문장으로 말하세요.

   내가 활용할 수 있는 문장을 활용하는 것이기 때문에 문장에 오류가 있을 수 있음

3. **비교하며 말하기** : 들을 수 없어서 회화로 활용할 수 없었던 단어와 구문을 보면서 말하세요.

   다르게 말한 부분은 밑줄, 회화로 활용하고 싶은 구문은 동그라미(또는 볼드 처리) 친 후 구간 반복하며 연기하기

4. **필사하며 말하기** : 들을 수 없었고, 보면서도 채워지지 않는 부분들은 쓰면서 말하세요.

   내가 몰랐던 문법들은 독학하여 그 내용을 꼼꼼하게 정리하기

5. **쉐도우 스피킹** : 원어민의 단어와 강세, 메시지가 담긴 구문과 문법을 들으면서 직접 말하세요.

   쉐도우 스피킹 후 기억나는 구문을 순서와 관계 없이 3~4개 노트에 적기

활동 가이드 유형 2 여러 개의 어휘가 개별 문장으로 등장하는 음원은 다음의 가이드를 활용하세요.

1. 단문을 모두 듣고 기억나는 단어와 구문을 노트에 적으세요. 이때 기억나는 단어가 2~3개, 구문이 3~4개를 넘지 못하기 때문에 모든 단어를 기억할 수 없습니다.

2. 1번의 활동으로 노트에 적은 단어를 활용하여 나의 이야기를 영어로 말하세요.

3. 같은 음원을 다시 듣고, 위에 들은 단어와 구문 외에 새로운 단어와 구문을 추가하여 노트에 적으세요.

4. 3번의 활동으로 노트에 추가로 적은 단어와 구문을 활용하여 나의 이야기를 영어로 말하세요.

5. 음원을 들은 뒤 단어와 구문을 노트에 추가하고, 이를 활용하여 나의 이야기를 영어로 말하는 작업을 제시된 단어와 구문 모두를 활용할 수 있을 때까지 반복하세요.

최종 활동 유형 1, 2활동을 모두 완료한 뒤, 주제별 전체 음원을 들으며 쉐도우 스피킹하세요.

* 더 많은 활동 예시는 <English Vocabulary in Use upper-intermediate, Cambridge> 교재 구매 후 확인하실 수 있습니다.